# Editorial

*»Dieser Kontinent ist zu groß, als dass man ihn beschreiben könnte. Wir sprechen nur der Einfachheit, der Bequemlichkeit halber von Afrika. In Wirklichkeit gibt es dieses Afrika gar nicht, außer als geographischen Begriff.«*

Ryszard Kapuściński in der Vorbemerkung zu seiner Reportagensammlung *Afrikanisches Fieber*

Afrika – wie schwer zu fassen dieses Thema ist, wie überdeckt von Vorurteilen und Klischees, das wurde uns wieder einmal bewusst, als wir in den Berliner Redaktionsräumen von *Le Monde diplomatique* zusammensaßen und nach einem Titel für dieses Heft suchten: Wiege der Menschheit, Verlorenes Paradies, Dunkler Kontinent, Herz der Finsternis, oh je.

Das wenige, was wir über Afrika erfahren, trägt eher zur Zementierung denn zum Abbau bestehender Vorurteile bei: die Safaris in Kenia, die blau verschleierten Gesichter edler Tuareg, das milde Klima am Kap, aber auch Rohstoffausbeutung, Hunger, Flüchtlinge und – immer wieder – Kriege und gewalttätige ethnische Konflikte. Sie bestimmen vielerorts tatsächlich die afrikanische Wirklichkeit und nehmen auch in dem vorliegenden Heft ihren Raum ein. Unterentwicklung, Kolonialismus und Neokolonialismus – auch das sind wichtige Themen, über die hier nachgedacht und berichtet wird.

Aber wer es dabei beließe, würde Afrika Unrecht tun. Denn seine Bewohner sind zu Recht stolz auf das, was sie erreicht haben und erreichen. Auf die langsame Ablösung von den alten Kolonialmächten, auf ihre eigenen Wege zur Demokratie und ganz besonders auch auf eine reiche Kultur, auf moderne Literatur, auf das afrikanische Kino und – ein Jahr vor der ersten Fußballweltmeisterschaft in Afrika – natürlich auch auf den afrikanischen Fußball.

Afrika reicht bekanntlich von Kairo bis Kapstadt, doch wird der Kontinent durch die Sahara in zwei ganz unterschiedliche Regionen geteilt. Seit jeher war die Wüste eine Barriere zwischen zwei Welten. Auch wenn sie für den Handel und – damit einhergehend – für den Islam durchlässig war, bleiben die Unterschiede zwischen diesen beiden Welten dennoch größer als die Gemeinsamkeiten. Deshalb unterscheidet die Afrikaforschung in aller Regel zwischen Nordafrika, das sich eher an der arabischen Welt und historisch auch an Europa orientiert, und den Ländern südlich der Sahara. Wenn im Folgenden von Afrika die Rede ist, so ist ebenfalls generell das subsaharische Afrika gemeint.

**Nicola Liebert**

»Spaziergänge in Lagos, Nigeria.«
BILD (SEITEN 1–3): G@TTO GIALLO (GATTOGIALLOSHOTS.BLOGSPOT.COM)

# Inhalt


## Unterentwicklung und Entwicklung

6 **IST AFRIKA SELBER SCHULD?**
*Augusta Conchiglia* • Urteile und Vorurteile über die Defizite eines Kontinents

10 **GELEBTE DEMOKRATIE**
*Charlotte Wiedemann* • Was es heißt, Bürger zu sein in Afrika

16 **EIN KONTINENT IN BEWEGUNG**
*Achille Mbembe* • Vom afrikanischen Nationalismus zum »Afropolitanismus«

20 **WEG MIT DER ENTWICKLUNGSHILFE!**
*Dieter Neubert* • Die provokanten Thesen des kenianischen Publizisten James Shikwati

## Reichtum und Armut

28 **»DAS JUWEL AFRIKAS«**
*Doris Lessing* • Robert Mugabe und die Tragödie Simbabwes

34 **LEBEN IM TOWNSHIP**
*Philippe Rivière* • Die Mehrheit der Südafrikaner profitiert nicht von der wirtschaftlichen Entwicklung des Landes

38 **DIE SCHÄDLICHE ARITHMETIK DES IWF**
*Joseph Stiglitz* • Warum Äthiopien nicht in neue Schulen und Kliniken investieren durfte

## Neokolonialismus

44 **POSTKOLONIALE ENTKOLONIALISIERUNG**
*Boubacar B. Diop* • Die Ausschreitungen in der Elfenbeinküste zeigten, dass Frankreich in »Françafrique« nicht mehr nach Belieben schalten und walten kann

48 **FÜNF METHODEN, SICH UNBELIEBT ZU MACHEN**
*Delphine Lecoutre und Admore Mupoki Kambudzi* • Wie die Grande Nation ihre Sonderstellung im frankofonen Afrika verspielt

50 **DIE WIEDERENTDECKUNG AFRIKAS DURCH DIE USA**
*Pierre Abramovici* • Die militärische Kooperation im Kampf gegen den Terrorismus hilft nebenher, die Ölquellen zu sichern

54 **ZHING-ZHONG FÜR AFRIKA**
*Nicola Liebert* • Chinas Süd-Süd-Kooperation: China investiert in Afrika – und stellt keine Fragen

## Ressourcenfluch

60 **DIE ZERSETZENDE KRAFT DES ERDÖLS**
*Nicholas Shaxson* • Wie Nigerias Ölreichtum zu Korruption, Armut und politischem Zerfall führt

66 **DER KATANGA-BOOM**
*Colette Braeckman* • Kupfer und Kobalt locken Investoren in den Süden des Kongo

70 **WO BLEIBT DAS ÖL?**
*Gerhard Seibert* • In São Tomé und Príncipe frustriert der ausbleibende Ölboom lokale Politiker und ausländische Philantropen

76 **UMWELTKATASTROPHE IN DER WÜSTE**
*Anna Bednik* • Der Uranabbau im Niger zerstört die Lebensgrundlagen der Tuareg


**Konflikte**

82 **KENIANISCHES FIEBER**
*Jean-Christophe Servant* • Nicht die Ethnien, sondern die Eliten haben die schweren Konflikte nach den Wahlen verursacht

86 **VERDREHTER NATIONALISMUS IN SÜDAFRIKA**
*Johann Rossouw* • Die fremdenfeindliche Gewalt hat das Bild von der »Regenbogennation« zerstört

90 **DARFUR – MOTIVE EINES VÖLKERMORDS**
*Gérard Prunier* • Der Konflikt im Sudan ist komplizierter, als die Welt wahrhaben will


**Afrikultur**

98 **DIE NEUEN STIMMEN AFRIKAS**
*Tirthankar Chanda* • Die junge Generation afrikanischer Autoren sieht sich lieber als Künstler denn als Botschafter der »Négritude«

100 **MÖGE DAS BUCH WURZELN SCHLAGEN**
*Thérèse-Marie Deffontaines* • Zu Besuch auf dem Literaturfestival im malischen Bamako

104 **DER GOLDENE HENGST VON OUAGADOUGOU**
*Frank Wittmann* • Das Filmfestival Fespaco in Burkina Faso zeugt von der Vielfalt des afrikanischen Kinos – aber auch von einer fatalen Geldnot

108 **BRASILIEN, DAKAR**
*Susann Baller* • Globale und lokale Fußballwelten in Afrika

112 Impressum


## GESCHICHTE AFRIKAS

Übersichtskarte über das Afrika der Kolonialzeit.

Sir Edward Hertslet, *The map of Africa by treaty*, Printed for Her Majesty's Stationery office, by Harrison and sons. London, 1895.

»Obwohl diese Zusammenstellung wegen ihrer allgemeinen Nützlichkeit mit öffentlichen Mitteln gefördert wurde, muss doch darauf hingewiesen werden, dass es sich um keine amtliche Veröffentlichung handelt…«, so das Vorwort zu diesem voluminösen Werk, in dem auf 1354 Seiten die von den europäischen Kolonialmächten 1884 vorgenommene Aufteilung Afrikas detailliert dargestellt wird *(Siehe Seite 58 und die Detailkarte, Seite 81)*.

4 Geschichtsloses Afrika? – *Von der Antike in die Neuzeit*

26 Könige des Goldes – *Die großen Reiche Westafrikas*

42 Herrenmenschen – *Die Ankunft der Europäer*

58 Machtwechsel – *Das 19. Jahrhundert*

80 Ein Platz an der Sonne – *Die deutschen Kolonien*

96 »Scrambled eggs« – *Wege in die Unabhängigkeit*

# Geschichtsloses Afrika?

## Von der Antike in die Neuzeit

Lange schien Afrika in den Augen vieler Europäer seltsam geschichtslos zu sein. So bezeichnete zu Beginn des 19. Jahrhunderts Georg Friedrich Wilhelm Hegel, der von political correctness noch unberührt war, das »eigentliche«, das subsaharische Afrika als das »Kinderland, das jenseits des Tages der selbstbewussten Geschichte in die schwarze Farbe der Nacht gehüllt ist«[1]. Doch wie viele Historiker hat auch der Philosoph Hegel fehlende Geschichte mit fehlender Schriftkultur verwechselt. Die Stränge der reichen mündlichen Geschichtstraditionen Afrikas aber wurden durch die Erschütterungen des Kolonialismus zerrissen. Und so kam es, dass Europäer angesichts der Ruinen von Groß-Simbabwe – der steinernen Überreste des im Mittelalter bestehenden Monomotapa-Reichs – diese für Schöpfungen von wahlweise Phöniziern, Arabern, Nachkommen des versunkenen Atlantis oder Außerirdischen hielten. Die vermeintlich geschichtslosen Afrikaner konnten es schließlich nicht gewesen sein …

Über die Erbauer von Groß-Simbabwe im südlichen Afrika ist bis heute wenig bekannt, genauso wenig wie über das Bantu-Königreich Kongo oder Kitwara an den großen Seen im Osten. Hier muss sich die Forschung auf archäologische Funde und mündliche Überlieferungen verlassen. Über mehrere historische Reiche weiter im Norden liegen dagegen – anders als Hegel meinte – zahlreiche schriftliche Berichte vor. Denn der Handel mit Europa und dem arabischen Raum schuf einerseits die materiellen Grundlagen für den Aufstieg großer Reiche und bewirkte andererseits, dass mit den Waren auch die Kenntnisse über diese Reiche kursierten. Das gilt auch für die beiden ältesten bekannten Staatsgebilde im nordöstlichen Afrika, Nubien und Äthiopien. Das nubische Königreich Kusch am Oberlauf des Nils, später nach seiner neuen Hauptstadt im heutigen Sudan Meroë genannt, lieferte schon den ägyptischen Pharaonen Sklaven, Gold, Eisen und Weihrauch.

Auch Äthiopien verdankte seinen Aufstieg dem Fernhandel mit Waren aus dem Inneren Afrikas, Elfenbein, Schildpatt oder der Schmuckstein Obsidian etwa, die bis ins antike Rom und später nach Byzanz geliefert wurden. Die Könige von Aksum im äthiopischen Hochland zerstörten 350 n. Chr. den Rivalen Meroë und bekannten sich um diese Zeit zum Christentum. Im 7. Jahrhundert aber, als ganz Nordafrika muslimisch wurde, brach der Kontakt mit Europa ab. Bis 1395, als ein Gesandter des äthiopischen Königs in Mailand eintraf, galt den Europäern das ferne christliche Königreich jenseits der islamischen Welt nur noch als eine Legende.

Der Stern Aksums war, seit die Araber den Handel nach Norden kontrollierten, im Sinken begriffen, bis um 1270 ein neuer Negus Negest, König der Könige, das Reich erneuerte. Unter Berufung auf seine angebliche Abstammung vom biblischen König Salomo und der Königin von Saba gründete Yekuno Amlak eine Dynastie, die sich bis 1974 an der Macht hielt, als Kaiser Haile Selassie durch einen Militärputsch gestürzt wurde.

Die Europäer »entdeckten« ab dem 15. Jahrhundert Afrika wieder und eroberten erst Stützpunkte an der Küste und dann im Laufe der Zeit fast den ganzen Kontinent. Doch dem äthiopischen Kaiser Menelik II. gelang es im 19. Jahrhundert, erst Italiener und Engländer geschickt gegeneinander auszuspielen und schließlich die italienische Armee vernichtend zu schlagen. Von einer kurzen italienischen Besetzung während des Zweiten Weltkriegs abgesehen war Äthiopien eines von nur zwei afrikanischen Ländern, die ihre Unabhängigkeit bewahren konnten.[2]

**LIEB**

1 G.F.W. Hegel, *Vorlesungen über die Philosophie der Geschichte.* Suhrkamp, Frankfurt 2002.

2 Das andere Land ist Liberia, wo freigelassene Sklaven aus den USA 1847 eine Republik ausriefen. Doch viele der alteingesessenen Liberianer dürften weniger ein Gefühl von Unabhängigkeit gehabt haben als vielmehr von Kolonialisierung und sogar teilweise Versklavung durch die neuen Siedler aus Amerika, die bis 1980 das Land auch politisch beherrschten.

# I.

**Kapitel**

# Unterentwicklung und Entwicklung

»Tertia Affrice tabula continet Cyrrenainaycam & Egyptum cu adiacentibus insulis« • Johannes Schnitzer (1482). Abgebildet ist Nordafrika.

BILD: NORMAN B. LEVENTHAL MAP CENTER | BOSTON PUBLIC LIBRARY | HTTP://MAPS.BPL.ORG

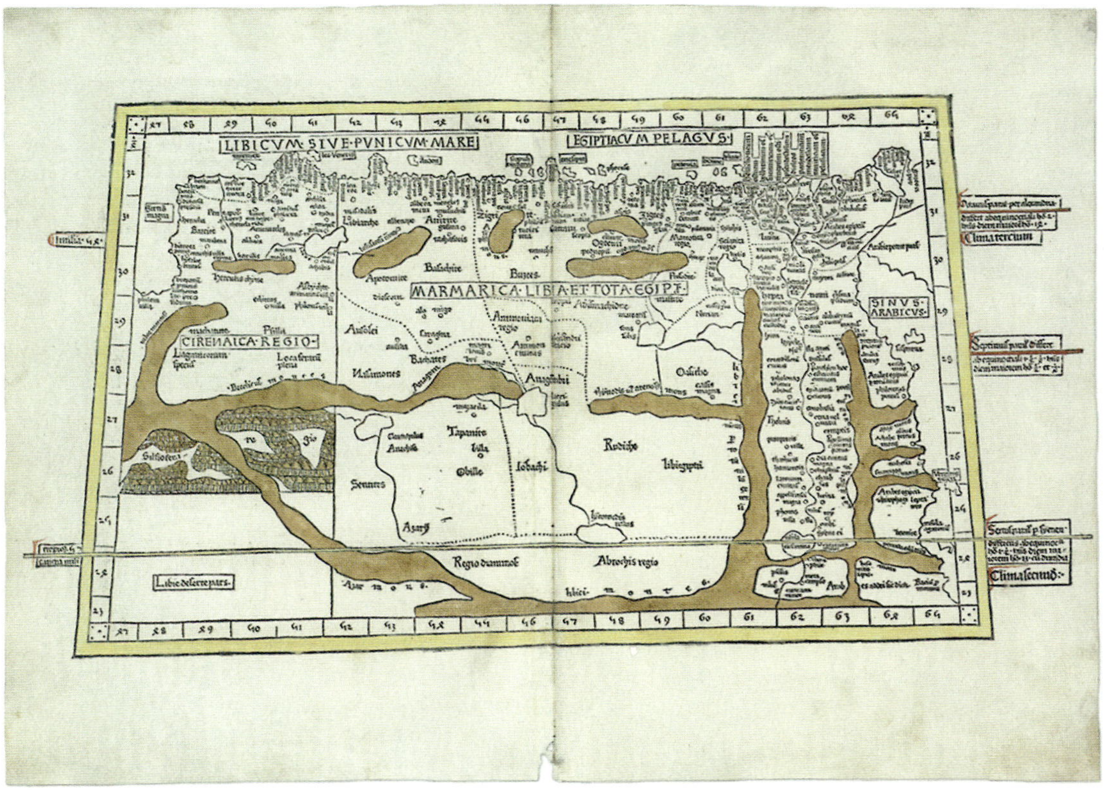

# Ist Afrika selber schuld?

## Urteile und Vorurteile über die Defizite eines Kontinents

**Von Augusta Conchiglia** Journalistin

Wirklich verschwunden waren die Vorurteile und Klischees über das subsaharische Afrika zwar nie, doch seit Beginn des 21. Jahrhunderts tauchen sie immer häufiger wieder auf.

Es ist nicht zu leugnen: Die Entwicklungsstrategien, die man dem Kontinent auferlegt hatte, sind gescheitert. Heute ist das Bruttoinlandsprodukt pro Einwohner real niedriger als 1960. Manche Beobachter fühlen sich dadurch bestätigt und zeigen neuerdings keinerlei Hemmungen mehr, ihrer Verachtung Ausdruck zu verleihen. In Frankreich offenbarte sich diese Tendenz bereits anlässlich des rasch wieder aufgehobenen Gesetzes vom 23. Februar 2005, mit dem der Gesetzgeber die »positive Rolle der französischen Präsenz in Übersee« unterstreichen wollte.[1] Mittlerweile lehnt man jegliches »Schuldgefühl« unverhohlen ab. Frankreich habe sich nicht zu schämen, erklärte Präsident Nicolas Sarkozy kategorisch gleich nach seiner Wahl.

Der Befund der Afrika-Pessimisten ist gnadenlos: Afrika sei »bankrott«, seine Zukunft für Generationen höchst ungewiss. Die unbestreitbare Mitschuld unfähiger und korrupter Regime überdeckt in dieser Wahrnehmung zunehmend die nicht minder reale Verantwortung des Westens. Deshalb sind neuerdings immer mehr Leute bereit, den Theorien Glauben zu schenken, die auf Afrikas »suizidäre« Tendenzen verweisen. Wobei es übrigens afrikanische Autoren waren, die als Erste von einer »Entwicklungsverweigerung« sprachen und dem Schwarzen Kontinent eine »kulturelle Neuausrichtung« verschreiben wollten.[2]

Ist Afrika also in erster Linie das Opfer seiner selbst? Als Hauptschuldige werden ausgemacht: die Staatsmaschinerie, der ethnische Klientelismus und das Luxusleben und Spekulantentum der Superreichen und Geschäftsleute, das Korruption und Überschuldung hervorbringt. Damit sollen »soziokulturelle und historische Blockaden« die Kluft zwischen Afrika und dem Rest der Welt erklären. Angeprangert werden vor allem irrationale, »für afrikanische Völker typische« Verhaltensweisen wie die geringe Neigung zur kapitalistischen Akkumulation. Zudem verhinderten die aus der Unterhaltspflicht für die Großfamilie erwachsenden Lasten, dass gespart und produktiv investiert werde. Völker, die ihre natürlichen Reichtümer verschleudern, seien auch an Versteppung und Entwaldung schuld, also fortschrittsunfähig und zu ewiger Entwicklungshilfe verdammt.[3]

Solche schiefen Pauschalurteile, die von den Medien begeistert aufgegriffen werden, beschäftigen das interdisziplinäre Team um Georges Courade, Forschungsdirektor am Institut de recherche pour le développement (Forschungsinstitut für Entwicklung, IRD). Die Autoren haben fünfzig gängige Vorurteile über Afrika unter die Lupe genommen und sie auf drei weithin popularisierte, »auf Annahmen beruhende Geisteshaltungen« zurückgeführt. Die erste ist Resultat westlicher Projektionen (man sieht sich selbst und die eigene Identität im Spiegel Afrikas). Die zweite gründet auf einem deterministischen Verständnis der räumlichen, natürlichen und historischen Faktoren, aus denen die afrikanische Katastrophe erklärt wird. Die dritte betont die demografischen und kulturellen Hemmnisse für den materiellen Fortschritt.

Unter dem Stichwort Identität wird die ethnische Problematik ausgeschlachtet, um die inneren Konflikte und das Scheitern lebensfähiger Nationalstaaten zu erklären. Ohne die Rolle der Ethnien als Auslöser für Kriege herunterzuspielen, erinnern die Autoren daran, wie diese zumeist instrumentalisiert werden, wenn Gruppen um die – auch noch so schwache – Zentralgewalt kämpfen. Dabei gehe es dann »um die Profite aus Bergbau und Ölförderung, um die Verteilung der Staatsgelder, um den eminent wichtigen Zugang zum Boden, um die Zuteilung von Besitz- und Nutzungsrechten«. Ebenso bedeutsam ist die »ethnische Neustrukturierung« durch die Kolonialmächte nach der Devise »teile und herrsche«. Das absurdeste Beispiel für eine solche ethnische Manipulation war das Apartheidregime in Südafrika, dessen Folgen bis heute spürbar sind.

Jenseits der Klischees und Manipulationen scheint man die Ethnie mehr und mehr als politische Gemeinschaft aufzufassen, was auch für neuere Konzepte von Demokratisierung gilt.[4] Damit werden die Staaten auf die Entwicklung weniger zentralistischer Modelle verpflichtet (und eben nicht von ethnisch homogenen Nationalstaaten, wie manche meinen). Aber die Dezentralisierung birgt auch das Risiko der Balkanisierung – sie hat in Afrika keine Tradition und ist deshalb umso gefährlicher.

Die Gruppe um Courade demontiert ein weiteres Klischee: Die Annahme, der Staat könne sich in Afrika nicht durchsetzen, weil er ein westlicher Import sei, wird als schwerer Denkfehler kritisiert. Denn man habe es ja nicht mit dem Staat im westlichen Sinne zu tun, sondern mit dem Kolonialstaat, und der sei »ein Torso ohne politisches Haupt, im Mutterland angesiedelt, bar jeder Legitimität und vor Ort auf seinen Verwaltungsapparat reduziert«. Insofern er ein Herrschaftsinstrument gewesen sei, das hauptsächlich zum »Eintreiben von Steuern und Rekrutieren von Arbeitskräften für die Zwangsarbeit« da war, sei dieser Kolonialstaat für die in die Unabhängigkeit entlassenen Staaten kein praktikables und schon gar kein demokratisches Modell gewesen. Vielmehr habe er lediglich einen hybriden, neopatrimonialen Staat hervorgebracht, in dem jeder das Stück amtlicher Autorität, das er sich verschafft hat, »zu seinen eigenen und zu Gunsten seiner Angehörigen privatisieren kann«[5].

Obwohl die Korruption auf dem Subkontinent stark verbreitet ist, kann man sie nicht einfach mit der Tradition der »kleinen Geschenke« erklären, die in den alten Gesellschaften üblich war: »Die Korruption wurde zweifellos beschleunigt durch den Abbau öffentlicher Dienst-

**1** Claude Liauzu, »Hausaufgaben für Kolonialisten«, *Le Monde diplomatique*, April 2005.

**2** Gemeint sind die Bücher von Axelle Kabou, *Et si l'Afrique refusait le développement*, Paris (L'Harmattan) 1991, und von Daniel Etounga-Manguelle, *L'Afrique a-t-elle besoin d'un programme d'ajustement culturel?*, Ivry-sur-Seine (Editions Nouvelles du Sud) 1991.

**3** Siehe das in Frankreich heftig diskutierte Buch von Stephen Smith, dem Afrikaredakteur von *Le Monde: Négrologie. Pourquoi L'Afrique meurt*«, Paris (Calmann-Levy) 2003. Eine Replik auf Smith verfassten Boubacar Boris Diop, Odile Tobner, François-Xavier Verschave, *Négrophobie*, Paris (Les Arènes) 2005.

**4** Mwayila Tshiyembe, »Vom postkolonialen Staat zum Multinationenstaat«, *Le Monde diplomatique*, September 2000.

**5** Jean-François Médard, »L'État en Afrique ne fonctionne pas parce qu'il est une copie de l'état occidental«, in dem Sammelband von Georges Courade et al., *L'Afrique des idées reçues*, Paris (Belin) 2006, S. 191–196.

BILD: LE MONDE DIPLOMATIQUE, BERLIN

leistungen im Gefolge der liberalen Ideologie und der Schwäche des Staates, vor allem aber durch die massive Verarmung der Bevölkerung.« Zwar beruhe das Phänomen in Afrika auch auf »seiner Akzeptanz im gesellschaftlichen Austausch als Mittel zur Festigung klientelistischer Netzwerke«. Doch zugleich liege es auch auf der Linie einer allgemeineren Erscheinung, nämlich »der wirtschaftlichen und politischen Korruption, die aus dem Handelsverkehr und seiner staatlichen Regulierung erwächst«.[6]

Wenn man über politische Korrekturen und Alternativen nachdenkt, gewinnt die Kritik an einem anderen verbreiteten Klischee entscheidende Bedeutung: an der Überzeugung, dass natürliche Reichtümer automatisch die Entwicklung fördern, sofern man für diese nur das richtige Konzept hat. Afrika verfügt tatsächlich über bedeutende Bodenschätze, die nicht ausgebeutet oder unbearbeitet exportiert, oft aber auch geplündert oder verschleudert werden.

lierbare Reaktionen – demografische Explosion, Abwanderung in die Städte – aus, deren Folgen erst nach der Unabhängigkeit dieser Länder voll sichtbar wurden.[8]

Ein Entwicklungsmodell mit anderen – und häufig umstritteneren – Kategorien liegt der Analyse von Jean-Paul Gourévitch zugrunde. Der internationale Experte für Humanressourcen, der an der Universität Paris XII lehrt, betont die schuldhaften Versäumnisse der örtlichen Regierungen etwa im Agrarsektor: »Afrika gehört zu den wenigen Weltgegenden, wo man die Bauern vernachlässigt, während heute in Europa, in Japan, in den USA und sogar in mehreren Ländern Südamerikas das Einkommen der Bauern geschützt und subventioniert wird, wodurch das Land einen Wert bekommt.«[9] Wegen der sehr niedrigen Preise der landwirtschaftlichen Produkte sei der Boden in Afrika praktisch wertlos, was wiederum zu Versteppung und zu beschleunigter Urbanisierung führe. Eine Aufwertung des Bodens hätte dagegen die Wirkung, »dass die Afrikaner wieder Interesse an der

»Ein Land ist nicht nur arm, weil es schlecht regiert

Fest steht allerdings auch, dass eine ausschließlich auf Renteneinkommen und Rohstoffvermarktung beruhende Volkswirtschaft auch nicht unbedingt eine ökonomische Diversifizierung bewirkt und noch weniger eine halbwegs gerechte Verteilung der Früchte des Wachstums. Der Kontinent müsse sich deshalb vorrangig auf die »Ressourcen Mensch und Gesellschaft stützen, um sich in einem neuen sozialen und politischen Rahmen innovativ, schöpferisch und unternehmerisch zu entfalten«.[7] Dringender denn je müsse sich die Gesamtheit der politischen Akteure Afrikas ernsthaft mit der Frage befassen, »welche Art von Entwicklung und welcher Umgang mit den natürlichen Ressourcen für ihren Kontinent wünschenswert ist«. Ohne diesen Kraftakt werden viele Länder »strukturell entwicklungsunfähig« bleiben.

Die Entwicklung aktueller Wirtschaftsstrategien wird allerdings noch immer durch Entscheidungen eingeschränkt, die bereits während der Kolonialherrschaft getroffen wurden. Jean-Pierre Foirry von der Université d'Auvergne erinnert an die langfristigen Wirkungen der westlichen Herrschaft: »Eine gewollte einschränkende Spezialisierung auf Erzeugnisse, die zu den Produkten des Mutterlandes komplementär sind, hat ohne Zweifel die industrielle Revolution in diesen Ländern gebremst. Zumal es sich eher um die Plünderung der Rohstoffe handelte, die keinen ausgeglichenen Markt entstehen ließ, weil deren Preise für die örtlichen Erzeuger nicht günstig waren und sich weniger nach Angebot und Nachfrage richteten als nach den zugrunde liegenden Machtverhältnissen.«

Einen indirekten Einfluss hatten aber auch die verbesserte medizinische Versorgung und die Anbindung der Dörfer an den Verkehr. Das löste weitere kaum kontrol-

Landarbeit bekommen«. Dann werde es nicht mehr »die Horden von Arbeitslosen und Sozialhilfeempfängern geben, die in den Städten, wo es so etwas wie ein soziales Netz kaum gibt, für Unruhe sorgen«.

Mit Stillschweigen übergeht der Autor freilich sowohl die Forderung der Industrieländer nach einer Liberalisierung der afrikanischen Märkte als auch den jahrelangen erbitterten Widerstand der internationalen Finanzinstitutionen gegen jegliche Protektion oder Subventionierung der afrikanischen Landwirtschaft.

Gourévitch ist zudem der Ansicht, dass kulturelle Faktoren die Modernisierung Afrikas verhindern. Dies zeige der Vergleich mit China oder Südostasien, wo sich die Gesellschaften hervorragend angepasst hätten. Die Afrikaner dagegen könnten nur »äußerst schwer umdenken«. Das Wirtschaftssystem des Kontinents »mit seiner geringen Produktivität, seinen geringen Erträgen und seiner hohen Umverteilungsquote« sei einfach nicht zu halten.

In diesem Kontext macht Gourévitch einen gewagten Vergleich: »Während der Westen sich die Ideen und Errungenschaften anderer zu Eigen machen konnte, schaffte es die afrikanische Kultur nicht, den technischen Fortschritt und die Gebote des Finanzsektors in ihr Wertesystem zu integrieren.« Die politischen Eliten sollen sich bewusst machen, dass die afrikanische Identität unter dem Druck der von der westlichen Kultur verbreiteten Bilder und Bedürfnisse unaufhaltsam zerstört wird: »Die auf Konsum fixierte Jugend will nicht länger darauf warten, dass man ihr gnädig das Wort erteilt.«

Vor den Risiken einer solchen Akkulturation durch Konsum warnt allerdings Cheikh Tidiane Diop. Der sene-

**6** Siehe den Beitrag von René Owana, in: Courade et al., a. a. O. (Fn. 5)
**7** Siehe Sylvain Guyot, »Déconstruire les savoirs sur l'Afrique et les relire en mode hypertexte«, in: Courade et al., a. a. O. (Fn. 5)
**8** Jean-Pierre Foirry, *L'Afrique: continent d'avenir?*, Paris (Ellipses) 2006.
**9** Siehe Jean-Paul Gourévitch, *La France en Afrique. Cinq siècles de présence: vérités et mensonges*, Paris (Acropole) 2006.

galesische Wirtschaftswissenschaftler, der in Dakar und an den Universitäten Bourgogne und Franche-Comté studiert hat, behauptet im Gegensatz zu Gourévitch entschieden, dass man den wirtschaftlichen Rückstand des Schwarzen Kontinents nicht seiner Identität anlasten könne. Schuld sei vielmehr die Weigerung der »internationalen Gemeinschaft« und der afrikanischen Länder selbst, »kulturelle Denkweisen als wesentliche Parameter der Entwicklung« zu berücksichtigen.

Der senegalesische Autor fordert das Recht auf eine ausgewogene, die Menschen respektierende Entwicklung. »Taugen Wachstumsraten als Index für glückliche Gesellschaften?« Ähnlich sieht es auch Georges Courade. Für ihn ist es ein »Zeichen von Bequemlichkeit, wenn sich Entwicklungshelfer über die archaische und rückschrittliche Mentalität ihrer Schützlinge beschweren, sobald diese – oftmals berechtigte – Änderungswünsche äußern oder Kritik üben«. Dabei könne es durchaus sein, dass »Hilfsangebote auch fehl am Platz sind, kontraproduktiv wirken oder sogar die Menschen gefährden«.

wird; es wird auch schlecht regiert, weil es arm ist.«

Differenzierter argumentiert Jean-Pierre Foirry. Er attestiert der afrikanischen Kultur zwar »Zukunftswerte, auf denen ein afrikanisches Modell nachhaltiger Entwicklung aufbauen könnte«, doch er befürchtet, dass »die Fixierung auf die Traditionen und der tatsächliche Mangel an Mentalitäts- und Verhaltensänderung« zur Falle und die Entwicklungskrise damit »kurz- und mittelfristig quasi unüberwindbar« werden könne. Als weitere Falle sieht er die Überbevölkerung und ihre Auswirkungen auf die Integration des Kontinents in die Weltwirtschaft. Der Teufelskreis eines zu starken demografischen Wachstums müsse durchbrochen werden, weil er das Sparen verhindere und damit sowohl Sozialausgaben als auch Investitionen unmöglich mache.

Diese postulierte »selbstmörderische Demografie« wird in dem Sammelband von Georges Courade anders wahrgenommen. Vier Jahrhunderte lang sei Afrika ausgeblutet und unterbevölkert gewesen. Erst seit 1960 gebe es ein »ungehemmtes« Bevölkerungswachstum und eine »galoppierende« Verstädterung. Der gewaltige Zuwachs werde noch zwei Generationen lang anhalten, sei aber konjunkturell begrenzt und im Übrigen historisch notwendig. Außerdem beginne die Geburtenrate seit 1992 allmählich zu sinken. Das gegenwärtige Wachstum sei »schlicht ein Aufholen, wodurch Afrika wieder auf den Anteil (17 Prozent) an der Weltbevölkerung kommen könne, den es bereits im 16. Jahrhundert hatte«.[10]

Courade und seine Mitarbeiter sind der Ansicht, dass der demografische Bonus für Afrika – wie einst für Asien – positive Wirkungen haben könne, zumal 45 Prozent der Bevölkerung jünger als fünfzehn Jahre sind und mehr Menschen besser ausgebildet sind als früher. Die wirkliche Herausforderung des 21. Jahrhunderts sei also nicht die Bevölkerungsexplosion, sondern »die Suche nach einem gerechteren Wachstum der Weltwirtschaft«.

Zur Erklärung der anhaltenden Unterentwicklung des Kontinents ziehen die Autoren auch andere, insbesondere geografische Faktoren heran. Nach Foirry »kumulieren sich die Handicaps und Nachteile in den afrikanischen Ländern stärker als in anderen armen Ländern, die sich in letzter Zeit aus eigener Kraft aus der Armutsfalle befreien konnten«. So lebt jeder dritte Afrikaner in einem Binnenland, was in Lateinamerika nur für jeden dreißigsten und in Asien nur für jeden fünfzigsten Bewohner gilt.

Für Foirry ist vor allem das tropische Afrika – die ärmste Region des Kontinents, in der auch fast alle der am wenigsten entwickelten Länder liegen – durch die Geografie benachteiligt: Eine weit verstreute bäuerliche Bevölkerung bedeutet hohe Transportkosten und beschränkten Marktzugang, es dominieren große Trockenzonen bei nur wenigen Flüssen, die Bewässerung in großem Maßstab ermöglichen, Tropenkrankheiten sind endemisch und anderes mehr. Selbst die am besten regierten Tropenstaaten »entgehen nicht der Armutsfalle«. Wobei für Foirry beide Faktoren zusammenhängen: »Ein Land ist nicht nur arm, weil es schlecht regiert wird; es wird auch schlecht regiert, weil es arm ist.«

Für den Aufstieg Afrikas bedarf es laut Foirry umwälzender Veränderungen. Die ließen sich allerdings nicht von einem auf den anderen Tag durchsetzen. Etwas von diesem Wandel sei jedoch schon überall zu spüren, vor allem in der jüngeren Generation und in der städtischen Bevölkerung, die inzwischen in Afrika die Mehrheit ausmacht. Aber der Prozess werde erst vollendet sein, wenn die Länder demokratisch regiert werden, wenn die Abhängigkeit von äußerer Hilfe reduziert sein wird, wenn die »Informalisierung« der Gesellschaften gestoppt ist und wenn modernisierte Arbeitsverhältnisse eine dynamische Mittelklasse hervorgebracht haben. Deshalb meint Foirry: »Afrika hat keine Wahl. Es muss ›mit seinem ganzen Herzen‹ vorangehen, statt nach dem Rezept von Cheikh Hamidou Kane vor der Modernisierung ›in Deckung zu gehen‹.«

Für diese optimistische Vision wird sich Cheikh Tidiane Diop kaum begeistern können, impliziert sie doch die »Normalisierung« Afrikas und den Verzicht auf einen eigenen, originellen Weg. Für den senegalesischen Wirtschaftsexperten steht vielmehr fest: »Afrika braucht keine Hilfe oder Unterstützung, es braucht vor allem Achtung.«

**Aus dem Französischen von Josef Winiger**

**10** Siehe den Beitrag von Georges Courade und Christine Tichit, in: Courade et al., a. a. O. (Fn. 5)

Erstmals erschienen in *Le Monde diplomatique* vom Juli 2007.

የሕገ መንግሥት ጉባኤ አባላት መምረጫ ሰነድ
ክልል 14 ዞን አራት፣ አምስትና ስድስት
1
2
3
4
5
6
7
8
9
10
11
12
13

# Gelebte Demokratie

Was es heißt, Bürger zu sein in Afrika

Von Charlotte Wiedemann*

*Charlotte Wiedemann ist Journalistin und Autorin. Zuletzt erschien von ihr das Buch *Ihr wisst nichts über uns! Meine Reisen durch einen unbekannten Islam*, Freiburg (Herder) 2008.

Die Stadt Saint-Louis im Senegal, an der Grenze zu Mauretanien, ist der richtige Ort, um mit Beobachtungen afrikanischer Demokratie zu beginnen. Alles liegt hier handlich bereit, um jene besondere gesellschaftliche Ökologie zu studieren, die Wachstum und Siechtum afrikanischer Demokratien bestimmt, vielleicht auch die künftige Vielfalt ihrer Arten.

Vor der Küste von Saint-Louis haben Hunderte junge Männer ihr Leben gelassen – nach Europa eingeschifft in den bunten Pirogen der Fischer, die nicht mehr genug fangen, weil ihnen die europäischen Fabrikschiffe das Meer leerfischen. Wenige hundert Meter weiter, wo der Sand des Strands in den Sand der Wüste übergeht, beginnt mit der mauretanischen Grenze die neue Mittelmeerunion, Europas Sicherheitszone gegen Armut und Migration.

Die Senegalesen haben lange geglaubt, der Lauf der Geschichte ginge in eine umgekehrte Richtung, sie würden sich Europa nähern; und sie fühlten sich Europa nirgends näher als hier. Saint-Louis war die erste französische Siedlung auf dem Kontinent, genau 350 Jahre ist das her. Anfänglich nur eine Station für Sklavenhandel, furchtsam auf einer Insel mitten im Senegal-Strom eingerichtet, wurde Saint-Louis später die Hauptstadt Französisch-Afrikas. Heute gehört es zum Weltkulturerbe: Gerade wird auf der historischen Île der »Conseil Général« restauriert: So hieß das erste koloniale Parlament des Kontinents. Es war dominiert von wohlhabenden katholischen Kreolenfamilien; wer sich zur Wahl stellen wollte, musste Französisch lesen und schreiben können. Eine Halbdemokratie, in der eine lokale Minderheit das Sagen hatte, eine Elite, deren Eignung an einem europäischen Kriterium gemessen wurde.

Genauso oder ganz ähnlich lassen sich zahlreiche afrikanische Demokratien der Gegenwart beschreiben. Ihre Kader sind der Masse des Volkes und dessen Lebensbedingungen entfremdet, in ihren dunklen Anzügen wirken sie wie zu Besuch in der Sahelzone. Und mitten im geschützten Kulturerbe von Saint-Louis hat sich Senegals Justizminister einen privaten Neubau hingestellt, als wollte er allen zeigen: Gesetze gelten für ihn nicht.

Am anderen Ufer des Senegal-Stroms, auf dem Festland, eine andere Demokratie. Schlichter, kleinteiliger, ehrlicher – die Basisdemokratie der Stadtteilräte. Im Quartier Diamaguène funktioniert sie so: Das Viertel mit 9 000 Einwohnern wurde in vier Sektoren geteilt, jeder Sektor schickt fünf Delegierte in den Rat. Von den fünfzig Vereinen des Viertels schickt jeder zwei Delegierte. Aus den Reihen des nun 120-köpfigen Rats werden ein Exekutivkomitee sowie diverse Ausschüsse gewählt. Alle zwei Jahre wird zur Vollversammlung des Quartiers gerufen.

Die Basisdemokratie dient der Verbesserung des Lebens oder dem bloßen alltäglichen Überleben. Keimformen von Solidargemeinschaft: Im Quartier wird eine Krankenversicherung aufgebaut, zur Deckung des Nötigsten. Aus der Stadtkasse bekommen die Räte nur ein winziges Taschengeld, doch fast jeder Rat macht seine eigene Außenpolitik, sucht sich Entwicklungspartner in Europa. Für den Pferdekarren, der im Quartier Diamaguène den Müll einsammelt, wurde eine Subvention aus Lille organisiert.

Dort, wo Saint-Louis sein berühmtes koloniales Erbe hütet, auf der historischen Île, sind die Stadtteilräte kaum aktiv. »Durch den langen Kontakt mit den Franzosen sind die Leute dort zu individualistisch geworden«, meint Magol Gueye, Präsident des Rats von Diamaguène und Lehrer. Die Kultur der basisdemokratischen Assoziationen ist viel mehr in jenen Stadtteilen des Festlands verwurzelt, die von den europäisierten Senegalesen der Île einst verächtlich »Dschungel« genannt wurden.

Afrika wird, wenn es um Demokratie geht, dauernd geprüft. Was in einem der 53 Länder geschieht, wird – sofern die internationalen Medien es überhaupt zur Kenntnis nehmen – dem ganzen Kontinent ins Zeugnis geschrieben. Die Generalisierung ist absurd. Eben noch hieß die Schlagzeile »Afrika fällt zurück in seine alten Übel« (im Kongo), dann kam der geglückte Machtwechsel in Ghana: »Afrika besteht den Demokratietest«. Kongo und Ghana sind, wie bereits ein Blick auf die Landkarte verrät, sehr unterschiedlich. Und das Beispiel Kongo zeigt besonders deutlich: Die internationale Debatte reduziert Demokratie auf formale Prozeduren, innerhalb derer das Abhalten von Wahlen absolut gesetzt wird.

Darin verrät sich keineswegs nur Kurzsichtigkeit. Die vom Westen geförderten Mehrparteiensysteme sicherten häufig den Machterhalt einer Elite, die wiederum die Wahrung westlicher Interessen sichere, schreibt der nigerianische Politikwissenschaftler Adelaja Odukoya.[1] So werde verhindert, »dass in einem Prozess tatsächlicher Volks- oder Basisdemokratisierung Kräfte entstehen, die sich gegen westliche kapitalistische Interessen wenden könnten«. Anders als zu Beginn der 1990er-Jahre kann heute allerdings kaum einem politisch bewussten Afri-

**1** *African Journal of International Affairs*, Bd. 10, Nr. 1 & 2, Dakar (Codesria) 2007.

Wahlzettel für die äthiopische Parlamentswahl im Jahr 2005.
BILD: ACEPROJECT.ORG

kaner mehr eingeredet werden, dass Neoliberalismus plus Privatisierung Demokratie bedeute. »Weniger Staat!«, das ist nach der globalen Finanzkrise selbst in Afrika unverkäuflich geworden. Damit öffnen sich Räu-

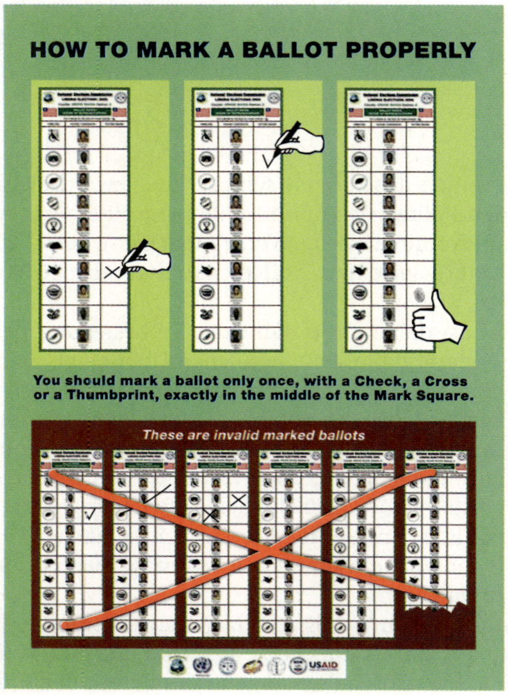


Ein Plakat aus Liberia (2005) erklärt den Wählern, wie die Stimmzettel für die Parlamentswahl auszufüllen sind.
BILD: ACEPROJECT.ORG

me für ein neues Verständnis von Demokratie. Oder besser: von Demokratien, so plural wie der Kontinent.

Was stellen sich Afrikaner unter Demokratie vor? Zu den wenigen zuverlässigen Antworten gehören die Befunde von Afrobarometer, einem Instrument politischer Meinungsforschung, an dem Sozialwissenschaftler aus achtzehn afrikanischen Ländern beteiligt sind, von Benin bis Simbabwe.[2] In den vergangenen acht Jahren wurden in diesen Ländern 25 000 Bürger repräsentativ befragt, und zwar in einer von ihnen selbst gewählten Sprache, also nicht nur in den Kolonialsprachen. Nur etwa 6 Prozent der Befragten verbinden mit Demokratie in erster Linie ein Mehrparteiensystem. Jeder Dritte stellt sich unter Demokratie hingegen persönliche und bürgerliche Freiheiten vor; dazu addieren sich andere Erwartungen: Frieden, Entwicklung, Gerechtigkeit. Mehr als 50 Prozent fürchten, dass die Konkurrenz von Parteien zu Konflikten führt, gleichwohl spricht sich nahezu überall eine stabile Mehrheit gegen autokratische Modelle aus: gegen die Herrschaft eines Mannes, einer Partei oder des Militärs. Und 82 Prozent meinen, ihr Staats- oder Regierungschef solle nur durch freie und faire Wahlen in sein Amt gelangen. Kein Stoff für Afropessimisten. Obwohl enttäuscht von den real existierenden Demokratien, zeigen die Befragten Frustrationstoleranz, darin ähneln sie den Bürgern Osteuropas. Und auch in Westdeutschland und Japan hat nach dem Zweiten Weltkrieg erst der wirtschaftliche Erfolg – das bessere Leben – die Massen vom Wert der Demokratie überzeugt. Warum sollte es in Afrika so ganz anders sein?

Das Beispiel Ghana: Ein friedlicher Machtwechsel im Januar nach einem atemberaubend knappen Wahlausgang – seither gilt Ghana vielen Beobachtern als Vorbild für Afrika. Die ghanaische Erfahrung lässt aber auch einen anderen Schluss zu: Afrikanische Bürger verhalten sich ähnlich wie Bürger sonstwo auf der Welt, wenn die Bedingungen es erlauben. Ghana geht es vergleichsweise gut; das Land baut sich auf, profitiert vom Wirtschaftswachstum – doch die Hälfte der 23 Millionen Ghanaer leben weiter in Armut; sie verlangen Teilhabe am neuen Wohlstand, verlangen Gerechtigkeit. Zugleich hat Ghana, selten für Afrika, ein verwurzeltes Zweiparteiensystem, in dessen Rahmen sich eine Stimmung für »Change!« manifestieren konnte.

Der Ablauf im Einzelnen verdient in der Tat, in Afrikas Schulbüchern festgehalten zu werden. Im ersten Wahlgang lag der Kandidat der Regierungspartei noch knapp vorn, dann, nach drei Wochen Warten auf die Stichwahl, schob sich der Oppositionskandidat John Atta Mills um Haaresbreite nach vorn. Und nun hielt Ghana noch einmal den Atem an, denn alles hing jetzt von den 53 000 Wählern im kleinen Bezirk Tain ab: Bei den Bauern waren zuvor nicht genug Wahlzettel angekommen, also wählten sie nach. Am Ende gewann der Juraprofessor Atta Mills die Präsidentschaft mit einem Vorsprung von nur 0,23 Prozent.

Obwohl auch Ghana als Elitendemokratie gilt, hat die Bevölkerung den gesamten Wahlprozess, beginnend bei der Wählerregistrierung, sehr engagiert begleitet. Die Beteiligung lag bei 70, örtlich bis zu 95 Prozent. Der neue Präsident wurde bereits 24 Stunden später vereidigt, wieder unter großer Anteilnahme der Bevölkerung, die in Bussen und Lastwagen aus allen Landesteilen nach Accra strömte, um auf dem Independence Square zu feiern. Ghanas Zeitungen sprachen in nahezu religiösen Begriffen von Mills' »Bund mit dem Volk«, warnten aber bereits: »Mister President, hüte dich davor, den Bund zu brechen!« Mills hatte mit dem Versprechen »Wohlstand für alle« gelockt und die Senkung der Benzinpreise innerhalb der ersten hundert Amtstage versprochen. Nun befindet er sich unter ähnlichem Erwartungsdruck wie sein »Change«-Kollege Barack Obama, dessen Kampagne man sogar in Ghana ein wenig zu kopieren versuchte.

Ganz anders die Situation in Mali, das gleichfalls oft als positives Beispiel zitiert wird, zumal das Land zu den ärmsten der Welt zählt. Mali hat in der Tat alles, was eine Demokratie in formaler Hinsicht ausmacht: Wahlen, Parteien, Parlament. Die meisten der 14 Millionen Malier fühlen sich in dieser Demokratie allerdings wie bloße Statisten. Manche tragen T-Shirts mit dem Slogan einer Partei oder nähen sich Gewänder, die in ihrem Muster eine politische Botschaft zeigen. Die Stoffe werden zu bestimmten Anlässen billig auf den Markt geworfen. Spricht man jemanden auf eine solche Kleidung an, dann schaut er verwundert an sich herunter: Oh, was steht denn da?!

2 www.afrobarometer.org.

118 Parteien sind in Mali registriert. Die meisten gleichen einer One-Man-Show; wer Mitglied wird, bekommt zum Parteiausweis ein Handgeld. In der Nationalversammlung wird Französisch gesprochen; das schließt die meisten Malier aus – selbst manche Abgeordnete ohne Schulbildung. Sie bringen ihre Söhnchen mit zum Übersetzen, dann erzählen ihnen Schulkinder, was in Gesetzesvorlagen steht.

Bei den Wahlen zur Nationalversammlung, finanziert aus Entwicklungshilfe, fallen korrekt ausgefüllte Wahlzettel in korrekt versiegelte Urnen aus korrekt transparentem Plastik. Bloß das Bewusstsein der Wähler, das ist nicht so korrekt. Manche verkaufen ihre Stimme, sie verkaufen sie billig, ohne Gefühl für ihren Wert. Vor den Wahllokalen bauen Kandidaten einen Tisch mit Essen auf, verteilen ein paar Scheine, nicht einmal zwei Euro wert, und dafür gibt ihnen der Wähler seine Stimme. Für einen Moment war er kein Statist, er hat partizipiert, auf seine Art.

Man mag sich einen Augenblick lang vorstellen, der Wahlkampf für den Deutschen Bundestag oder für die Nationalversammlung in Frankreich werde auf Englisch abgehalten. Die Mehrheit der Bevölkerung würde sich abwenden, die Wahlbeteiligung drastisch sinken, das Ergebnis wäre unkalkulierbar, gewiss würden nationalistische Gruppen enorm gestärkt. In Mali hat die Distanz zur Wahldemokratie ein sanfteres Gesicht. Das ganze System ist für das bäuerliche Milieu ein fremdes, von außen kommendes Phänomen geblieben, so fremdartig wie festangestellte Lohnarbeit, die 50 Jahre nach dem Ende der Kolonialzeit immer noch »die Arbeit der Weißen« heißt.

Gelebte Demokratie ist in Mali anderswo zu suchen. Zum Beispiel bei den 150 freien Radiostationen, so vielen wie sonst nirgendwo in Afrika. Amidu Diarra wird »der Drache« genannt, weil er jeden Morgen Feuer speit am Mikrofon von Radio Kledu. Ein rhythmisches, atemloses Schreien: »Guten Tag, ihr korrupten Politiker! Guten Tag, ihr Diebe der öffentlichen Kassen! Guten Morgen, ihr Arbeitsscheuen!« Diarras Sendung ist Kult; seinen Stil hat er aus malischen Volksliedern entwickelt. »Schwarz oder Weiß, Lob oder Tadel; so muss es sein«, sagt Diarra. Die Egoisten, die Ehrlosen, die Betrüger aufrufen »und für ihr Benehmen der Gesellschaft gegenüber würdigen«, das sei das Prinzip seiner Sendung.

Die Gemeinde Dioro ist ungefähr fünf Autostunden von der Hauptstadt Bamako entfernt, ein Marktflecken am Niger, eine von 703 ländlichen Kommunen, die in Mali Mitte der 1990er-Jahre geschaffen wurden. Die Macht soll zurückkehren aufs Land – das war eine Vision derer, die in Mali gegen die Diktatur gekämpft hatten. In Dioro erlebt Mali eine Premiere: Der Bürgermeister legt vor den Fernsehkameras Rechenschaft ab, er rechtfertigt öffentlich, was er mit dem Geld der Bürger gemacht hat. Issa Doumbia sitzt leicht gekrümmt vor dem Mikrofon, ein baumlanger Mensch, der Schweiß läuft in Strömen von seinem glatt rasierten Schädel, als er sich durch den Haushalt der Gemeinde kämpft. Vor ihm auf dem Marktplatz ein paar hundert Bürger auf Stühlen und Matten, manche greifen ihn an, mit dem wachen Misstrauen der Malier gegenüber allem, was Staat ist.

Ein paar Tage später wird die Aufzeichnung gesendet, die Leute von Dioro sitzen in Gruppen beieinander – dort, wo es einen Fernseher gibt und einen Generator. Und alle, die sich an diesem Abend selber sehen, haben das Gefühl, an etwas Wichtigem beteiligt gewesen zu sein. »Zu viele hohe Funktionäre in Mali sind Diebe«, sagt der Bürgermeister. »Deshalb glauben die Leute nur, was sie mit eigenen Augen sehen.« Dezentralisierung, sagt er, sei die einzige Chance für Mali, sich zu entwickeln. »Auf nationaler Ebene ist der Staat einfach verdorben.« Mit seiner offensiven Transparenz begann der Bürgermeister auf Anraten deutscher Entwicklungshelfer; sie bezahlten die Fernsehaufzeichnung. Alltäglicher ist ein öffentlicher Kassensturz im lokalen »Radio Gemeinsam«.

Die Erfahrungen von Dioro gelten inzwischen als Modell: Bürger, die Vertrauen haben, zahlen mehr kommunale Steuern – und sie betrachten die Privatisierung des Staates durch gierige Politiker nicht mehr als Naturgewalt. Mali und Burkina Faso, zwei arme Baumwollstaaten, sind Afrikas Vorreiter bei der Dezentralisierung. »Halte dich aufrecht aus eigener Kraft!«, so wird der Begriff im lokalen Bambara umschrieben. Aber woher die Kraft nehmen? Malis Regierung hat großzügig Aufgaben nach unten delegiert; um Schulen, Straßen, Wasser, Abfall dürfen sich nun die Kommunen kümmern; nur das Geld, das soll noch möglichst lange in der Hauptstadt bleiben.

Dioros wichtigste Ressource ist der Markt; 4 000 Händler nutzen ihn, viele kommen von weit her. Früher war der Markt schmutzig und brachte der Kommune nichts ein. Beides hat sich nun geändert, dank einer demokratischen Struktur. Einfach war das nicht: Die Debatte mit den einzelnen Branchengruppen der Händler dauerte ein Jahr. nun wählt die Vollversammlung jeder Branche einen Delegierten, und die Delegierten wählen für ein Jahr ein Komitee, das den Markt leitet.

Am Markttag drängeln sich Gebühreneintreiber mit winzigen Quittungen durch das Gewühl: umgerechnet 8 Cent sind für einen Eselskarren zu entrichten, 17 Cent für einen regulären Stand. Die Quittungen bloß nicht wegwerfen!, hat es im Radio geheißen – damit es keinen Missbrauch gibt. Die 8 Cent könnten ja sonst zweimal kassiert werden!

Drei Viertel der Einnahmen wandern in den Gemeindehaushalt, mit dem Rest wird der Markt instand gehalten. Der Sekretär des Marktkomitees notiert akribisch in einem Schulheft, was der Gebührenchef des Komitees ihm seinerseits aus einem Schulheft vorliest. Das Schulheft ist in Mali das Erkennungszeichen der Basisdemokratie: In seinen Zeilen werden die kleinen Münzen der Partizipation verzeichnet, mit Akkuratesse und Hingabe.

In einem makellos gebügelten Hemd, der »Seriösität des Amtes wegen«, fährt Dioros Buchhalter auf einem Moped durch Matsch und Staub, um in den dreißig Dörfern der Gemeinde die jährlichen Steuern einzutreiben. Winzige Summen aus unserer Sicht, aber niemand kann sie auf einen Schlag bezahlen. 8 Cent pro Schaf, 16 Cent pro Esel, 40 für eine Kuh, 3 Euro pro Mensch. Hinten auf dem Moped des Buchhalters sitzt ein Polizist, um den Geldtransport zu bewachen.

Neuerdings verleiht die Gemeinde Preise an die Dörfer mit der besten Steuermoral: Radiogeräte und Säcke mit Reis. Der letztjährige Sieger ist ein Fischerdorf des Bozo-Volks, 1600 Menschen, drei Familiennamen, 100 Prozent Steuerzahler. Der Dorfchef holt fünf Schulhefte, die Steuerakten. Wie klein die Raten der Fischer sein dürfen, ist Verhandlungssache. »Wir müssen uns untereinander arrangieren«, sagt der Dorfchef entschuldigend. Die Bürger bekommen eine Quittung für jede Rate, ein kleines weißes Kärtchen von einem winzigen Block – ein ausrangierter Spendenblock vom Fußball-Afrika-Cup 2002.

In Westafrika hat das Zahlen von Steuern eine lange Tradition, sie begann schon vor der Kolonialzeit. In manchen Dörfern der Region werden heute die gesamten Steuern von den Migranten bezahlt, die zum Arbeiten in Europa sind. Die Dezentralisierung zu fördern, mit dem Geld und dem Know-how europäischer Entwicklungshilfe, scheint ein sinnvolles und vergleichsweise uneigennütziges Projekt des Nordens zu sein. Steht man allerdings in einem Dorf hochverschuldeter Baumwollbauern, dann wirken dort die aufgestapelten zartgrauen Plastikurnen vom letzten Wahlgang wie Spielzeug, das man Kindern gibt, damit sie nicht stören bei den wirklich wichtigen Dingen. Demokratie – das hieße hier: faire Handelsbeziehungen. Für die Summe, mit der jeder US-Baumwollfarmer bezuschusst wird, müsste ein malischer Bauer 1000 Jahre arbeiten. 800000 Bauern aus Mali und ihre Familienangehörigen haben in einer Petition an die Welthandelsorganisation vergeblich dagegen aufbegehrt. Das immerhin hat ihnen die formale Demokratie gebracht: Sie sind nicht mehr stumm, sie haben eine Stimme, Vertretungen, Bauernverbände. Und diese Stimme sagt uns, den Bewohnern des Nordens, dass der große Bedarf an Demokratisierung nicht in Afrika liegt.

Es gibt verschiedene Wege, wie Menschen ungeachtet ihrer Armut beginnen können, sich als Bürger zu begreifen. Ihnen Rechte zu geben, ist der eine Weg – sie ihrer Rechte zu berauben ein anderer. Wie die Eisenbahn im Senegal und in Mali auf Drängen der Weltbank privatisiert wurde – das war eine Lektion der zweiten Art.[3] Die Bahn wurde an ein französisch-kanadisches Konsortium verkauft, das den Betrieb auf die denkbar einfachste Weise saniert hat: Die meisten Bahnhöfe entlang der Strecke wurden geschlossen, Menschen und Handel waren abgehängt, Züge und Gleise verwahrlosen. Cargo ist profitabler als Mensch.

Aus Wut darüber entstand vor fünf Jahren Cocidirail, ein »Bürgerkomitee für die Rückgabe der Eisenbahn«, besser beschrieben als eine soziale Organisation neuen Typs: Sie umfasst entlassene Eisenbahner ebenso wie die geschädigten Dörfler entlang der Strecke, Radiosender sind auch dabei. Die »Rückgabe der Bahn an das Volk« soll kein simples Zurück zum früheren Staatsbesitz sein, mit seiner mangelhaften Kontrolle, mit Misswirtschaft und Korruption. Sondern hier entsteht in Umrissen die Utopie einer neuen Form von öffentlicher Kontrolle durch Bürgerkomitees, Bahnbeschäftigte und die betroffene Bevölkerung entlang der Gleise.

Noch ist dieses Ziel in weiter Ferne – obwohl mittlerweile niemand mehr bezweifelt, dass die Privatisierung

**3** Vincent Munié, »Mord am Dakar-Niger-Express«, *Le Monde diplomatique*, Februar 2007

## Die Stunde der Entwicklungsdiktatoren

Als bei den angolanischen Parlamentswahlen im September 2008 die Regierungspartei MPLA einen haushohen Sieg erlangte, war das keine große Überraschung. Überraschend wäre es vielmehr gewesen, wenn die einstige sozialistische Einheitspartei, die Angola 1975 zur Unabhängigkeit führte und danach fast drei Jahrzehnte Krieg überstand, auch nur in die Nähe einer Wahlniederlage gekommen wäre. Sieger in afrikanischen Bürgerkriegen setzen sich meist auch an der Wahlurne durch.

Was sich in Angola abspielte, wiederholte sich kurz danach deshalb auch in Ruanda. Schon in vielen afrikanischen Ländern – Kongo-Brazzaville, Sierra Leone, Äthiopien, Mosambik – gelang es den Regierungen, die bereits im militärischen Kampf Stärke gezeigt hatten, das Volk auch bei den Wahlen hinter sich zu scharen.

Der Bonus hält allerdings nicht ewig vor. Wenn die einmal demokratisch legitimierten Alleinherrscher die Erwartungen der Bevölkerung an Frieden, Aufbau und Aufschwung nicht erfüllen, werden sie entweder später an der Wahlurne abgestraft – so war es jüngst in Sierra Leone. Oder sie müssen zunehmend repressive Mittel einsetzen, um das Volk ruhigzustellen – das hat sich in Äthiopien und vor allem in Simbabwe gezeigt.

Eine sichtbare Modernisierung der Gesellschaft durch eine Staatsmacht, die im Frieden ähnlich autoritär agiert wie im Krieg, kann von einer Mehrheit der Bevölkerung mangels Alternative durchaus als das kleinere Übel akzeptiert werden. Das zeigten die Wahlergebnisse in Mosambik, Ruanda und Angola. Besonders leicht hat es da die angolanische Regierung, da sie über Milliarden Dollar aus Öleinnahmen verfügt, mit denen sie das Volk überschütten kann.

So schlägt in Afrika jetzt die Stunde der Entwicklungsdiktatoren, zu denen sich die Bürgerkriegshelden von einst gemausert haben. Gemessen werden jedoch auch sie über kurz oder lang daran, ob sie ihre Versprechen erfüllen. Und ob sie, falls es nicht klappt, wieder abdanken. Diese Probe bestehen allerdings die wenigsten.

**Dominic Johnson***

*Dominic Johnson ist Redakteur der *taz* (Berlin).

Erstmals erschienen in der *taz* vom 9. September 2008

des Personenverkehrs ein Desaster ist. Aber auch die offizielle, repräsentative Demokratie gilt nun bei vielen Maliern entlang der Bahnstrecke als gescheitert: Sie fühlen sich von den Abgeordneten der Region, die zusammen ein Viertel der Nationalversammlung stellen, völlig im Stich gelassen. Die Abgeordneten hatten der Privatisierung zugestimmt und verweigern nun eine Korrektur der Entscheidung. Im Namen ihrer künftigen politischen Karriere scheint es ihnen vorteilhafter, der Linie des Präsidenten zu folgen, als auf die Stimme ihrer Wählerschaft zu hören.

An der Basis haben die vergangenen fünf Jahre viel verändert. Die traditionellen Autoritäten des ländlichen Raums hatten anfänglich die Entscheidung der Obrigkeit widerstandslos hingenommen. Später sahen sie fassungslos, wie ihre Dörfer verarmten, nachdem die Bahnhöfe geschlossen waren. Mancher Dorfchef räumt heute ein: »Ich habe mich geirrt.« Das ist eine Mikrorevolution im traditionellen Milieu, denn malische Dorfchefs pflegen sich nicht zu irren. Der Fatalismus ist geschwunden; die Dorfbewohner haben begonnen, sich als Bürger zu fühlen und sich selbst in eine Beziehung zu den öffentlichen Angelegenheiten zu setzen.

Was gilt als Kampf um Demokratie? Wenn in einem Seminarraum eine Stoffbahn für »Good Governance« aufgehängt wird? Oder wenn ein gewalttätiger Aufstand ausbricht? Bei den so genannten Hungerrevolten des Jahres 2008 wurde oft das Bewusstsein und die Entschlossenheit der Beteiligten verkannt. Eine Hungerrevolte hat keine Akteure, so will es das Wort – es ist der Hunger selbst, der revoltiert. Er bemächtigt sich der Menschen, lässt ihnen keine andere Wahl, als um sich zu schlagen. Ein dramatisches, bebendes Wort; es klingt mitfühlend im ersten Moment – aber es nimmt denen, auf die es gemünzt wird, leicht ihre Würde.

In Kamerun wurde nicht gehungert, als dort die vermeintliche Hungerrevolte ausbrach. Der Protest gegen die hohen Lebenshaltungskosten wurde vielmehr angeheizt von der lang gehegten Wut auf die korrupte herrschende Klasse, an ihrer Spitze Präsident Paul Biya. Ein Streik gegen den Benzinpreis, begonnen in Douala von 42 000 Mopedtaxifahrern, wurde binnen Stunden zu einem Aufruhr in allen größeren Städten und legte die Infrastruktur des ganzen Landes lahm. Viele fühlten sich an die »villes mortes« erinnert, die »toten Städte«, eine Kampfform im demokratischen Aufbruch von 1990/91.

Auch der jüngste Aufstand hatte mit Demokratie zu tun, denn deren schiere Abwesenheit, der völlige Mangel an Rechenschaftspflicht, ist die Hauptursache für die Korruption in Kamerun. Und ausgerechnet jetzt verlangte der 76-jährige Präsident Biya, gegen eine klare Mehrheit in der Bevölkerung, eine Revision der Verfassung, um sich nach einem Vierteljahrhundert an der Macht vollends im Amt verewigen zu können.

Sein politisch und moralisch versumpftes Regime gilt bei denen, die gern Good Governance auf den Lippen führen, als Stabilitätsfaktor in der Region. Die USA haben sich in Jaunde eine gewaltige neue Botschaft hingestellt, von der aus sie die Ölvorkommen im Golf von Gabun im Auge haben. Frankreich hält ohnehin seine Hand über den treuen kleinen Biya. Und die Weltbank hat seiner Regierung gerade einen ordentlichen Batzen

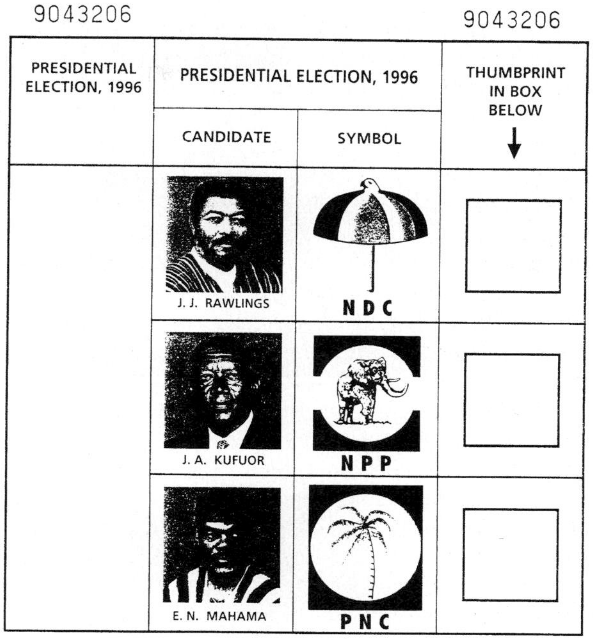


Stimmzettel für die Präsidentschaftswahl in Ghana (1996).
BILD: ACEPROJECT.ORG

Dollar geschenkt, für den potemkinschen Kampf der Korrupteure gegen die Korruption.

Die politische Frustration hat sich in Kamerun, einem Patchwork von mehr als 200 Volksgruppen, nicht in interethnischer Gewalt entladen, obwohl das Regime versuchte, dazu anzustacheln. Für einen Moment haben die Kameruner, die oft als fatalistisch geschildert werden, im Märzaufstand Würde gefunden. Die Würde, sich als Subjekt zu sehen, als Handelnde, mag das Handeln auch verzweifelt, gewalttätig, unorganisiert und darum zum Scheitern verurteilt gewesen sein. Der von außen auf Afrika gerichtete Blick liebt indes nicht die Kämpfenden, sondern die Leidenden – und dem entsprechend haben sich viele Afrikaner eingerichtet in dem Lebensgefühl, das ewige Opfer zu sein.

Dieser Selbstentmächtigung ein Ende zu setzen, ist der Anfang jedes Kampfs um Demokratie. An vielen Orten ist er im Gange. Von den Eliten ist dabei nicht viel zu erwarten, zu oft muss der Kampf ja gerade gegen sie gerichtet sein. Sie beiseite zu drängen, das erfordert allerdings, dass in den Gesellschaftsmehrheiten eine neue Kultur des Sich-verantwortlich-Erklärens entsteht. »Früher«, sagt der kamerunische Oppositionspolitiker Adamou Ndam Njoya, »brachte jeder einen Stein, wenn ein Brunnen gebaut wurde. Diese Kultur, das Öffentliche auch als das Eigene zu betrachten, haben wir verloren, als Teil unserer ganzen kulturellen Entwurzelung. Die Menschen müssen heute anfangen zu begreifen, dass sie nicht Fremde sind bei sich selbst.«



Erstmals erschienen in *Le Monde diplomatique* vom Februar 2009.

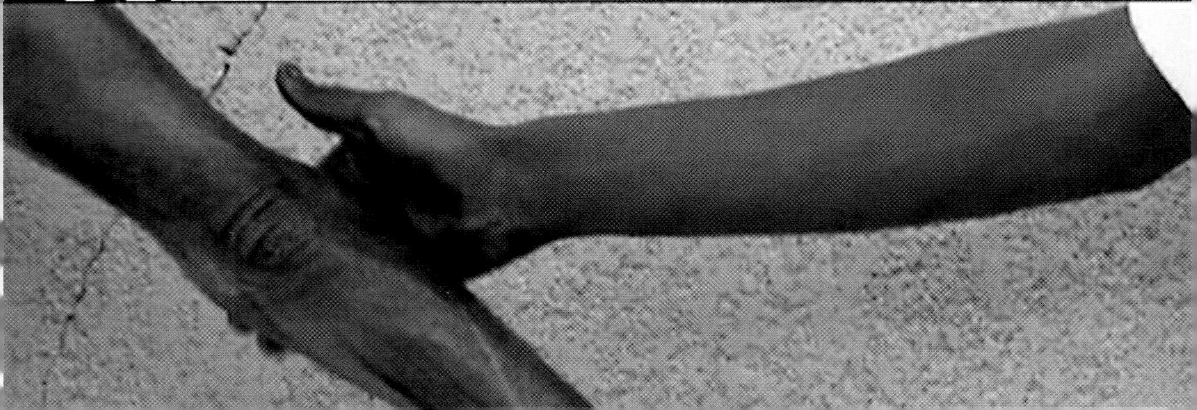

# Ein Kontinent in Bewegung

Vom afrikanischen Nationalismus zum »Afropolitanismus«

**Von Achille Mbembe** Politikwissenschaftler an der Universität Witwatersrand in Johannesburg. Er stammt aus Kamerun.

Ob in der Literatur, in der Philosophie oder in der Kunst – fast ein Jahrhundert lang wurde der afrikanische Diskurs von drei politisch-intellektuellen Paradigmen beherrscht, die sich durchaus nicht gegenseitig ausschlossen.

Zum einen gab es mehrere Spielarten eines antikolonialen afrikanischen Nationalismus, die ihrerseits die Bereiche Kultur, Politik, Wirtschaft und Religion nachhaltig beeinflusst haben. Zum anderen gab es mehrere Ansätze, Marx neu zu lesen, was dazu führte, dass verschiedene Spielarten eines »afrikanischen Sozialismus« entstanden. Zum Dritten gab es eine panafrikanische Strömung, die zwei Typen von Solidarität beförderte: Die eine gründete sich auf die »Rasse« und war transnational, die andere gründete sich auf den »Internationalismus« und war antiimperialistisch.

Bis heute, zu Beginn des 21. Jahrhunderts, hat sich diese intellektuelle Landschaft kaum verändert, untergründig jedoch sind große soziale und kulturelle Umwälzungen am Werk. Die Kluft zwischen der gesellschaftlichen Wirklichkeit und den geistigen Werkzeugen, mit denen die Gesellschaften ihre Zukunft anpacken können, kann kulturell und mental durchaus gefährlich sein. Längst haben sich die drei oben genannten Paradigmen institutionalisiert und sind derart erstarrt, dass die heutigen Veränderungen mit den genannten Werkzeugen kaum mehr glaubhaft analysiert werden können. Die institutionellen Träger funktionieren fast ausnahmslos nach den Prinzipien der angestammten Privilegien. Sie blockieren sowohl jedwede Erneuerung der Kulturkritik als auch jedwede Erneuerung der künstlerischen wie philosophischen Kreativität, kurz, sie mindern unsere Fähigkeit, einen Beitrag zur zeitgenössischen Reflexion über Kultur und Demokratie zu leisten.

Betrachtet man den umfassenden und tiefgreifenden Wandel der jüngsten Zeit, so scheinen mir zwei Aspekte von besonderer Bedeutung für das kulturelle Leben und die ästhetische wie politische Schöpfungskraft der kommenden Jahre. Zuallererst geht es um die Frage: »Wer ist Afrikaner« – und wer nicht?

In den Augen vieler ist afrikanisch, wer »schwarz« und folglich »nicht weiß« ist. Gradmesser der Authentizität ist die Intensität der (schwarzen) Hautfarbe. Nun haben aber die verschiedenen Menschen tatsächlich verschiedenste Verbindungen zu Afrika oder haben zumindest auf verschiedene Weise etwas mit Afrika zu tun – etwas, was sie eo ipso ermächtigt, für sich eine »afrikanische Staatsbürgerschaft« einzufordern. Natürlich gibt es jene, die wir »die Schwarzen« nennen; sie sind in einem der afrikanischen Staaten geboren, leben dort und sind dort Staatsbürger. Aber auch wenn diese Schwarzen die Mehrheit der Bevölkerung des Kontinents bilden, sind sie dennoch weder die einzigen Bewohner noch die einzigen Kunst- und Kulturschaffenden Afrikas.

Andere Bevölkerungsgruppen – aus Asien, den arabischen Staaten oder aus Europa – haben sich aus verschiedenen Gründen zu verschiedenen Zeiten in verschiedenen Gegenden Afrikas niedergelassen. Manche, wie die Araber und die Europäer, sind als Eroberer, Kaufleute oder Glaubenseiferer gekommen. Andere, wie die Afrikaander/Buren oder die Juden, sind unter teils tragischen historischen Umständen gekommen, sei es, um Elend und Verfolgung zu entrinnen, sei es in der Hoffnung auf ein friedliches Leben oder eben schlicht aus Gier nach Reichtümern. Wieder andere – etwa die zumeist als willfährige Arbeitskräfte ins südliche Afrika gekommenen Malaien, Inder und Chinesen – haben sich im Rahmen verschiedener Migrationsströme in Afrika eine neue Heimat gesucht. In jüngster Zeit sind Libanesen, Syrer, Indopakistaner und hier und dort auch ein paar hundert oder tausend Chinesen aufgetaucht. All diese Menschen haben ihre Sprache, ihre Sitten, ihre Essgewohnheiten, ihre Kleidermoden und ihre Art zu beten mitgebracht – kurz: ihre Lebensformen und Arbeitsweisen. Die Beziehungen dieser verschiedenen Diasporagruppen zu ihrer jeweiligen Ursprungsgesellschaft sind außerordentlich komplex. Viele betrachten sich ganz und gar als Afrikaner, auch wenn sie noch ein Anderswo in Reserve haben.

Aber Afrika war nicht nur lange Zeit das Ziel vieler Bevölkerungsbewegungen und Kulturströme, der Kontinent ist seit Jahrhunderten auch Aufbruchsort; von hier aus zog man in verschiedenste Gegenden der Welt. Dieser Prozess der mehrere Jahrhunderte währenden »Streuung« hat im Laufe der Neuzeit drei Routen benutzt: die Sahara, den Atlantik und den Indischen Ozean. Ein Ergebnis dieser Streuung etwa war die Entstehung der schwarzafrikanischen Diaspora in der Neuen Welt, und ein wichtiger Beitrag in diesem Prozess der Streuung war die Sklaverei, die Afrikaner nicht nur in die westliche, sondern auch in die arabisch-asiatische Welt brachte. Aufgrund dieser »Zirkulation von Welten« sind heutzutage an fast jedem Fleck der kapitalistischen und islamischen Welt Spuren Afrikas aufzufinden. Auf die Zwangsverschleppungen früherer Zeiten folgten wesentlich durch die Kolonisierung bedingte Migrationsbewe-

»Babble, 2006.«
Eine Videoinstallation der südafrikanischen Künstlerin Sonya Rademeyer in der Ausstellung »Dak'Art 2008« in Dakar, Senegal.
BILD: OMAR DIA | SONYA RADEMEYER

»Man kann den Fundamentalisten des ›Brauchtums‹ und der ›Autochthonie‹

gungen. Heute leben Millionen Menschen afrikanischer Herkunft in den verschiedensten Ländern der Welt. Wenn es um die künstlerische Kreativität im heutigen Afrika geht oder gar um die Frage, wer »Afrikaner« und was »afrikanisch« ist, wird dieses historische Phänomen der »Zirkulation von Welten« meistens mit Schweigen übergangen.

Aus der Sicht Afrikas hat das Phänomen der Zirkulation von Welten mindestens zwei Gesichter: Das eine ist die bereits erwähnte »Streuung«, das andere ist das »Eintauchen«. Bei der Streuung der Völker und Kulturen ging es historisch gesehen nicht nur darum, dass es Menschen gab, die sich, von außerhalb kommend, bei uns angesiedelt haben. Vielmehr waren bereits die präkolonialen afrikanischen Gesellschaften von Anfang an dadurch gekennzeichnet, dass die Menschen innerhalb des gesamten Kontinents permanent in Bewegung waren. Die Geschichte Afrikas ist eine Geschichte von aufeinanderprallenden Kulturen, geprägt vom Mahlstrom der Kriege, von Invasionen, Migrationen, Mischehen, von Glaubenslehren, die man sich zu Eigen macht, von Techniken, die man austauscht, von Waren, mit denen man Handel treibt. Die Kulturgeschichte des Kontinents ist ohne das Paradigma des Umherziehens, der Mobilität und der Ortsveränderung kaum zu verstehen.

Gerade diese Kultur der Mobilität wurde zur Kolonialzeit durch die moderne Institution der Grenzziehung zum Erstarren gebracht.

Wenn man von dieser Geschichte des Umherziehens und der Mobilität spricht, ist immer wieder von »Mischungen«, »Amalgamen« und »Überlagerungen« die Rede. Man kann den Fundamentalisten des »Brauchtums« und der »Autochthonie« entgegenhalten, dass es die so genannte Tradition in Wirklichkeit gar nicht gibt. Egal worum es geht: um den Islam, das Christentum, die Art, sich zu kleiden, Geschäfte zu machen, zu reden oder sich zu ernähren – nichts von alledem hat letztlich die Dampfwalze der Hybridisierung und der Trivialisierung unbeschadet überstanden. Dies hatte bereits vor der Kolonisierung stattgefunden. Es gibt eine präkoloniale afrikanische Moderne, die in der zeitgenössischen Kreativität Afrikas bislang nicht wahrgenommen und bewertet worden ist.

Das andere Gesicht der »Zirkulation von Welten« ist, wie erwähnt, das Eintauchen. Hier geht es um Minderheiten, die, von weit her kommend, in unterschiedlichem Ausmaß auf dem Kontinent Fuß fassten. Mit der Zeit hatten sich ihre Beziehungen zu den jeweiligen (europäischen oder asiatischen) Ursprungsländern unerhört verkompliziert, und unter dem Einfluss geografischer, klimatischer und menschlicher Bedingungen wurden sie zu kulturellen »Hybriden«, egal wie lautstark gerade die Euroafrikaner – »Kolonisation verpflichtet« – unablässig auf ihre rassisch begründete Überlegenheit pochten und ihre Andersartigkeit, ja ihre Verachtung alles »Afrikanischen« und »Eingeborenen« zum Ausdruck brachten. Dies betrifft gerade und insbesonders die »Afrikaander«, wie sich im südlichen Afrika die Weißen selbst nannten. Die gleiche Ambivalenz findet sich bei den Indern wie bei Libanesen und Syrern. Obwohl sie meistens die Lokalsprachen sprechen und die Sitten des Landes weitgehend kennen oder sogar praktizieren, leben sie in relativ geschlossenen Gemeinschaften.

Es ist also nicht nur so, dass sich heute ein Teil der afrikanischen Geschichte anderswo, außerhalb von Afrika, befindet, sondern es ist auch so, dass es eine Geschichte der übrigen Welt gibt, die wir zwangsläufig mitgestalten und die sich hier auf unserem Kontinent abspielt. Alles in allem hat unsere Art, die Welt zu bewohnen, immer unter dem Zeichen, wenn nicht der kulturellen »Hybridisierung«, so doch zumindest einer »Verfugung« der verschiedenen Welten gestanden – in einem langsamen, manchmal inkohärenten Tanz, dessen Ausformungen wir zwar nicht selbst haben frei wählen können, die wir jedoch mehr recht als schlecht in den Griff bekommen haben und uns dienstbar machen konnten.

Das Wissen um diese Verfugung des Hier mit dem Anderswo, das Wissen um die Gegenwart des Anderswo im Hier – und umgekehrt –, diese Relativierung der ursprünglichen Wurzeln und Zugehörigkeiten, diese Art, absichtsvoll das Fremde, den Fremden und das Ferne anzunehmen, diese Fähigkeit, sein eigenes Gesicht in dem des Fremden wiederzuerkennen, die Spuren des Fernen in der nächsten Umgebung zu würdigen, sich Unvertrautes zu Eigen zu machen und mit dem zu arbeiten, was gemeinhin als Gegensatz erscheint – eine derartige kulturelle, historische und ästhetische Empfindsamkeit ist gemeint, wenn man den Begriff »Afropolitanismus« gebraucht.

Die zweite wichtige Umstrukturierung hat mit dem deutlichen Aufblühen des nativistischen Reflexes zu tun. Nativismus in seiner mildesten Version tritt auf als eine Ideologie, die Differenz und Vielfalt glorifiziert und für die Rettung als bedroht angesehener Bräuche und Identitäten kämpft. Aus nativistischer Sicht beruhen die politischen Kämpfe und Zugehörigkeiten auf einer Unterscheidung zwischen Autochthonen und Allochthonen (Einheimischen und Auswärtigen), also zwischen denen »von hier« und denen »von anderswo«. Dabei vergessen die Vertreter des Nativismus, dass die Bräuche und Traditionen, auf die sie sich berufen, in ihrer stereotypen Form oft nicht von den Eingeborenen selbst, sondern in Wirklichkeit von Missionaren oder Siedlern erfunden wurden.

In der letzten Hälfte des 20. Jahrhunderts konnte man

entgegenhalten, dass es die so genannte Tradition in Wirklichkeit gar nicht gibt.«

fast überall auf dem Kontinent eine Form des »Biorassismus« – Autochthone gegen Allochthone – beobachten, die sich politisch aus einer Selbstwahrnehmung als Opfer und dem daraus abgeleiteten Ressentiment speist. Bekanntlich wendet sich die Gewalt der Opfer nur selten gegen die tatsächlichen Schinder, vielmehr wird sie fast immer gegen einen imaginären Schinder gerichtet, und dieser imaginäre Schinder, ist, welch ein Zufall, fast immer ein noch schwächerer, also seinerseits bereits ein Opfer – meist sind es Menschen, die mit der ursprünglichen Verletzung nichts zu tun haben. Wie man in vielen Ländern (nicht nur in den afrikanischen) beobachten kann, tragen alle Opferideologien einen genozidären Impuls. Sie erzeugen eine Kultur des Hasses, deren unglaubliche Zerstörungskraft wir nicht nur in Ruanda erfahren mussten.

Afropolitanismus ist etwas anderes, als es der Panafrikanismus oder die Négritude waren. Afropolitanismus ist eine Stilistik, eine Ästhetik und eine gewisse Poetik der Welt: ein In-der-Welt-Sein, das aus Prinzip jegliche Form der Opferidentität ablehnt – auch wenn wir deshalb die Ungerechtigkeiten sowie die Gewalt, die unser Kontinent und seine Menschen durch den von der Weltgeschichte aufgezwungenen Lauf der Zeit erlitten haben, durchaus nicht ignorieren. Afropolitanismus ist außerdem eine politische und kulturelle Haltung zu Fragen der Nation, der »Rasse« und der Differenz überhaupt. Angesichts der Tatsache, dass unsere Staaten reine und überdies recht junge Erfindungen sind, haben sie streng genommen nichts an sich, was uns vereinnahmen könnte, einen Kult um sie zu errichten – auch wenn wir dem Schicksal unserer Staaten deswegen nicht gleichgültig gegenüberstehen.

Was den »afrikanischen Nationalismus« betrifft, so war er ursprünglich eine mächtige Utopie, die über eine grenzenlose emanzipatorische Kraft verfügte – der Versuch, uns selbst zu begreifen, vor der Welt zu bestehen und uns in Würde aufzurichten, als bloße menschliche Wesen. Aber sobald der Nationalismus zur offiziellen Ideologie eines plündernden Staates wurde, verlor er seinen ethischen Kern und verschrieb sich dem Dämon, der »die Finsternis durchstreift und das Tageslicht scheut«. Gerade unser menschliches Angesicht, unser Mensch-Sein bleibt bis heute das Hindernis, gegen das Nationalismus und Nativismus ständig anrennen. Auch die vom Panafrikanismus verkündete Solidarität der »Rasse« entgeht diesem Dilemma nicht. Sobald das heutige Afrika sich der eigenen, es konstituierenden Vielfalt bewusst ist (einschließlich der Vielfalt der »Rassen«), kann man den gesamten Kontinent nicht länger nur über die schwarzafrikanische Solidarität definieren. Wie kann man im Übrigen übersehen, dass diese so laut vorgetragene Solidarität sich längst selbst ins Unrecht gesetzt hat, weil nach dem Ende der direkten Kolonialherrschaft eine andere Gewalt herrscht: die des Bruders gegen den Bruder ebenso wie die des Bruders gegen die Mutter und die Schwestern?

Wir müssen also andere Wege suchen, um das Geistesleben in Afrika wiederzubeleben – und damit eine Kunst, eine Philosophie und eine Ästhetik zu ermöglichen, die in der Welt im Allgemeinen etwas Neues und Bedeutendes beizutragen haben. Heutzutage leben viele Afrikaner außerhalb von Afrika. Andere haben sich aus freiem Willen entschieden, auf dem Kontinent zu bleiben, aber sie leben nicht notwendig in dem Land, in dem sie das Licht der Welt erblickten. Mehr noch, viele von ihnen haben das Glück, mehrere Welten kennen gelernt zu haben; sie haben nie wirklich aufgehört, hin und her zu reisen, und haben sich über den Umweg dieser Mobilität (Bewegungsfreiheit) einen ungeheuer geschärften Blick und einen enormen Empfindungsreichtum angeeignet. Fast all diese Menschen sprechen mehr als eine Sprache. Sie sind dabei – vielleicht ohne es zu wissen –, eine neue transnationale Kultur zu schaffen, die ich »eine afropolitane« nennen möchte.

Unter ihnen sind viele, die bei dem, was sie täglich tun, nicht nur mit dem benachbarten Dorf, sondern mit der ganzen Welt mithalten müssen. Dieser weltoffene Geist ist besonders ausgeprägt bei Künstlern, Musikern und Komponisten, Schriftstellern, Dichtern und Malern – bei jenen Geistesarbeitern, die in der postkolonialen Finsternis Wache halten. Auf einer anderen Ebene kann man heutzutage bereits einige wenige Metropolen als »afropolitan« bezeichnen. In Westafrika haben Dakar und Abidjan in der zweiten Hälfte des 20. Jahrhunderts diese Rolle gespielt, wobei die senegalesische Hauptstadt das kulturelle Pendant zu dem geschäftstüchtigen Abidjan darstellte. Doch mittlerweile ist Abidjan bedauerlicherweise vom Krebs des Nativismus zerfressen. In Ostafrika war es Nairobi, Handelszentrum und regionaler Sitz verschiedener internationaler Organisationen.

Das Zentrum des Afropolitanismus par excellence ist heutzutage das südafrikanische Johannesburg. In dieser auf den Schleifstein einer gewalttätigen Geschichte gedrückten Stadt entsteht derzeit eine völlig unbekannte, neuartige afrikanische Moderne, die mit dem bis dato Gesehenen kaum etwas gemein hat. Sie speist sich aus einer Vielfalt der Rassen und ihres kulturellen Erbes, einer energievollen Wirtschaft und einer liberalen Demokratie; der Konsum, dem hier gefrönt wird, ist direkt Teil des globalen Warenflusses. Was hier entsteht, ist eine Ethik der Toleranz, die das Zeug haben könnte, die kulturelle Kreativität in Afrika auf ähnliche Weise neu zu beleben, wie es seinerzeit Harlem oder New Orleans in den USA getan haben.

**Aus dem Französischen von Grete Osterwald**



Erstmals erschienen in *Le Monde diplomatique* vom Mai 2006.

# Weg mit der Entwicklungshilfe!

Die provokanten Thesen des kenianischen Publizisten James Shikwati

**Von Dieter Neubert** Professor für Entwicklungssoziologie an der Universität Bayreuth

Die öffentliche Debatte über Afrika wird wesentlich vom Bild des Krisenkontinents bestimmt. Dazu passt die Forderung, die Entwicklungshilfe zu erhöhen – sie prägt die öffentliche Debatte und kann sich auf eine breite Koalition aus Politik, Entwicklungsorganisationen und engagierten Prominenten verlassen, von Bundesentwicklungsministerin Heidemarie Wieczorek-Zeul und dem englischen Expremier Tony Blair ebenso wie von Rockstars wie Bono oder Bob Geldof. Ins selbe Horn bläst auch der US-Ökonom Jeffrey Sachs mit seinem Buch *Das Ende der Armut*[1]. Die von Südafrika und Nigeria initiierte Neue Partnerschaft für Entwicklung in Afrika (New Partnership for African Development, Nepad) verficht ebenfalls die Idee, selbst gesteuerte afrikanische Entwicklungsanstrengungen mit zusätzlichen Mitteln internationaler Geber zu finanzieren.

Gegen diese scheinbare Einigkeit wendet sich seit einiger Zeit in öffentlichkeitswirksamer Weise der Kenianer James Shikwati. Seine Forderung: Schluss mit der Entwicklungshilfe! Entwicklungshilfe schade Afrika in Wirklichkeit nur. Sie verhindere die freie Entfaltung der afrikanischen Ökonomie, die den eigentlich wohlhabenden Erdteil in eine bessere Zukunft führen könnte.

Heftiger können Vorstellungen kaum aufeinanderprallen: Auf der einen Seite steht die dringende Forderung nach massiver Erhöhung der Entwicklungshilfe, weil sich Armut und Entwicklungsprobleme in Afrika nur so besiegen ließen. Die andere Seite plädiert dafür, die Entwicklungshilfe sofort zu beenden und ganz auf die in Afrika bislang unterdrückten Marktkräfte zu setzen.

Shikwati wird in den Medien meist als »kenianischer Ökonom« bezeichnet, obwohl er keine formale ökonomische Ausbildung vorzuweisen hat. 1970 geboren, erwarb er einen Bachelor in Pädagogik an der Universität von Nairobi und arbeitete danach einige Zeit als Lehrer. Schon während seines Studiums begann er sich für Fragen des Kapitalismus und des freien Marktes zu interessieren. Dabei traf er auf den US-Ökonomen Lawrence Reed, der ihm die Förderung durch konservative US-Forschungsinstitute verschaffte.

2001 gab Shikwati seinen Lehrerposten auf und gründete die kenianische Nichtregierungsorganisation »Inter-Region Economic Network (Iren). Iren versteht sich »als unabhängiger Thinktank, der Ideen und Strategien für ein prosperierendes Afrika entwickelt« und ein »freies Afrika fördert, in dem die Entscheidungen der Menschen auf Informationen des Marktes gegründet sind«.[2] Unterstützt von liberal-konservativen Organisationen in den USA, betätigt sich Shikwati seither mit einigem Erfolg publizistisch und politisch: Er hält Vorträge, schreibt kurze Essays[3] und gibt Interviews. Darüber hinaus hat er das Buch *Reclaiming Africa*[4] herausgegeben.

Shikwati unterwirft zunächst das System der Entwicklungshilfe einer grundsätzlichen Kritik. Dieses System – er selbst spricht von der »Entwicklungsindustrie« – finanziere nur riesige Bürokratien, unterdrücke den Unternehmergeist und schaffe ein wirtschaftsfeindliches Klima. Die Entwicklungsorganisationen würden die Probleme Afrikas überdies übertreiben, um die Hilfsmaschinerie, von der sie profitieren, in Gang zu halten. So sei beispielsweise immer von drei Millionen HIV-Infizierten in Kenia die Rede gewesen, bis es plötzlich hieß, es seien doch nur eine Million. Auf den vergleichsweise gut bezahlten Arbeitsplätzen in den Entwicklungsorganisationen säßen oft überqualifizierte Afrikaner, die in der Wirtschaft fehlen.

Ohnehin folge die Entwicklungshilfe vor allem den ökonomischen und geostrategischen Interessen der Geber. »Es geht um Arbeitsplätze für Entwicklungshelfer, und es geht um politischen Einfluss und um Rohstoffe«, fasste Shikwati in einem Interview mit der *Frankfurter Allgemeinen Zeitung* zusammen.[5] Entgegen aller Rhetorik werden demnach die Ziele der Entwicklungshilfe von den Gebern gesetzt; die Afrikaner bleiben letztlich Zuschauer – und erleben wieder einmal, dass sie sich nicht aus eigener Kraft entwickeln können und auf fremde Hilfe angewiesen sind – was wiederum das afrikanische Selbstbewusstsein weiter schwächt.

Die »Entwicklungsindustrie«, so Shikwati weiter, schaffe ihrerseits eine spezifisch afrikanische »politische Industrie«. Da die Entwicklungsgelder direkt an die afrikanischen Regierungen gingen, bestimmten die Politiker über deren Verteilung, was dazu führe, dass die Menschen alles daransetzten, politisch mitzuspielen. Das Geld werde dann entlang von Patronagestrukturen vergeben. So finanziere die Entwicklungshilfe letztlich die ausufernde Korruption in Afrika. Als Beispiel nennt Shikwati die ohnehin problematische Nahrungsmittelhilfe: Von korrupten Politikern veruntreut, lande sie auf dem Schwarzmarkt und dränge die einheimischen Bauern aus dem Markt.

Den Entwicklungshilfegebern ist das natürlich nicht unbekannt. Sie setzen daher seit einiger Zeit verstärkt auf Korruptionsbekämpfung. Laut Shikwati kann dies aber nicht funktionieren, weil das veruntreute Geld aus Steuermitteln der Geberländer und nicht aus afrikanischen Mitteln stammt. Müssten dagegen die Bürger der afrikanischen Staaten mit ihren eigenen Steuern dafür aufkommen, würden sie korrupte Politiker eben nicht mehr ohne weiteres akzeptieren. Im Falle Kenias hielten internationale Geber zwar auch schon mal Entwicklungshilfegelder wegen der obszönen Korruptheit der dortigen Politiker zurück. Aber letztlich, meint Shikwati, stünden die Geber unter Druck, ihre Mittel zu verteilen – was sie dann auch trotz Korruption weiter tun.

Shikwatis Kritik trifft auch die Nichtregierungsorganisationen (NGOs). Sie seien auch nicht besser als die bilaterale Hilfe von Regierungen oder die multilaterale Hilfe von UN-Organisationen, Weltbank und IWF. Selbst

**1** Jeffrey Sachs, *Das Ende der Armut*, München (Siedler Verlag) 2005.
**2** Siehe www.irenkenya.com, »about IREN«.
**3** Vornehmlich in der von ihm herausgegebenen Online-Zeitschrift *African Executive*, www.africanexecutive.com
**4** James Shikwati (Hg.), *Reclaiming Africa*. Nairobi, Inter Region Economic Network 2004.
**5** »Wer Afrika helfen will, darf kein Geld geben«, *FAZ*, 4. April 2007.

»Volkswirte auf dem Rad«. Ein Gemälde des kongolesischen Künstlers Chéri Samba.
BILD: SAMMLUNG RALF SCHMERBERG © GALERIE PETER HERRMANN

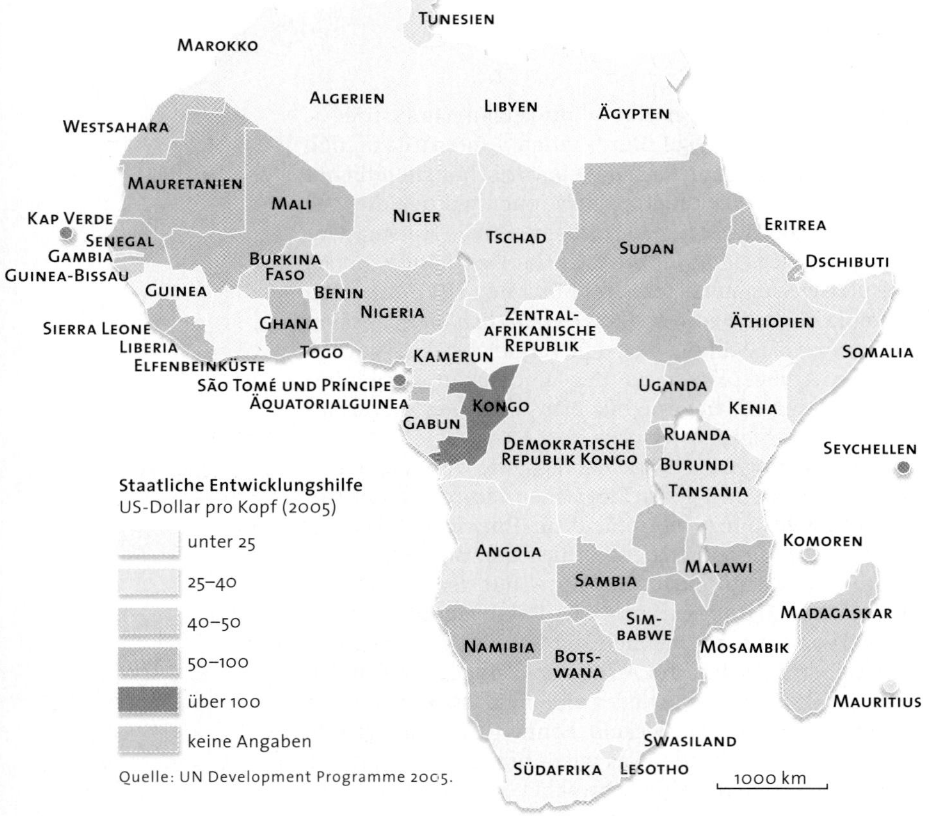


Ansätze, die den freien Handel fördern sollen, wie die »Hilfe für den Handel« oder die neuen »Wirtschaftspartnerschaftsabkommen« der EU (Economic Partnership Agreements, EPAs), lehnt er als kontraproduktiv ab. Denn ihm zufolge bestimmen schließlich auch hier am Ende die Geber und legen beispielsweise fest, welche Produkte von einer Begünstigung profitieren.

An all diesen Problemen wird sich nach Shikwatis Einschätzung kaum etwas ändern, denn die Entwicklungshilfe sei gar nicht in der Lage, aus ihren Fehlern zu lernen. Die Folgen von Fehlentscheidungen treffen schließlich die Afrikaner und nicht die Geber. Und so erhalten die Entwicklungsorganisationen weiterhin Mittel, um die ungelösten Probleme weiter zu bekämpfen. So entstehe ein immerwährender Kreislauf der Abhängigkeit.

Einen Stopp der Entwicklungshilfe würden die meisten Afrikaner kaum bemerken, weil sie ohnehin nichts von der Hilfe haben, ist sich Shikwati sicher. Für den Teil der Wirtschaft, der von der politisch gelenkten Nutzung der Mittel profitiert, wäre das wie der Entzug für einen Drogenabhängigen. Die dadurch ausgelöste Krise könnte jedoch einen Neuanfang in Gang setzen – ein neues Leben gewissermaßen jenseits der Sucht. Dann würden die Afrikaner endlich sehen, dass sie ihre Probleme aus eigener Kraft und mit ihren eigenen Mitteln bewältigen können.

Um Abhilfe gegen die Dauerkrise zu schaffen, brauche es den unbedingten Willen der Betroffenen, die Missstände selbst zu beheben. Nicht Geld, sondern eine Änderung der inneren Einstellung, eine veränderte Mentalität sieht Shikwati als Schlüssel zum Erfolg. Letztlich müsse Afrika seine ersten Schritte in die Moderne alleine machen. »Wir müssen anfangen, in Wirtschaftskategorien zu denken und unsere Probleme zu lösen, statt andauernd die internationale Gemeinschaft zu bitten, es für uns zu tun«, sagt er auf der Website von Iren.[6] »Wir müssen persönlich Verantwortung übernehmen.«

Shikwatis Appell, die Entwicklungshilfe sofort zu beenden, passt zu seiner marktliberalen Grundeinstellung. In freien Märkten sieht er die wichtigste Voraussetzung für eine Erfolg versprechende Eigeninitiative. Die afrikanischen Spitzenpolitiker sollten auf Handelsschranken verzichten, während die Industrieländer ihrerseits Afrika freien Marktzugang für Rohstoffe, aber vor allem auch für Fertigprodukte gewähren sollen. In der konsequenten Öffnung der afrikanischen Märkte sieht Shikwati attraktive Chancen für heimische Unternehmen. So könnte Afrika beispielsweise den Kaffee- und Teebedarf der 950 Millionen Afrikaner problemlos selbst decken. Ergänzt werden müsste die Handelsfreiheit durch freie Reise- und Migrationsmöglichkeiten, liberalisierte Arbeits- und Kapitalmärkte sowie die Erweiterung des afrikanischen Aktienmarkts durch die Privatisierung von Staatsunternehmen und die Umwandlung von mittleren Betrieben in Aktiengesellschaften.

Die Sicherung von Rechtsstaatlichkeit und die Marktöffnung für ausländische Investoren werde das Investitionsklima verbessern – umso mehr, wenn auch kleine Unternehmen und Kleinbauern Zugang zu Kapital erhalten, zum Beispiel durch die Umwandlung informeller lokaler Sparringe in ein basisnahes Bankensystem. Die Schwäche der afrikanischen Infrastruktur will Shikwati durch den Ausbau des Luftverkehrs auch zwischen kleineren Flughäfen überbrücken. Ein Ausbau des Straßen- und Bahnnetzes soll später folgen. Sogar in den sozialen, ökologischen und medizinischen Problemen Afrikas erkennt Shikwati ein brachliegendes Marktpotenzial. Kleine Unternehmen könnten die Wasserversorgung sichern oder Gesundheitsdienstleistungen erbringen und so zum wirtschaftlichen Aufschwung beitragen. Der Erfolg der Mobiltelefone zeige doch, dass sich in Afrika gewinnträchtig investieren lässt und dass es selbst in ländlichen Regionen sowohl Kaufkraft als auch Nachfrage gibt.

All diese Argumente sind in der entwicklungspolitischen Debatte hinlänglich bekannt. Das Besondere an Shikwati ist, dass er sie zuspitzt und in eine breitere Öffentlichkeit trägt.

Dass die Entwicklungshilfe sich vor allem nach den geostrategischen und ökonomischen Interessen der Geber richtet, hat schon Franz Nuscheler in seinem 1985 erstmals erschienenen entwicklungspolitischen Standardlehrbuch ausgeführt.[7] Im Jahr 1989 wies Graham Hancock auf strukturelle Schwächen und Widersprüche des Entwicklungshilfesystems hin, dem er vorwirft, die Menschheit gewissermaßen für seine Interessen zu kidnappen.[8]

**6** www.irenkenya.com/downloads/publications/IREN_Occasional_Paper_1.pdf

**7** Franz Nuscheler, *Lern- und Arbeitsbuch Entwicklungspolitik*, Bonn (Dietz) 2004 (vollständig überarbeitete Neuausgabe).

**8** Graham Hancock, *Händler der Armut – Wohin verschwinden unsere Entwicklungsmilliarden?* München (Droemer Knaur) 1989.

Quellen: Originalkarte von Philippe Rekacewicz (2000), aktualisiert 2009 nach: *Mineral facilities of Africa and the Middle East*, United States Geological Survey, 2006. USGS Minerals information (http://minerals.usgs.gov/minerals). *Atlas de l'Afrique*, éditions du Jaguar, 2000. Google Earth. Waldbestand: Millennium Ecosystem Assessment, 2005.

Zwei jüngere Bücher von ehemaligen Weltbankmitarbeitern formulieren ihre Kritik aus einer Insiderperspektive.[9] Der Kanadier Robert Calderisi, jahrzehntelang bei der Weltbank Sprecher für Afrika, hebt das Problem der Korruption und die Komplizenschaft des Westens hervor. Er liefert umfangreiche und anschauliche Belege aus verschiedenen Ländern für das, was Shikwati die »politische Industrie Afrikas« nennt. Calderisi sieht die Entwicklungshilfe durchaus als einen Teil des Problems – aber eben nicht als das einzige. Die Kritik, zu der William Easterly ansetzt, ist dagegen viel grundsätzlicher. Er hegt große Zweifel, dass sich Entwicklung überhaupt planen lässt, und verweist auf die gescheiterten Mega-Projekte der 1960er- und 1970er-Jahre ebenso wie die seit den 1980ern verstärkt geförderte »Hilfe zur Selbsthilfe«. Wie Shikwati fordert auch Easterly, dass Entwicklung in Afrika von Afrikanern getragen werden sollte.

Ansonsten aber überwiegen die Unterschiede. Den sofortigen Stopp der Entwicklungshilfe bei gleichzeitiger Öffnung der Märkte verficht sonst niemand. Calderisi etwa plädiert für eine Halbierung der Entwicklungshilfezahlungen und eine Konzentration auf Länder, die sich ernsthaft um Armutsbekämpfung bemühen, spricht sich zugleich aber dezidiert gegen marktliberale Ansätze

9 Robert Calderisi, *The trouble with Africa: why foreign aid isn't working*, New York (MacMillan), 2007, und William Easterly, *Wir retten die Welt zu Tode. Für ein professionelleres Management im Kampf gegen die Armut*, Frankfurt/Main (Campus) 2006.

aus. Dass selbst vehemente Kritiker des Entwicklungshilfesystems kaum mehr radikalliberale Alternativen vertreten, dürfte schlicht an der Erfolglosigkeit entsprechender Ansätze liegen, die ja lange genug von Weltbank und IWF forciert worden waren. Es gibt aber auch darüber hinaus eine Reihe von Gründen, die die Skepsis gegenüber radikal marktwirtschaftlichen Lösung stützen.

Trotzdem setzt Shikwati auf den freien Weltmarkt. Mit der schrittweisen Umsetzung der auf Freihandel zielenden Regeln der Welthandelsorganisation (WTO) bewegt sich Afrika ohnehin schon in diese Richtung. Ob die afrikanische Wirtschaft davon profitiert, scheint jedoch sehr fraglich. Die afrikanische Textilindustrie sowie die kleinen lokalen Schneidereien etwa sind nicht nur durch die

»Eine schnelle, übergangslose Liberalisierung kann wichtige Teile der heimischen Wirtschaft nachhaltig schädigen – und nicht stärken«

Konkurrenz der billigen Altkleider aus Europa bedroht. Eine weit größere Bedrohung stellen die Hersteller aus China, Indien oder Vietnam dar. Seit dem Auslaufen des schützenden Zuckerabkommens mit der Europäischen Union sind auch die lateinamerikanischen Produzenten für die privatwirtschaftliche Zuckerproduktion in Mosambik und selbst für den lange erfolgreichen Zuckerproduzenten Mauritius zu gefährlichen Wettbewerbern geworden.

Zudem blendet Shikwati auch die massiven Unterschiede zwischen den afrikanischen Ländern aus. Einige Länder, allen voran Südafrika und mit Abstrichen Kenia, verfügen über leistungsfähige Industriebetriebe und über durchaus effiziente Bereiche der Landwirtschaft, die zumindest im innerafrikanischen Wettbewerb erfolgreich sind. Deren Konkurrenz fürchten Unternehmen in anderen afrikanischen Ländern, die dann nicht nur weltweiter, sondern auch afrikanischer Konkurrenz ausgesetzt wären. Zumindest hier kann eine schnelle, übergangslose Liberalisierung wichtige Teile der heimischen Wirtschaft nachhaltig schädigen – und nicht stärken, wie Shikwati meint.

Auch der berühmte Rohstoffreichtum ist höchst unterschiedlich verteilt. Länder mit wertvollen mineralischen Rohstoffen wie Südafrika, Botswana und die Demokratische Republik Kongo oder Erdölproduzenten wie Nigeria und Angola sind in der Tat reich. Andere wie Ruanda, Burundi, Guinea-Bissau verfügen weder über mineralische Rohstoffe noch ansatzweise über industrielle Strukturen. Für sie liefe die Strategie von James Shikwati völlig ins Leere.

Wie ideologisch geprägt Shikwatis Programmatik ist, zeigt sich im Übrigen an seiner Vorstellung, die mannigfachen sozialen Probleme Afrikas mit Hilfe der Marktkräfte zu bekämpfen. Denn wie eine privat finanzierte Versorgung als Alternative zu den – noch so mangelhaften – öffentlichen Angeboten in der Realität aussieht, kann man am Beispiel der Schulbildung in Shikwatis Heimatland Kenia studieren: Die staatlichen Schulen sind unterfinanziert, schlecht ausgestattet, und weiterführende Schulen gab es in vielen Gemeinden einfach gar nicht. Diese Lücke wurde und wird von einem großen Privatschulsektor geschlossen, der jedoch die existierende Ungleichheit in Kenia in aller Schärfe abbildet. Für die in Kenia lebenden Ausländer, für die Oberschicht und einen Teil der kenianischen Mittelschicht gibt es – je nach Geldbeutel – unterschiedliche private Angebote. Der Bevölkerung in benachteiligten städtischen wie ländlichen Regionen dagegen stehen nur Schulen zur Verfügung, die mehr schlecht als recht in Selbsthilfe betrieben werden, nicht einmal das Niveau der staatlichen Schulen erreichen – und für viele Eltern immer noch teuer, wenn nicht gar unbezahlbar sind.

Die Grenzen marktwirtschaftlich erbrachter Sozialleistungen sind in Afrika sogar noch stärker spürbar als in den entwickelten Ländern. Alle Industriestaaten, selbst die marktliberalen USA, betreiben aufgrund dieser Schwierigkeiten eine aktive Sozialpolitik, die je nach politischer Tradition durch private Wohlfahrtsorganisationen flankiert, aber keinesfalls ersetzt wird. Shikwati dagegen blendet die Sozialpolitik und deren Finanzierung völlig aus. Vielmehr geht er davon aus, dass die wirtschaftliche Entwicklung letztlich alle erreichen und irgendwie auch zu den Ärmsten durchsickern werde – eine Hoffnung, die sich seit den 1960er-Jahren als völlig haltlos erwiesen hat.

Gerade die heutigen Industriestaaten haben sich – ganz im Gegensatz zu Shikwatis Vorstellungen für Afrika – keineswegs unter Bedingungen eines radikal freien Weltmarkts entwickelt. In entscheidenden Phasen waren ihre Unternehmen durch Zollschranken geschützt. Noch interessanter ist der Blick nach Asien. Taiwan, Südkorea, China, Indien oder Vietnam – keine dieser Volkswirtschaften ist mit völlig geöffneten Märkten gewachsen und stark geworden. Auch sie blieben lange vor ausländischer Konkurrenz geschützt. Gerade Taiwan und Südkorea erhielten übrigens im Rahmen des Kalten Krieges massive Entwicklungshilfe. Auch dort wurden damit, genau wie in vielen Staaten Afrikas, korrupte und undemokratische politische Systeme gestützt. Trotzdem wurden beeindruckende Entwicklungsfortschritte erzielt. Erst Ende der 1980er-Jahre kam es dort – wiederum eine Parallele zu Afrika – zu einer Demokratisierung.

Einfache Rezepte mögen noch so plausibel klingen, den Beweis ihres Erfolges bleiben sie einstweilen schuldig. Keines der Entwicklungsländer, die in den letzten dreißig Jahren den Anschluss an die Industrieländer geschafft haben, ist den von Shikwati empfohlenen radikalen Weg gegangen. Die Geschichte zeigt, dass Entwicklungsprozesse generell unter gesellschaftlich und politisch äußerst unterschiedlichen Bedingungen zustande kamen. Großbritannien und die USA haben sich zugleich ökonomisch entwickelt und demokratisiert, während sich die Schweiz als basisdemokratisches Land fast ohne eigene natürliche Ressourcen entwickelt hat. Die asiatischen Beispiele Taiwan, Südkorea oder China haben ihre Entwicklung dagegen unter höchst autoritären und teilweise wirtschaftsdirigistischen Systemen begonnen oder werden im Falle Chinas noch heute autoritär geführt.

Bleibt die Frage: Warum hat Shikwati mit seinen Thesen einen derartigen Erfolg? Warum wird er mit seinen eher banalen Ideen überhaupt so breit wahrgenommen?

Da wäre zunächst seine Radikalität. Schließlich stellt er nicht nur bestimmte Organisationen oder Programme, sondern die Entwicklungshilfe an sich in Frage und macht sie für die Entstehung oder zumindest für die Fortdauer der Probleme verantwortlich, die sie vorgibt zu beseitigen. Das ist zwar nicht neu, aber – und das ist der zweite Grund für die Öffentlichkeitswirksamkeit seiner Thesen – er formuliert seine Kritik ausgesprochen einfach und scheut sich nicht vor problematischen Verkürzungen. Ein dritter Grund für die Aufmerksamkeit, die Shikwati entgegengebracht wird, liegt in seiner Herkunft. Kritik an Entwicklungshilfe gewinnt an Gewicht, wenn sie aus Afrika selbst kommt, also von jemandem, der eigentlich dankbar sein müsste für die erwiesene Hilfe.

Der vierte und letzte Grund: Er bricht ein Tabu. Die meisten Entwicklungsexperten wissen um die Probleme der Entwicklungshilfe und des gesamten Systems, vermeiden es aber, ihre Kritik gegenüber einer breiten Öffentlichkeit so zuzuspitzen, weil sie »das Kind nicht mit dem Bade ausschütten«, das heißt die ohnehin labile politische Legitimität der Hilfe für die Dritte Welt nicht gefährden wollen.

Shikwati würde vermutlich weniger Aufmerksamkeit ernten, wenn die Fachleute ihre Kritik am Entwicklungshilfesystem selbst nicht so vorsichtig äußern würden. Ein Stopp der Entwicklungshilfe wäre sicherlich nicht hilfreich. Dennoch sollte man sich ehrlicher- und realistischerweise vom Ziel verabschieden, 0,7 Prozent des Bruttosozialprodukts der Industrieländer für die Entwicklungshilfe bereitzustellen. Ernst zu nehmende Kritiker weisen zu Recht darauf hin, dass eher zu viel als zu wenig Geld in das System der Entwicklungshilfe fließt. Viele Entwicklungsorganisationen und auch die NGOs klagen immer wieder über ein »Mittelabflussproblem«: Es gibt, gemessen an den zur Verfügung stehen Mitteln, oft nicht genügend sinnvolle konkrete Vorhaben. Weniger könnte in diesen Fällen mehr sein.

Bei aller Kritik an den Thesen von James Shikwati hat er doch durch die öffentliche Aufmerksamkeit dazu beigetragen, die überfällige öffentliche und kritische Debatte über Entwicklungshilfe einzufordern. Es liegt nun an den Experten aus Praxis, Politik und Wissenschaft, auf diesen Anstoß zu reagieren, das öffentliche Schweigen über die Schwächen des Systems zu beenden und das Mandat und die Anlage der Entwicklungshilfe offen zu diskutieren. Denn eines ist nach etwa fünfzig Jahren Entwicklungshilfe gewiss: Einfache Lösungen gibt es nicht. •

# Könige des Goldes

## Die großen Reiche Westafrikas

Der »Entdecker« Westafrikas war weder der Portugiese Heinrich der Seefahrer noch der Deutsche Heinrich Barth. Erste Berichte über »Bilad as-Sudan«, das Land der Schwarzen, verfassten vielmehr schon ab dem 8. Jahrhundert arabische Autoren, darunter der andalusische Geograph Abu Ubayd al-Bakri, der marokkanische Forschungsreisende Ibn Battuta und später der ebenfalls aus Andalusien stammende Leo Africanus. Schnell und weitestgehend unkriegerisch breitete sich der Islam damals entlang der transsaharischen Handelsrouten aus.

Er traf dort auf bereits bestehende Staatsgebilde, zu deren mächtigsten Kanem und Ghana gehörten. Kanem, das irgendwann zwischen dem 7. und 9. nachchristlichen Jahrhundert durch sesshaft gewordene Nomaden im Nordosten des Tschadsees gegründet worden war, kontrollierte den Karawanenhandel Richtung Nil – mit Straußenfedern, Elfenbein und Sklaven. Die Herrscher Kanems konvertierten im 11. Jahrhundert zum Islam. Sie mussten 300 Jahre später vor Angreifern aus dem Norden nach Bornu im heutigen Nigeria weichen, wo das Reich eine zweite Blüte erreichte. In Nigeria existierten in vorkolonialer Zeit diverse andere Königreiche, darunter das mächtige Benin (nicht zu verwechseln mit dem heutigen Staat Benin), das erst 1897 von den Engländern erobert wurde.

Ghana wiederum, das vermutlich schon im 6. Jahrhundert als Schutzbund gegen einfallende Nomaden entstanden ist, war nur das erste in einer ganzen Reihe von mächtigen Reichen in der Region der heutigen Länder Senegal, Mauretanien und Mali.[1] Es war ein zentralisierter Staat, dessen Reichtum auf dem Handel mit Salz aus der Sahara und Gold vom Oberlauf des Senegal-Flusses aufbaute. »König des Goldes« nannten die Araber das Staatsoberhaupt. Von der Hauptstadt Koumbi Saleh im heutigen Mali, die durch den in Mauretanien gegründeten militärisch-religiösen Orden der Almoraviden zerstört wurde, zeugen nur noch Ruinen.

Im 13. Jahrhundert übernahmen neue Herrscher die Macht in Westafrika. Sie gründeten das Reich von Mali – und zwar mit einer mündlich formulierten eigenen Verfassung, vermutlich der ersten in Afrika, die die Herrscherfolge und das Zusammenleben der verschiedenen Völker im Reich regelte. Hatten die Könige Ghanas den Islam nur geduldet, so war die neue Dynastie bereits vollständig islamisiert. Die Malier eroberten Timbuktu, das zu einem Zentrum der islamischen Gelehrsamkeit wurde, und errichteten die berühmte Moschee von Djenné. Überregionalen Ruhm erlangte der malische König Kankan Musa, der auf seiner Pilgerreise nach Mekka 1324 schon in Kairo so viel Gold unter die Leute brachte, dass der Goldpreis über Jahre verfiel.

Doch im 15. Jahrhundert schwächten Angriffe von Tuareg und den benachbarten Mossi das malische Reich. Die ersten Vasallenstaaten begannen abzufallen. Einer von ihnen war Songhay. Es wurde bald noch größer und mächtiger als seine Vorgänger, ein streng zentralistischer Staat mit einem absolutistischen Herrscher und einer klar gegliederten Verwaltung, der vom Atlantik bis nach Nigeria reichte und vor allem mit Gold und Sklaven handelte. Nach dem Angriff marokkanischer Invasoren 1591 zerfiel das Songhayreich jedoch. Die marokkanischen Soldaten waren die Ersten, die sich Afrika mit einer neuen Technologie untertan machten: Schusswaffen. Die Marokkaner, die selbst die Kontrolle über den Handel übernehmen wollten, hatten jedoch nicht viel von ihrer Eroberung. Der von den Portugiesen und später von anderen europäischen Seemächten beherrschte Küstenhandel – vorzugsweise mit Sklaven – gewann schnell an Bedeutung, und damit war die Blüte der großen westafrikanischen Reiche vorbei.

**LIEB**

1 Das viel weiter südlich gelegene heutige Ghana wählte diesen Namen erst bei der Unabhängigkeit.

# 2.

## Kapitel

# Reichtum und Armut

»L'Afrique, ou Lybie ulterieure : ou font le Saara, or desért, le pays des Negres, la Guinee, et les pays circonv., tirée en partie de Sanut, et de l'Arabe du Nubie : en partie de diverses cartes veues, jusques a present : la coste de Negres, et Guinee, &c. est apres les observations de Samuel Blomart • par le S. Sanson d'Abbeville, geogr. ordre du Roy : avec priuilège du Roy pour vingt ans« (1679)

BILD: LIBRARY OF CONGRESS GEOGRAPHY AND MAP DIVISION

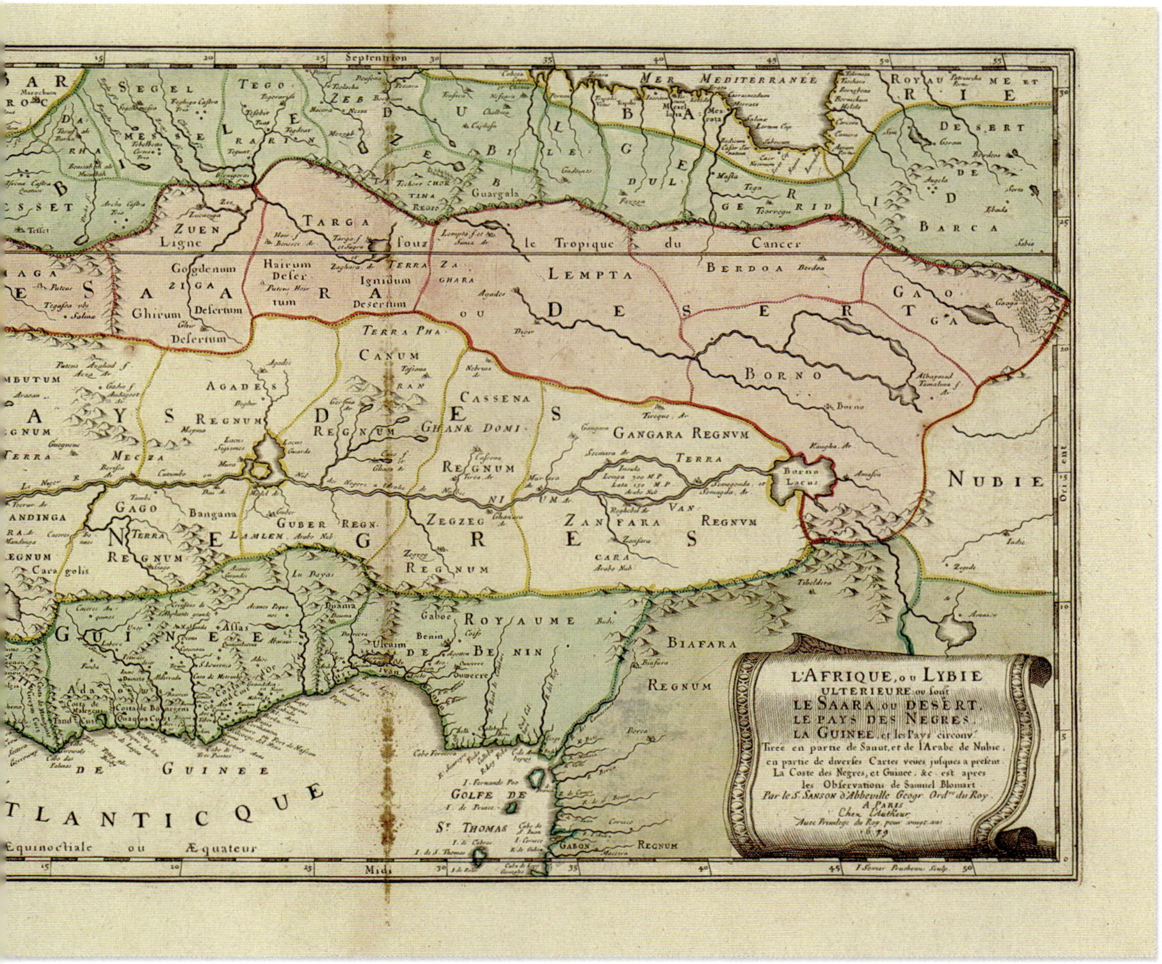

# »Das Juwel Afrikas«

## Robert Mugabe und die Tragödie Simbabwes

**Von Doris Lessing** Die im früheren Südrhodesien aufgewachsene Schriftstellerin lebt seit 1949 in England. 2007 erhielt sie den Literaturnobelpreis.

Als Simbabwe im April 1980 seine Unabhängigkeit erlangte, sagten Samora Machel und Julius Nyerere, die Präsidenten von Mosambik und Tansania, zu Präsident Mugabe: »Du hast das Juwel Afrikas in deinen Händen, gib gut darauf Acht.« Heute ist das »Juwel« zerstört und geschändet.

Das alte Südrhodesien hatte anständige, funktionierende Eisenbahnen und gute Straßen. Die Städte waren sauber, es herrschte Ruhe und Ordnung. Alles gedieh hier: tropische Früchte wie Ananas, Mangopflaumen, Bananen, Paradiesfeigen und Passionsfrüchte, aber auch Äpfel, Pfirsiche und Pflaumen. Der Mais wuchs wie Unkraut und ernährte auch die umliegenden Länder. An Bodenschätzen wurden Gold, Chrom, Asbest und Platin gewonnen, hinzu kamen reiche Kohlevorkommen. Der Sambesi wurde zum Karibasee aufgestaut, dessen Kraftwerke den Norden und den Süden mit Strom versorgten. Ein Paradies, und nicht nur für Weiße. Auch den Schwarzen ging es gut – zumindest materiell, wenn auch zweifellos nicht politisch: Südrhodesien war ein Polizeistaat, und zwar ein harter. Als die Schwarzen aufbegehrten und 1979 den Krieg gewannen, lag eine Zukunft vor ihnen, wie sie sich angesichts der materiellen Fülle und ihrer eigenen Fähigkeiten in keinem anderen Land Afrikas auftat. Aber auch ein Paradies braucht ein festes Gerüst, eine Infrastruktur, und die ist inzwischen in Auflösung begriffen, ja fast schon verschwunden.

Das Elend hat einen Namen: Robert Mugabe. Eine Zeit lang war ich mir nicht sicher, ob hier nicht das Wort Tragödie angebracht wäre, im Sinne von Größe und Niedergang. Aber Mugabe war trotz seiner anfänglichen Reputation nie ein Großer; er ist immer ein verängstigter kleiner Mann gewesen. Stimmt, es ist eine Tragödie, aber für Simbabwe.

Der Abscheu gegenüber Mugabe ist heute allgemein – zu Recht, aber es hat lange gedauert, bis kritische Stimmen laut wurden. Dabei hätten wir schon in den ersten Jahren seines Regimes sehen können, wer Mugabe ist: als die berüchtigte Fünfte Brigade zu seiner Leibgarde wurde. Die Schlägertruppe aus Nordkorea, bei Schwarzen und Weißen gleich verhasst, erledigte für ihn die Drecksarbeit, vor allem bei seinem Feldzug gegen Matabeleland, bei dem Tausende von Angehörigen der Ndebele (des zweitgrößten Stammes) fast wie bei einem Genozid abgeschlachtet wurden. Im Rückblick sind Mugabes Aktionen eindeutig als Raubfeldzüge zu erkennen. Aber damals herrschten Lüge und allgemeine Verwirrung.

Die Verwirrung hatte auch damit zu tun, dass Mugabe offenbar einen guten Start hatte. Wie andere Politiker vor und nach ihm sagte er richtige Dinge, zum Beispiel, dass Schwarze und Weiße nur gemeinsam zu Glück und Wohlstand kommen könnten. Und er drückte ein Gesetz gegen die Korruption durch, das Spitzenfunktionären verbot, mehr als ein Grundstück zu besitzen. Als seine Funktionäre darüber lachten und reihenweise Farmen, Hotels und Geschäfte aufkauften, unternahm Mugabe jedoch nichts. Das wäre der Zeitpunkt gewesen, an dem alle hätten sagen müssen: »Das ist kein starker Mann, er ist ein Schwächling.«

Vom ersten Tag an hatte Mugabe Angst, sich auf der Straße zu zeigen ohne den Schutz durch berittene Polizei, Leibwächter oder einen Motorradkonvoi – der Panzer für seine Paranoia. Als Königin Elizabeth II. das Land besuchte und sich weigerte, mit ihm in ein gepanzertes Auto zu steigen und stattdessen auf einer offenen Limousine bestand, machten sich die Menschen über den verängstigten Mann lustig, der sich in eine Ecke des Wagens drückte, während die unbekümmerte Königin lächelnd in die Menge winkte.

Das ist der Kern der Tragödie. Selten ist ein Herrscher an die Macht gekommen, dem sein Volk einen solchen Vertrauensvorschuss gewährt hat. Fast die ganze Bevölkerung vergaß ihre Zwistigkeiten und erwartete von ihm die Erfüllung ihrer Träume – und seiner Versprechungen. Wer Anfang der 1980er-Jahre in den Dörfern herumreiste, hörte überall: »Mugabe wird dies tun, und Genosse Mugabe wird das tun.« Er wird die Bedeutung dieses oder jenes Plans erkennen, er wird diesen Laden, diese Klinik oder diese Straße bauen, wird unserer Schule weiterhelfen, wird diesem engstirnigen Funktionär Bescheid stoßen. Wäre Mugabe damals so klug gewesen, was er hörte auch ernst zu nehmen, hätte er das Land von Grund auf umgestalten können. Aber er wusste nicht, wie sehr ihm die Leute vertrauten, denn er war viel zu ängstlich, um sein selbst errichtetes Gefängnis zu verlassen. Er umgab sich nur mit Speichelleckern und alten Kumpanen. Und er regierte nach den starren Regeln der marxistischen Lehrbücher.

Mugabe war erst spät auf den Marxismus gestoßen, bekehrt durch den Führer der Unabhängigkeitsbewegung von Mosambik, Samora Machel, der ein sensibler, aufgeschlossener Mann war – ganz anders als Mugabe, der zu engstirnig doktrinärem Denken neigte. (Machel wurde 1986 vom südafrikanischen Geheimdienst ermordet.)

Robert Mugabe im ersten Wahljahr (1985) nach der Unabhängigkeit.
BILD: WWW.NORTHWESTERN.EDU

Während der Feierlichkeiten zum 25. Unabhängigkeitstag am 18. April 2005 bildeten Kinder im Nationalstadion in Harare mit hochgehaltenen Papptafeln ein Porträt Mugabes.
BILD: HOWARD BURDITT | REUTERS

Manche Leute machen auch Mugabes Frau Sally, die aus Ghana stammt, für seinen augenscheinlichen Persönlichkeitswandel verantwortlich. Die Mutter der Nation war korrupt, unverfroren korrupt. Einmal wurde sie bei der Ausreise in ihre Heimat Ghana vom Zoll angehalten, weil sie Simbabwe-Dollar im Wert von einer Million britischen Pfund bei sich trug. Das sei ihr Geld, behauptete sie und lachte nur, als man es ihr wegnahm. Das war zu der Zeit, als den Gesetzen noch Geltung verschafft wurde.

Anfang der 1990er-Jahre gab es in Simbabwe eine katastrophale Dürre. Damals verkauften Mitglieder der Mugabe-Regierung das Getreide aus den staatlichen Silos und steckten das Geld in die eigenen Taschen. Schon Mitte der 1980er-Jahre meinten UN-Vertreter, die Regierung Mugabe sei die habgierigste Diebesbande in ganz Afrika. Mag sein, hielten seine Fürsprecher entgegen – viele von ihnen aus seinem eigenen Beamtenapparat –, aber Korruption sei schließlich auch in Europa nicht ganz unbekannt. Und Mugabes willkürliche und brutal durchgreifende Geheimpolizei? »Aber bitte«, lautet die Antwort, »wer wird denn in Afrika eine Demokratie europäischen Stils erwarten?«

Wenn man Simbabwe zu Beginn der Ära Mugabe besuchte und sich nur mit Weißen und Schwarzen unterhielt, die in Harare oder Bulawayo lebten und fast nie über den Stadtrand hinausgekommen waren, hörte man nichts als Klagen über die Korruption und den vollständigen Zusammenbruch der öffentlichen Dienste. Fuhr man jedoch in die Dörfer hinaus, wurde man von der Begeisterung der Menschen unweigerlich angesteckt. Die Leute in den Dörfern rissen Witze über ihre Unterdrücker, träumten weiter von besseren Zeiten und hätten nichts lieber getan, als diese Zeiten aus eigener Kraft herbeizuführen. In den ersten Jahren, als man ihnen kostenlose Schulen und Universitäten versprochen hatte, halfen sie freiwillig und unbezahlt beim Bau von Schulhäusern mit, obwohl dann die freie Schulbildung bald wieder abgeschafft wurde – an einigen Orten sogar Schulbildung überhaupt.

Die Läden sind leer. Einkaufen in Simbabwes Hauptstadt Harare (2008).
BILDER (SEITEN 30–32): WWW.SOKWANELE.COM

Da man ihnen eine anständige Bildung oder überhaupt jede Bildung vorenthielt, waren sie umso hungriger auf Bücher. Doch bald sorgte die galoppierende Inflation dafür, dass die Leute nur noch billige, im Lande publizierte Handbücher kaufen konnten, etwa *Wie betreibe ich einen Laden* oder *Autoreparaturen*. Wenn eine Bücherspende von einer humanitären Organisation eintrifft, können oft Freudentränen fließen. Einmal hörte ich einen Mann klagen: »Sie haben uns das Lesen beigebracht, und jetzt gibt es keine Bücher.« Ein Klassiker aus der Penguin-Taschenbuchreihe kostete schon vor

## Chronologie der Krise

- **1980** Nach der Unabhängigkeit gewinnt Mugabes Partei Zanu-PF die ersten Wahlen. Mugabe wird Ministerpräsident.
- **2000** Eine neue Verfassung Mugabes wird in einem Referendum abgelehnt. Bei Parlamentswahlen erhält die Zanu-PF nur eine knappe Mehrheit.
- **2002** Mugabe gewinnt die Präsidentschaftswahlen knapp gegen Morgan Tsvangirai, doch nur dank massiver Gewaltkampagnen und Wahlfälschung.
- **2007** Tsvangirai und weitere Politiker seiner »Bewegung für Demokratischen Wandel« (MDC) werden bei einer Polizeirazzia krankenhausreif geschlagen. Die Staatengemeinschaft des südlichen Afrika (SADC) beauftragt Südafrikas damaligen Präsidenten Thabo Mbeki mit Vermittlung.
- **29. März 2008** Die MDC gewinnt die Parlamentswahlen, Tsvangirai liegt in der ersten Runde der Präsidentschaftswahlen vor Mugabe.
- **2. Mai** Die Wahlkommission veröffentlicht die offiziellen Ergebnisse. Tsvangirai verpasst die absolute Mehrheit. Zanu-PF, Kriegsveteranen und Sicherheitskräfte starten eine Einschüchterungskampagne gegen MDC-Anhänger, mehr als 100 Oppositionelle werden getötet, Tausende flüchten.
- **22. Juni** Tsvangirai zieht sich wegen der anhaltenden Gewalt gegen seine Anhänger von der geplanten Stichwahl zurück.
- **27. Juni** Mugabe, der einzige Kandidat, gewinnt die Stichwahl.
- **11. September** Nach vierwöchigen Verhandlungen über eine Machtteilung unter Vermittlung von Thabo Mbeki einigen sich Mugabe und Tsvangirai auf eine Regierung der nationalen Einheit. Ein entsprechendes Abkommen wird am 15. September unterzeichnet.
- **Dezember 2008** Eine Cholera-Epidemie führt zu Tausenden Todesfällen. Die Zentralbank bringt erstmals 100-Millionen-Dollar-Banknoten in Umlauf. Proteste gegen die Zustände im Gesundheitswesen und gegen die Hyperinflation werden gewaltsam aufgelöst.
- **11. Februar 2009** Tsvangirai wird als Ministerpräsident einer Regierung der nationalen Einheit unter Präsident Mugabe vereidigt.

**epd | lieb**

einigen Jahren mehr als einen Monatslohn. Aber selbst mit den paar Büchern kamen im Handumdrehen Studienkurse in Gang, für Literatur, für Mathematik, für Bürgerkunde. Sobald irgendwo eine Kiste mit Büchern auftauchte, erwachte ein in Apathie versunkenes Dorf über Nacht zu neuem Leben. Dieses Volk wartet nicht auf Almosen. Ein kleiner Anstoß, ein bisschen Hilfe, und sie nehmen alle möglichen Projekte in Angriff. Vor ein paar Monaten erzählte mir jemand aus einem Bücherteam, mit dem ich zu tun habe, von seinem Besuch in einem Dorf: »Da habe ich mich mit Menschen, die seit drei Tagen nichts gegessen hatten, über Bücher unterhalten.«

Die Tragödie, hier ist sie greifbar. Eine Tragödie, zu der es nie gekommen wäre, hätte Mugabe auch nur zur Hälfte dem entsprochen, was die Menschen in ihm sahen. Hätte er die Gunst der Stunde genutzt, die mit der Unabhängigkeit gekommen war, hätte Simbabwe zum Vorbild für ganz Afrika werden können. Aber er hat es nicht getan, und das Elend des Landes und seiner Menschen bezeugen sein Versäumnis. Nichts kann eine solche Chance wiederbringen. Heute sagen die Leute: »Mugabe muss weg, dann wird alles wieder gut.« Doch hat er inzwischen eine ganze Kaste von raffgierigen Leuten hervorgebracht, die so sind wie er selbst. Wenn Mugabe weg ist, wird es andere, genauso schlimme Leute geben. Vielleicht bin ich ja zu pessimistisch, vielleicht kann man die Gauner wirklich loswerden, aber der angerichtete Schaden wäre damit noch nicht beseitigt.

Der Rassenhass, den Mugabe geschürt hat, wird nicht aussterben. In der ganzen Zeit seit der Unabhängigkeit war die antiweiße Rhetorik von marxistischen Slogans begleitet, die so primitiv waren, als hätte man den Marxismus in Simbabwe erfunden. Und doch konnte jeder Besucher feststellen, welch freundschaftliche Beziehungen zwischen Schwarzen und Weißen herrschten, zumal im Vergleich mit Südafrika, das die bittere Hinterlassenschaft der Apartheid zu bewältigen hat. Die offizielle Rhetorik war in Simbabwe schlimmer als in jedem anderen afrikanischen Land, hieß es in einem Bericht der Vereinten Nationen, der zugleich feststellte: »Nie hatte die Rhetorik so wenig mit dem zu tun, was tatsächlich vor sich ging.«

Die Rhetorik richtete sich gegen die Weißen im Allgemeinen, aber besonders gegen die weißen Farmer, die über große Ländereien verfügten, den Großteil der Nahrungsmittel produzierten und Deviseneinnahmen für das Land erwirtschafteten. Den Farmern war durchaus klar, dass sie eine Sonderstellung innehatten. Die »Commercial Farmers Union«, die weiße wie auch ein paar schwarze Farmer vertritt, machte Vorschläge für eine Umverteilung. Mugabe hat keinen dieser Vorschläge auch nur zur Kenntnis genommen. Derweil wurde das Farmland, das die Regierung bereits erworben hatte, nicht etwa an arme Schwarze weitergegeben (das geschah nur in der Anfangsphase). Es landete vielmehr in den Händen der habgierigen Clique von Robert Mugabe.

Warum hat sich Mugabe schließlich zu einem Überraschungsangriff auf die weißen Farmer entschlossen, der zu ihrer Vertreibung führte? Mugabe hatte Gefallen daran gefunden, sich als dienstältester schwarzer Führer im südlichen Afrika zu sehen – während er schon zunehmend als peinliche Figur empfunden wurde. Es kam zu lächerlichen Szenen, in denen Mugabe seine Führungsrolle zu behaupten versuchte. Auf einer Konferenz der

afrikanischen Staatsoberhäupter etwa hatte sich der damalige südafrikanische Präsident Nelson Mandela beim Mittagessen wie alle anderen Teilnehmer in die Schlange vor dem Buffet eingereiht, während Mugabe deutlich sichtbar an einem Tisch im Saal saß und sich von seinem Gefolge bedienen ließ. Das Ergebnis war, dass alle über ihn lachten. Da er aber von lauter Schmeichlern umgeben war, verstand er nie, warum die Leute lachten.

Sein Ehrgeiz, als der Große Führer dazustehen, nahm verzweifelte Formen an. Die Frage der Landverteilung war dabei stets virulent, nicht zuletzt weil er in den 1970er-Jahren während des Befreiungskriegs »jedem Mann, jeder Frau und jedem Kind« Land versprochen hatte. Jetzt würde er, Mugabe, der große Staatsmann und der Vater seines Volkes, die weißen Farmer hinauswerfen, und schon wäre Mandela, diese unbedeutende Figur, vergessen. In einigen rückständigen Regionen Afrikas – und anderswo – wurde er tatsächlich berühmt. Der Preis dafür war der Ruin des Landes, das er mit seinem Regime bis zu diesem Zeitpunkt bereits an den Rand des Abgrunds geführt hatte.

Bleibt aber die Frage: Warum handelte er so destruktiv? Mugabe ist nicht dumm. Sein geschicktes Kalkül, mit dem er seine Position festigte, lässt einen listigen, systematisch planenden Mann erkennen. Am Krieg im Kongo zum Beispiel, der Simbabwe vollends verarmen ließ, bereicherte er sich persönlich und sicherte sich als Gegenleistung für die Entsendung von Truppen einen Anteil an den Bodenschätzen des Kongo. Mit diesem Geld konnte er sich von der Bedrohung durch die Armeeoffiziere freikaufen, der größten, die es für ihn gibt, denn nur die Offiziere könnten ihn aus seinem Amt vertreiben.

Viele Leute meinten, Mugabe sei verrückt, auch ich habe zu ihnen gehört. Wie hätten wir glauben sollen, dass ein Mann, der sich so beharrlich und in den höchsten Tönen auf den Fortschritt berief, tatsächlich Pläne verfolgte, die den Ruin seines eigenen Volk bedeuteten? Heute ist es leicht, sich rückblickend an Situationen und Ereignisse zu erinnern, die von bevorstehenden Gefahren kündeten – zuerst und vor allem an die Massen von arbeitslosen jungen Schwarzen. Überall in Simbabwe, an den Straßen, in entlegenen Dörfern, vor Schulen, Colleges und Missionsstationen sah man sehr junge schwarze Männer, die einfach herumstanden oder, häufiger noch, versuchten, armselige, aus Holz geschnitzte Elefanten, Giraffen und dergleichen oder ein paar Steinskulpturen zu verkaufen.

Die jungen Leute hatten keine Zukunft, sie hungerten und hatten keine Arbeit. Und genau diese jungen Leute heuerte Mugabe dafür an, dass sie die weißen Farmer – und auch die reicheren schwarzen – unter Druck setzten und im Namen der Kriegsveteranen deren Besitz beschlagnahmten. Heute hängen diese Leute nach wie vor herum, sie haben sich an die Gewalt gewöhnt, sind betrunken und immer noch ohne Zukunft, denn selbst wer ein kleines Stück Land abbekommen hat, dem fehlen Geräte, Saatgut und vor allem die notwendigen Kenntnisse. Viele hat es schon wieder in die Stadt zurückgezogen. Und man hört sie klagen: »Jetzt haben wir für den Genossen Mugabe all diese schlimmen Dinge getan – und er vergisst uns einfach.«

Während der neunzig Jahre langen weißen Besatzung hatten die Schwarzen, die zumeist brutal aus ihrem Dorfleben herausgerissen wurden, aus weiter Ferne auf die da oben gestarrt – auf die reichen Weißen mit ihren Automobilen und ihren schwarzen Dienern. Unter den Weißen waren zwar auch viele Arme, aber die meisten Schwarzen befanden sich so weit unterhalb der scheinbar geschlossenen Schicht von Weißen, dass in ihren Augen jeder Weiße reich war. Einfach reich, ohne Mühen. Wenn sie daran dachten, was ihnen Mugabe in der Zeit des Befreiungskrieges versprochen hatte, dass nämlich jeder sein eigenes Land haben würde, dann hatten sie dieses Wunschbild vor Augen: ein Haus wie das des weißen Farmers, ausgedehnte Ländereien und schwarze Diener – ein Leben in Wohlstand, ohne Mühen.

Ich selbst bin mit den starrsinnigen weißen Farmern der frühen Siedlungsphase groß geworden. Sie brachten den Schwarzen im besten Fall eine mütterliche oder väterliche Bevormundung entgegen, richteten eine Krankenstation oder eine Schule ein. Im schlimmsten Fall waren sie schlicht brutal. Angesichts ihres erzwungenen Exodus sind manche weißen Farmer derzeit bemüht, ihre Geschichte schönzureden. Das wird nicht gelingen, ihre Willkürherrschaft über die Schwarzen ist sattsam belegt. Aber bei meinen Besuchen gegen Ende der 1980er- und in den 1990er-Jahren hatte ich den Eindruck, dass die meisten weißen Farmer dabei waren, ihre Einstellung zu ändern. Heute jedoch, da das Land immer tiefer in der Krise versackt, können sich nur wenige von ihnen verkneifen zu sagen: »Wir haben es gleich gesagt. Wir haben immer gewusst, dass sie nicht mal einen Fahrradladen führen können, geschweige denn ein ganzes Land.« Aber die gleichen Leute, die das heute sagen, haben dafür gesorgt, dass die Schwarzen weder eine schulische noch eine praktische Ausbildung bekamen, und dass der Deckel, der ihren sozialen Aufstieg verhindert hat, nicht aus Glas, sondern aus Stahl war.

Die Berichterstattung über die Enteignung und Übertragung von Farmland war und ist verzerrt. Alle Aufmerksamkeit gilt den weißen Farmern, die ihr Land verlieren. Einige von ihnen sind in Mosambik gelandet. Sie mussten noch einmal von vorn anfangen, ohne Kapital, Geräte, Maschinen. Da sie fähige und hart arbeitende Farmer sind, werden sie durchkommen. Viele sind in Sambia, auf Einladung der schwarzen Regierung. Hier produzieren weiße Farmer fast alle Grundnahrungsmittel. Viel zu selten aber ist die Rede von den hunderttausenden schwarzen Farmarbeitern, die ihre Jobs und ihre Wohnungen verloren haben und deren Frauen und Töchter geschlagen und vergewaltigt wurden und immer noch werden.

Inzwischen sind fast alle weißen Farmer vertrieben worden. Und jedem aufmerksamen Beobachter sollte klar sein, dass es dabei nicht in erster Linie um eine »Rassenfrage« geht, sondern schlicht um die Besitzaneignung. Viele der Armen, die sich auf dem Land der Weißen angesiedelt haben, sind von mächtigen Schwarzen wieder fortgejagt worden. Wer sich auf einem Stück Land behaupten konnte, baut darauf Mais und Kürbisse an und vielleicht Raps – vorausgesetzt, es regnet. Die armen Siedler müssen ohne Maschinen auskommen, manche haben nicht einmal eine Schaufel. Die Bewässerungssysteme sind zusammengebrochen. Die neuen (schwarzen) Siedler, die sich auf Mugabe verlassen hatten, werden ihre Kinder nicht zur Schule schicken können, weil der Schulbesuch heute eine Menge Geld kostet. Und wo soll das Geld für Kleider herkommen, sofern die Kinder diese schreckliche Zeit überhaupt überleben, denn schließlich gibt es nichts zu essen und manche Menschen verhungern? Wer sich auf seinem Stück Land halten kann, wird so arm sein wie die meisten Subsistenzbauern überall auf der Welt.

Aus dem Englischen von Niels Kadritzke

Erstmals erschienen in *Le Monde diplomatique* vom August 2003.

# Leben im Township

Die Mehrheit der Südafrikaner profitiert nicht von der wirtschaftlichen Entwicklung des Landes

**Von Philippe Rivière** Stellvertretender Chefredakteur von *Le Monde diplomatique*, Paris.

In Khayelitsha, dem großen Township östlich von Kapstadt, muss man einen besonderen Sinn für Humor haben. Ein Werbeschild am Straßenrand preist ein Haus für nur 1000 Rand (etwa 80 Euro) an – und das zwei Kilometer von False Bay, der beliebten Badebucht zwischen Tafelberg und Kap der Guten Hoffnung. Der Haken: Das Haus liegt in »QQ«, einer illegalen Siedlung – unten sumpfiger Boden, oben die Hochspannungsleitungen. Obwohl die Besiedelung verboten ist, reiht sich hier eine Wellblech- und Bretterbude an die andere.

Gebaut wurde QQ vor zwanzig Jahren. Noch heute leben die 650 Familien ohne sanitäre Anlagen. Sie teilen sich acht Trinkwasserhähne. Stromkabel verlaufen kreuz und quer, notdürftig mit Teer verklebt. Anarchisch verbinden sie den Slum mit den Verteilerkästen im nahe gelegenen legalen Viertel. Es kommt häufig zu Bränden, die immer wieder Todesopfer fordern. Alles, was man zu mehreren nutzen kann, wird vermietet, bis hin zu Schlüsseln für die Toiletten.

Mzonke Poni, der seit über sechs Jahren mit seiner Mutter in QQ lebt, hat das Hauptstromkabel angezapft und die gewagte Konstruktion sorgfältig mit einem Stapel Kartons getarnt. Wenn er Glück hat, wird sie bei der nächsten Polizeirazzia den Kneifzangen entgehen.

»Wir haben hier auch unsere Waterfront!«, ruft Poni aus. Der Name der Kapstadter Vergnügungsmeile stand Pate bei der Namensgebung dieses Teils von QQ. Denn während der vier Regenmonate im Winter stehen die tiefer gelegenen Hütten im Wasser. Manche haben ihren Hüttenboden deshalb um einige Zentimeter aufgestockt. Wenn der Regen kommt, gewinnen sie dadurch ein paar Tage Zeit, um Stühle, Fernseher und persönliche Gegenstände bei Nachbarn oder Verwandten unterzustellen.

In der Provinz Western Cape, zu der QQ gehört, warten rund fünfhunderttausend Menschen auf eine Wohnung. Immer neue Wellen von jungen Arbeitssuchenden strömen in die Slums. Meist kommen sie aus den ländlichen Gebieten des Eastern Cape. Wer sich in QQ niederlassen will, muss zuvor die Zustimmung des Einwohnerkomitees einholen. Familien mit kleinen Kindern haben Vorrang.

Obwohl – oder gerade weil – die Lage der Menschen so schwierig ist, entsteht in diesen Vierteln ein starker sozialer Zusammenhalt.[1] Es ist immer wieder ein großer Schock, wenn die Behörden beschließen, ein Gebiet Zug um Zug zu »säubern« – ohne vorherige Absprache mit den Bewohnern.

Nachdem es in Joe Slovo – einer anderen illegalen Siedlung am Kap in der Einflugschneise des Flughafens – gebrannt hatte, wurden den Betroffenen neue Häuser im Stadtteil Delft weiter östlich zugewiesen. Irgendwann erfassten diese Zwangsumsiedlungen auch Menschen, die gar nicht vom Feuer betroffen waren. »Wir haben an alle möglichen Behörden geschrieben, von der Stadtverwaltung bis zum Präsidium«, erzählt Mzwanele Zulu, der Vorsitzende des Stadtteilausschusses. »Aber keiner erklärt uns irgendwas. Wir wollen nicht umgesiedelt werden. Hier gibt es öffentliche Verkehrsmittel und Arbeit.« Um sich Gehör zu verschaffen, blockierten die Einwohner die Schnellstraße N2. Diesmal kam die Antwort prompt: »Die Polizei hat Gummigeschosse auf uns abgefeuert. Dann wurden wir verhaftet wegen Aufwiegelung zur Gewalt.« Die Bürgerinitiativen zogen vor Gericht. Am 10. März 2008 verfügte das Oberste Gericht von Kapstadt die Umsiedlung in provisorische Wohnungen in Delft.[2]

In Delft ist die Anspannung an diesem späten Vormittag deutlich spürbar. Eine Frau steigt in unser Taxi. Sie will zum Bürgerzentrum und schimpft: »Das kann ja wohl nicht wahr sein, die jungen Leute kriegen die neuen Wohnungen, und wir stehen seit Jahren auf der Warteliste!« Zwischen den Neubauten kreist ein Lautsprecherwagen. Die Einwohner werden aufgefordert, den Anweisungen der Sicherheitskräfte nicht zu folgen. Diese bewachen das Viertel und sollen heute eine inoffizielle Zählung durchführen. Was damit bezweckt wird, wissen die Einwohner nicht.

Hintergrund ist der Streit zwischen der Wohnungsbaugesellschaft Thubelisa Homes und den Hausbewohnern. Die haben die Häuser noch vor ihrer Fertigstellung besetzt, nachdem die Bauministerin Lindiwe Sisulu[3] am 16. Dezember 2007 den Umsiedlern aus Joe Slovo die Schlüssel übergeben hatte. Dummerweise hatte sie vergessen, dass ein Drittel der neuen Wohnungen bereits den Leuten von Delft versprochen waren. Das Gericht hat durch eine einstweilige Verfügung alle weiteren Aktivitäten untersagt. Seither herrscht Stillstand.

Im Delfter Bürgerzentrum streiten sich zwei Frauen um dasselbe Haus. »Das kommt immer häufiger vor«, sagt Pam Bukes, die Sekretärin des Komitees gegen die Umsiedlung. Sie deutet auf eine der beiden Frauen: »Man kann es der jungen Frau ja nicht verübeln, dass sie es einfach mal probiert. Dabei weiß ich genau, dass sie nicht auf der Liste steht.«

**1** Vgl. Steven Otter, *Khayelitsha, uMlungu in a Township*, Johannesburg (Penguin Books SA), 2007. Otter lebte dort während seines Studiums als einziger Weißer.
**2** www.antieviction.org.za
**3** Unseren Interviewwunsch lehnte ihr Büro ab.

Langa Township, Kapstadt
BILD: KEVIN MCLEAN

Zwischen den Bevölkerungsgruppen nehmen die Spannungen zu. In Delft leben überwiegend Mischlinge (nach der Definition des Apartheidregimes), die mehrheitlich die Democratic Alliance (DA) wählen. Sie unterstellen dem African National Congress (ANC), junge Schwarze von außerhalb in den neuen Häusern haben zu wollen. »Hier brodelt die Gerüchteküche, und einer versucht den anderen übers Ohr zu hauen. Die Nerven liegen blank«, meint Martin Legassick. Er ist Hochschullehrer und seit langem in Bürgerinitiativen und Einwohnerkomitees aktiv. »Man muss aber auch wissen, dass die Schwarzen nie die Chance hatten, sich in die Wartelisten einzutragen.« Unter solchen Bedingungen ist sich dann eben jeder selbst der Nächste.

In einer Ecke des Raumes sitzt ein 83-jähriger Mann. Die Miete für seine Hütte in einem Hinterhof verschlingt fast seine ganze Rente. »Seit mehr als zwanzig Jahren steht er auf der Warteliste«, erzählt Franck Martin, Berater der Kapstadter Bürgermeisterin Helen Zille und Mitglied der DA. »Ständig werde ich danach gefragt, wie hoch das Gewaltrisiko hier sei. Wenn sich die Gemüter beruhigen sollen, müssen für alle dieselben Regeln gelten. Das ist aber nicht so einfach, wenn man es mit einer Regierung zu tun hat, die kurz vor Weihnachten einen günstigen Zeitpunkt abpasst und die Häuser räumen lässt, während wir vor dem Gericht demonstrieren! Die Leute wollen ein Dach über dem Kopf, Trinkwasser, Toiletten und Arbeit in zumutbarer Entfernung. Die Regierung spielt mit dem Feuer, wenn sie die elementaren Bedürfnisse der Menschen einfach ignoriert. Nur 1,5 Prozent des Staatshaushalts gehen in den Wohnungsbau. In vergleichbaren Ländern sind es 5 bis 7 Prozent.«

In Südafrika existieren zwei Welten nebeneinander: 60 Prozent der Bevölkerung – überwiegend schwarz und bildungsfern – verdienen weniger als 3500 Rand (282 Euro) im Monat. Grundbesitz ist als Folge der Apartheid extrem ungleich verteilt: 1994 lebten 75 Prozent der Bevölkerung auf 13 Prozent der nutzbaren Fläche des Landes. Diese Verhältnisse tragen bis heute zur Landflucht und Slumbildung bei.

Jeder zweite Südafrikaner lebt unterhalb der Armutsgrenze. »Nur 6 Prozent der Menschen, die mit 65 Jahren aus dem Berufsleben ausscheiden, können von ihrer Rente leben«, belegt ein Bericht der Vereinten Nationen.[4] Die Mietpreisentwicklung trifft die in prekären finanziellen Verhältnissen lebende Mehrheit mit voller Wucht. »Zwischen den Jahren 2000 und 2004/2005 sind die Mieten um 92 Prozent gestiegen. Die Einkommen der Arbeitnehmer dagegen nur um durchschnittlich 8,3 Prozent.«

Hier bahnt sich eine Katastrophe an. Die 2,7 Millionen neuen Wohnungen, die mit staatlichen Subventionen gebaut wurden, können sie kaum aufhalten. Nach Angaben des Wohnungsbauministeriums steigt der Bedarf um mehr als 200000 Wohneinheiten jährlich. Zur Landflucht kommt nämlich eine Veränderung in der Bevölkerungsstruktur hinzu: Der politische Umbau des Landes zog auch eine Verkleinerung der Haushalte nach sich. In Südafrika gibt es rund 12,5 Millionen Haushalte, davon 5 Millionen in den Städten. 11 Prozent der Familien leben in Shacks (ärmlichen Hütten aus Brettern und Wellblech) und 12 Prozent in traditionellen Hütten. Mehr als die Hälfte (56 Prozent) ist auf staatlich geförderten Wohnraum angewiesen. Unaufhaltsam werden die Ärmsten aus den Innenstädten vertrieben. Manche Räumungen erfolgen unter Vorspiegelung falscher Tatsachen – indem ein Umzug in ein »richtiges« Haus in Aussicht gestellt wird; andere unter Anwendung von Gewalt. Der UN-Sonderberichterstatter hat bereits schwere Vorwürfe gegen die Polizei von Johannesburg und die Firma Wozani Security erhoben. Wozani kann mit seinen fünfhundert Sicherheitsleuten, die wegen ihrer Uniformen »rote Ameisen« genannt werden, innerhalb weniger Stunden ein großes Gebäude vollständig räumen.[5]

»Südafrika hat viele Ähnlichkeiten mit Algerien nach der Unabhängigkeit«, meint Moeletsi Mbeki vom Institut für Internationale Angelegenheiten in Südafrika. Der renommierte Intellektuelle und Bruder des ehemaligen Präsidenten Thabo Mbeki leitet außerdem die südafrikanische Tochter des Reality-TV-Produzenten Endemol. »Unsere Wirtschaft lebt von der Rohstoffförderung. Zwischen den Leuten, die an der Basis gegen die Apartheid gekämpft haben, und den damaligen Anführern verläuft heute ein tiefer Graben. Die Führungsgruppe sitzt in wichtigen Positionen und in der Regierung. Denen geht es jetzt richtig gut. Sie und ihre Kinder haben Zugang zu Bildung, hier wächst die neue Mittelschicht heran. Eigentlich wären sie dafür prädestiniert, eine dynamische Privatwirtschaft aufzubauen, denn das brauchen wir dringend in diesem Land, in dem die Apartheid mit ihrem Zwei-Klassen-Schulsystem einen riesigen Fachkräftemangel hinterlassen hat. Stattdessen hat die Regierung einen bürokratischen Wasserkopf geschaffen, der die vorhandenen Personalressourcen abschöpft, ohne gleichzeitig Arbeit für die breite Bevölkerung zu schaffen.«

Moeletsi Mbeki zitiert das warnende Beispiel Algeriens, wo eine ähnliche Situation 1992 den Wahlsieg der Islamischen Heilsfront (FIS) begünstigte: Der größte Teil der Bevölkerung lebte in großer Armut, während es sich die privilegierten politischen Kreise gut gehen ließen. Als die Regierung das Wahlergebnis nicht anerkennen wollte, versank das Land im Bürgerkrieg.

So schlimm steht es in Südafrika zum Glück noch nicht. Dass den Neureichen inzwischen Ressentiments entgegenschlagen, verwundert allerdings auch nicht:

**4** Entwicklungsprogramm der Vereinten Nationen (UNDP), *Bericht über die menschliche Entwicklung*, Südafrika, New York, 2004.
**5** Vgl. Jean-Christophe Servant, »Johannesburg, un urbanisme sous pression«, Webreportage im Auftrag von *Geo.* reportage-video. geomagazine.fr/afrique-du-sud-immobilier-johannesburg.

Schließlich müssen 4,2 Millionen Menschen in diesem Land mit weniger als 7 Rand (zirka 0,60 Euro) am Tag auskommen.

Die Korruption der Macht hat das Ansehen des ANC in einem Ausmaß beschädigt, dass selbst Nelson Mandela inzwischen zur Zielscheibe des Spotts geworden ist. »Unser wandelnder Heiliger, der das Wasser privatisiert hat«, witzeln die Slumbewohner über ihn. Die unter seiner Regierung begonnene und von seinem Nachfolger Thabo Mbeki fortgeführte neoliberale Politik hat nicht zu den erhofften ausländischen Investitionen geführt. Nur der Sozialabbau ist vorangeschritten. Mit dem Wirtschaftsförderungsprogramm Black Economic Empowerment (BEE) sollte die Zahl der schwarzen Kapitaleigner und Führungskräfte erhöht werden – gefördert hat das Programm letztlich vor allem die Korruption.

»Ein Vertrag mit dem Volk, Arbeit zu schaffen und Armut zu bekämpfen.« Wahlversprechen des ANC im Guguletu Township, Kapstadt
BILD: KONRAD GLOGOWSKI

Die breite Masse der unter der Apartheid diskriminierten Bevölkerung partizipiert so wenig wie zuvor an der wirtschaftlichen Entwicklung. Der südafrikanische Übergangspräsident Kgalema Motlanthe erklärte schon 2005, dass »bislang vor allem die Banken von der Empowerment-Politik profitiert« haben. Die demokratische Bewegung müsse »alles tun, um die Bereicherung Einzelner zu verhindern. Es gilt, stattdessen solche Unternehmer zu fördern, die mit soliden Finanzen überlebensfähige Betriebe aufbauen wollen und es sich zur Aufgabe machen, den informellen Sektor nach und nach in die normale Wirtschaft zu integrieren.«[6]

»Das Black Economic Empowerment ist zu einer einzigen Vetternwirtschaft verkommen«, meint Moeletsi Mbeki. »Die angeblichen Unternehmenschefs sind meist gar keine Unternehmer, sondern Agenten des weißen Kapitals, die an der Schnittstelle von Wirtschaft und Staat sitzen. Uns fehlt es an unternehmerischer Kapazität. Hinzu kommt jetzt auch noch, dass unser Land aufgrund der starken asiatischen Konkurrenz eine rasante Entindustrialisierung erlebt. Ganze Sektoren sind schon zusammengebrochen: Beispielsweise wurden in den 1980er-Jahren 80 Prozent der in Südafrika gekauften Schuhe auch hier hergestellt; heute werden 80 Prozent importiert, und zwar vor allem aus China. Dank der Rohstoffe kann es sich unsere Regierung im Moment noch leisten, ein bescheidenes soziales Sicherungssystem aufrechtzuerhalten. Aber sie ist unfähig, die wirtschaftliche Entwicklung voranzubringen. Wenn weltweit die Kurse fallen, gerät unser Land unweigerlich in eine Krise.«

Die scharfe Kritik an der Politik des ANC hat an dessen Vormachtstellung einstweilen noch nichts geändert. In der Partei selbst hat sich jedoch eine »linke« Koalition der Mbeki-Gegner aus dem Lager der Kommunistischen Partei (SACP) und des Gewerkschaftsbunds Cosatu gebildet. Mit ihren Stimmen wurde Jacob Zuma beim Parteitag von Polokwane Ende Dezember 2007 zum neuen Vorsitzenden gewählt. Nachdem der Korruptionsprozess gegen ihn im September 2008 eingestellt wurde, dürfte Zuma dann 2009 der dritte Staatspräsident der Republik Südafrika werden.

Nur wenige Beobachter halten jedoch einen echten Politikwandel für möglich. »Der ANC hat nichts für uns getan«, urteilt ein Parteimitglied kategorisch. »Die Leute von Jacob Zuma sind seit dreizehn Jahren an der Regierung beteiligt. Warum sollten sie jetzt etwas anderes machen?« Aus der enttäuschten Parteibasis sind Bürgerinitiativen hervorgegangen, die sich rasch national vernetzt haben – zum Beispiel das Antiprivatisierungsforum (APF) oder die Bewegung der Slumbewohner *Abahlali baseMjondolo*.[7] Sie nehmen kein Blatt vor den Mund und organisieren den Protest auf den Straßen.

Mitte November 2005 schoss die Polizei in eine Demonstration von zweitausend Bewohnern des Slums Foreman Road, die zum Rathaus von Durban zogen, es gab zwei Verletzte, 45 Demonstranten wurden festgenommen. In derselben Woche verwüsteten fünfhundert Menschen das Haus eines Stadtrats von Pretoria. Seither rissen die Konfrontationen nicht ab. Am 19. Februar dieses Jahres schoss die Polizei auf eine friedliche Bewohnerversammlung in Delft. Am 10. März errichteten fünfhundert Bewohner von Klaarwater, einem Township von Durban, Barrikaden und forderten den Rücktritt eines ANC-Abgeordneten. Sie warfen ihm vor, seine Wahlversprechen in Sachen Grundversorgung nicht eingehalten zu haben.

Der UN-Sonderberichterstatter für das Menschenrecht auf angemessenes Wohnen, Miloon Kothari, kritisierte bei seiner Rückkehr aus Südafrika die Konsultationen zwischen Behörden, Bürgerinitiativen und den betroffenen Menschen und Gruppen als »unzureichend und oberflächlich.«[8]

Zur Vorbereitung der Fußballweltmeisterschaft 2010 sollen für Ausbau und Sanierung der Infrastruktur mehr als 70 Milliarden Rand (5,7 Milliarden Euro) ausgegeben werden. Zehn Fußballstadien und eine Schnellzugtrasse sollen entstehen. »Je mehr sich Johannesburg zur Weltstadt entwickelt, desto stärker steigen schon jetzt die Mietpreise. Und dass die hohe Nachfrage nach Baustoffen irgendwann zu einer Zementknappheit führen würde, war auch vorhersehbar«, so Miloon Kothari.

Der Sprecher des Antiprivatisierungsforums, Richard »Bricks« Mokolo, lebt im Elendsviertel Orange Farm vierzig Kilometer südlich von Johannesburg. Früher war er Fußballspieler. »Die WM«, sagt er, »wird die Gelegenheit sein, unseren Protest öffentlich zu machen.«

**Aus dem Französischen von Veronika Kabis**

**6** ANC Today, www.anc.org.za/ancdocs/pubs/umrabulo/umrabulo22/wealth.html.
**7** Zur Bewegung der Slumbewohner siehe den Dokumentarfilm *Dear Mandela*, www.youtube.com/user/sleepinggiantfilms.
**8** Bericht des UN-Sonderberichterstatters Miloon Kothari vom 29. Februar 2008, ap.ohchr.org/documents/dpage_e.aspx?m=98.

Erstmals erschienen in *Le Monde diplomatique* vom Juni 2008.

# Die schädliche Arithmetik des IWF

WP/06/192

IMF Working Paper

**Warum Äthiopien nicht in neue Schulen und Kliniken investieren durfte**

Figure 2. Ethiopia: Expenditure Composition of the MDG Scenario
(as a percent of GDP)

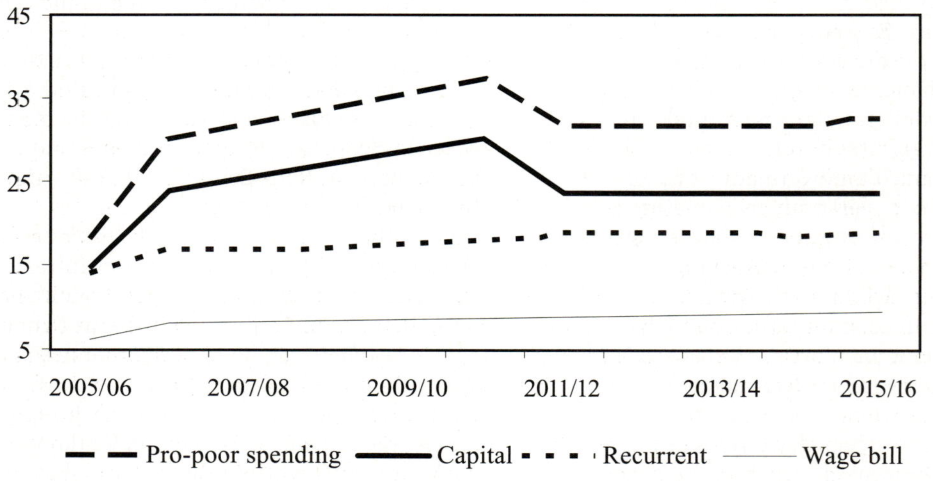

**Von Joseph E. Stiglitz** Wirtschaftsprofessor an der Columbia University, N. Y. Von 1997 bis 2000 Chefökonom der Weltbank. 2001 erhielt er den Nobelpreis für Wirtschaft.

Die moderne High-Tech-Kriegführung ist darauf ausgerichtet, physischen Kontakt zum Feind zu vermeiden: Wenn man Bomben aus einer Höhe von 10 000 Metern abwirft, »spürt« man nicht, was man tut. Bei der modernen Wirtschaftssteuerung verhält es sich ganz ähnlich: Von seinem Luxushotel aus kann man Staaten gefühllos Konditionen auferlegen, über die man zweimal nachdächte, würde man die Menschen kennen, deren Leben man zerstört.

Am Abend vor meinem Dienstantritt als Chefökonom der Weltbank am 13. Februar 1997 hielt ich meine letzte Pressekonferenz als Vorsitzender des Wirtschaftssachverständigenrats von Präsident Bill Clinton ab. Nachdem sich die US-Binnenwirtschaft so gut steuern ließ, lag meines Erachtens die größte Herausforderung für einen Volkswirt in dem wachsenden Problem der Weltarmut. Was konnten wir dagegen tun, dass weltweit 1,2 Milliarden Menschen mit weniger als einem Dollar pro Tag und weitere 2,8 Milliarden Menschen mit weniger als zwei Dollar pro Tag auskommen müssen? Was konnte ich tun, um den Traum von einer Welt ohne Armut Wirklichkeit werden zu lassen? Wie konnte ich einen Beitrag zur Verwirklichung des bescheideneren Traums einer Welt mit weniger Armut leisten?

Diese Aufgabe beinhaltete für mich dreierlei: erstens, zu überlegen, welche Strategien zur Ankurbelung des Wachstums und zur Bekämpfung der Armut am erfolgversprechendsten wären; zweitens, mit Regierungen in den Entwicklungsländern zusammenzuarbeiten, um diese Strategien umzusetzen, und drittens, in den Industrieländern alles in meiner Macht Stehende zu tun, um die Interessen und Anliegen der Dritten Welt zu fördern, ganz gleich ob es darum ging, auf die Öffnung ihrer Märkte zu drängen oder effektivere Hilfe zu leisten.

Ich wusste, dass diese Aufgaben schwierig waren, aber ich hätte mir nie träumen lassen, dass eines der größten Hindernisse für die Entwicklungsländer vom Menschen geschaffen und gänzlich unnötig war und direkt auf der gegenüberliegenden Straßenseite lag – bei unserer »Schwesterinstitution«, dem Internationalen Währungsfonds (IWF). Nach vier Jahren in Washington hatte ich mich an die seltsame Welt der Bürokraten und Politiker gewöhnt. Doch erst als ich im März 1997, knapp einen Monat nach meinem Dienstantritt, nach Äthiopien reiste, bin ich voll und ganz in die erstaunliche Welt der IWF-Politik und -Arithmetik eingetaucht.

Das Pro-Kopf-Einkommen betrug in Äthiopien 110 Dollar pro Jahr, und das Land war durch eine Serie von Dürren und Hungersnöten, die zwei Millionen Menschen das Leben gekostet hatte, schwer angeschlagen.

Ich hatte eine Unterredung mit Ministerpräsident Meles Zenawi, einem Mann, der einen 17-jährigen Guerillakrieg gegen das blutige marxistische Regime von Mengistu Haile Mariam geführt hatte. Zenawis Truppen siegten 1991, und anschließend begann die Regierung mit der harten Arbeit, das Land wiederaufzubauen. Zenawi hatte zunächst Medizin und später Wirtschaftswissenschaften an der Open University in England studiert, weil er wusste, dass das einheimische Wirtschaftssystem grundlegend verändert werden musste, wenn das Land seine jahrhundertelange Armut überwinden wollte, und er zeigte ein Wissen, ja eine Kreativität in ökonomischen Fragen, die all meine Studenten beschämt hätte. Er verstand die wirtschaftlichen Zusammenhänge und die besonderen Gegebenheiten in seinem Land viel besser als die Mitarbeiter internationaler Wirtschaftsinstitutionen, die sich mit Äthiopien befassten und mit denen ich in den folgenden drei Jahren zu tun hatte.

Zenawi verband diese intellektuellen Qualitäten mit persönlicher Integrität: Niemand bezweifelte seine Lauterkeit, und gegen Mitglieder seiner Regierung wurden kaum Korruptionsvorwürfe laut. Seine politischen Gegner kamen überwiegend aus den lange Zeit dominierenden Gruppen im Umkreis der Hauptstadt, die nach seinem Amtsantritt ihre politische Macht verloren hatten, und sie bezweifelten seine Treue zu demokratischen Prinzipien. Dennoch war er kein altmodischer Autokrat. Er und seine Minister bemühten sich grundsätzlich um eine Dezentralisierung, um sicherzustellen, dass das Zentrum nicht den Kontakt zu den verschiedenen Regionen verlor. Die neue Verfassung gab sogar jeder Region das Recht, sich nach einem demokratischen Abstimmungsverfahren abzuspalten. Als Eritrea 1993 seine Unabhängigkeit erklärte, bewies die Regierung ihre Prinzipienfestigkeit.

Als ich 1997 nach Äthiopien kam, hatte Zenawi einen erbitterten Disput mit dem IWF, und der Währungsfonds hatte sein Kreditvergabeprogramm ausgesetzt. Die makroökonomischen »Ergebnisse« – auf die sich der IWF konzentrieren sollte – hätten dabei nicht besser sein können. Es gab keine Inflation, und die Preise gingen sogar zurück. Die Wirtschaftsleistung war seit der Absetzung Mengistus ständig gestiegen. Nach Jahren des Kriegs und Wiederaufbaus kehrte die internationale Hilfe allmählich in das Land zurück.

Der IWF spielt eine herausragende Rolle bei der internationalen Finanzhilfe. Er soll die makroökonomische Lage in jedem Empfängerland überprüfen und sicherstellen, dass das Land mit den ihm zur Verfügung stehenden Mitteln auskommt. Das besondere Augenmerk des IWF gilt der Inflation. Staaten, in denen die öffentliche Hand mehr ausgibt, als sie in Form von Steuern und Auslandshilfe einnimmt, treiben ihre Inflationsraten in die Höhe, vor allem, wenn sie ihre Haushaltsdefizite dadurch finanzieren, dass sie Geld drucken. Für die meisten Volkswirte ist eine niedrige Inflation kein Zweck an sich, sondern ein Mittel zum Zweck: Inflation ist deshalb verpönt, weil eine übermäßig hohe Inflationsrate oftmals zu niedrigem Wachstum führt, das seinerseits

IMF Working Paper No. 06/192: »Money Isn't Everything: The Challenge of Scaling Up Aid to Achieve the Millennium Development Goals in Ethiopia« (www.imf.org/external/pubs/cat/longres.cfm?sk=19499.0)
BILD: IWF

hohe Arbeitslosigkeit verursacht. Doch der IWF scheint oft Mittel und Zweck zu verwechseln und verliert dabei aus dem Blick, was wirklich von Belang ist. Die Kreditwürdigkeit eines Landes wie Argentinien wurde mit »A« (also gut bis befriedigend) bewertet, solange sein Haushalt ausgeglichen und die Inflation unter Kontrolle zu sein schien, obwohl es über Jahre eine zweistellige Arbeitslosenrate aufwies!

Wenn ein Land gewisse Mindestanforderungen nicht erfüllt, setzt der IWF seine Hilfe aus; und meist folgen andere Kreditgeber seinem Beispiel. Aus verständlichen Gründen gewähren Weltbank und IWF nur solchen Ländern Kredite, die gute makroökonomische Rahmenbedingungen aufweisen. Bei Ländern mit riesigen Haushaltsdefiziten und galoppierender Inflation besteht die Gefahr, dass die Gelder nicht sinnvoll verwendet werden. Staaten, denen es nicht gelingt, ihre Gesamtwirtschaft in Ordnung zu bringen, gehen in der Regel auch mit der Auslandshilfe nicht verantwortungsvoll um: Sind die makroökonomischen Indikatoren – Inflation und Wachstum – gut, dann sind auch die makroökonomischen Rahmenbedingungen zweifellos in Ordnung. Dies traf auf Äthiopien zu, und zudem hatte die Weltbank direkte Belege für die Kompetenz der Regierung und ihr Engagement für die Armen.

Äthiopien hatte eine Entwicklungsstrategie für seine ländlichen Regionen erarbeitet, die sich auf die Armen und vor allem jene 85 Prozent der Bevölkerung konzentrierte, die im landwirtschaftlichen Sektor tätig waren. Die Regierung hatte die Militärausgaben drastisch gekürzt – obwohl sie selbst mit militärischen Mitteln an die Macht gelangt war –, weil sie wusste, dass Gelder, die für Waffenkäufe verwendet wurden, nicht für die Bekämpfung der Armut zur Verfügung standen. Gerade eine solche Regierung verdiente doch wohl die Unterstützung der internationalen Staatengemeinschaft.

Doch der IWF hatte trotz der guten gesamtwirtschaftlichen Daten sein Beistandsprogramm für Äthiopien mit der Begründung ausgesetzt, Äthiopiens Haushaltslage gebe Anlass zur Besorgnis. Wie viele andere Entwicklungsländer bezieht auch Äthiopien einen Großteil seiner Einnahmen aus der Auslandshilfe. Der IWF war nun in Sorge, dass Äthiopien in Schwierigkeiten käme, wenn diese Quelle einmal versiegte. Daher argumentierte er, Äthiopiens Haushaltslage könne nur dann als solide beurteilt werden, wenn die Ausgaben auf die Höhe des Steueraufkommens begrenzt würden. Die Logik des IWF führt zu der problematischen Folgerung, dass kein Land die Auslandshilfe, die es bekommt, in Entwicklungsprojekte investieren dürfte. Wenn etwa Schweden Äthiopien Gelder für den Bau von Schulen zukommen ließe, würde diese Logik Äthiopien dazu zwingen, mit dem Geld seine Währungsreserven aufzustocken. (Alle Länder haben solche Reserven – oder sollten sie haben –, um für Zeiten der Not vorzusorgen.) Aber internationale Geber leisten ihre Hilfe nicht zu diesem Zweck.

»Die Logik des IWF führt zu der problematischen Folgerung, dass kein Land die

In Äthiopien arbeiteten die Geldgeber unabhängig vom IWF. In diesem Fall wollten sie neue Schulen und Krankenhäuser bauen. Meles Zenawi sagte mir, er hätte nicht 17 Jahre so hart gekämpft, um sich von einem internationalen Bürokraten sagen lassen zu müssen, er dürfe keine Schulen und Kliniken für sein Volk bauen, nachdem er endlich internationale Geldgeber dafür gewonnen hatte.

Die Sichtweise des IWF wurzelte nicht in grundsätzlichen Bedenken hinsichtlich der Nachhaltigkeit des Projekts. Der Währungsfonds behauptete vielmehr, die internationale Hilfe sei zu unsicher, als dass man sich darauf verlassen könne. Mir erschien der Standpunkt des IWF als völlig haltlos, und dies nicht nur wegen seiner absurden Folgen. Ich wusste, dass die Entwicklungshilfe oftmals viel beständiger floss als die Steuereinnahmen, die stark mit der wirtschaftlichen Lage schwanken können.

Doch die Argumentation des IWF hat noch größere Schwachstellen. Die angemessene Antwort auf die Schwankungsanfälligkeit der Einnahmen ist die flexible Gestaltung der Ausgaben. Wenn die Einnahmen, aus beliebiger Quelle, rückläufig sind, dann muss die Regierung bereit sein, die Ausgaben zu kürzen. Doch bei den Formen von Hilfe, die einen Großteil dessen ausmachen, was arme Länder wie Äthiopien erhalten, gibt es eine eingebaute Flexibilität: Wenn das Land kein Geld für eine zusätzliche Schule bekommt, baut es diese Schule einfach nicht. Die äthiopischen Regierungsvertreter verstanden die Besorgnis darüber, was geschehen könnte, wenn entweder die Steuereinnahmen oder die Auslandshilfe zurückgingen, und sie hatten Strategien für diese Eventualitäten erarbeitet. Was sie nicht verstanden – und was ich nicht verstand –, war, weshalb der IWF die Logik ihrer Position nicht nachvollziehen konnte. Und es stand viel auf dem Spiel: Schulen und Kliniken für einige der ärmsten Menschen auf der Welt.

Neben der Kontroverse über die Frage, wie die Auslandshilfe zu behandeln sei, wurde ich auch gleich noch in einen zweiten Disput zwischen IWF und Äthiopien hineingezogen, der um die vorzeitige Rückzahlung von Krediten entbrannte. Äthiopien hatte einen amerikanischen Bankkredit mit einem Teil seiner Währungsreserven vorzeitig zurückgezahlt. Die Transaktion war ökonomisch absolut sinnvoll. Äthiopien bezahlte nämlich für seinen Kredit einen sehr viel höheren Zins, als es auf seine Währungsreserven erhielt. Ich hätte der Regierung ebenfalls geraten, den Kredit vorzeitig zu tilgen. Doch die Vereinigten Staaten und der IWF lehnten eine vorzeitige Rückzahlung ab. Sie beanstandeten nicht die

Logik der Strategie, sondern die Tatsache, dass Äthiopien ohne vorherige Zustimmung des IWF aktiv geworden war. Doch weshalb sollte ein souveränes Land für jede Initiative die Erlaubnis des IWF einholen? Dies wäre verständlich gewesen, wenn der Schritt Äthiopiens seine Fähigkeit zur Tilgung der IWF-Kredite beeinträchtigt hätte; doch genau das Gegenteil war der Fall. Der IWF vertrat jedoch den Standpunkt, dass Länder, die Gelder von ihm bekamen, verpflichtet seien, alle relevanten Informationen an ihn weiterzuleiten. Wer dieser Erwartung nicht nachkam, musste mit der Einstellung des Hilfsprogramms rechnen, wie vernünftig die getroffene Maßnahme auch war. Äthiopien empfand diesen Übergriff als eine neue Form des Kolonialismus, während es sich für den IWF schlicht um ein Standardverfahren handelte.

Es gab weitere strittige Punkte in der Beziehung zwischen IWF und Äthiopien über die Liberalisierung des äthiopischen Finanzmarktes. Funktionierende Kapitalmärkte sind das Gütezeichen des Kapitalismus, doch nirgends ist die Kluft zwischen Industrie- und Entwicklungsländern größer als bei ihren Kapitalmärkten. Das gesamte Bankensystem Äthiopiens (gemessen beispielsweise am Wert seiner Aktiva) ist etwas kleiner als das von Bethesda, Maryland, einem Vorort von Washington mit etwa 55000 Einwohnern.

Der IWF verlangte, dass Äthiopien nicht nur seine Finanzmärkte für die westliche Konkurrenz öffnen, sondern auch seine größte Bank in mehrere Teile zerschlagen sollte. In einer Welt, in der gewaltige amerikanische Finanzkonzerne wie Citybank und Travelers oder Manufactures Hanover und Chemical erklären, sie müssten fusionieren, um im Wettbewerb bestehen zu können, hat eine Bank von der Größe der North-East-Bethesda-Sparkasse keine Chance, sich im Wettbewerb zu behaupten. Wenn globale Finanzinstitute in einem Land geschäftlich aktiv werden, können sie die heimische Konkurrenz ausschalten. Und wenn sie dann in einem Land wie Äthiopien den einheimischen Banken Kunden abjagen, sind sie bei der Vergabe von Krediten an multinationale Konzerne sehr viel engagierter und großzügiger als bei der Kreditgewährung an mittelständische Betriebe und Landwirte.

Der IWF wollte mehr tun, als bloß das Bankensystem für die ausländische Konkurrenz zu öffnen. Er wollte das Finanzsystem durch den Aufbau eines Auktionsmarkts für Schatzwechsel des äthiopischen Staates »stärken« – eine Reform, die, mochte sie auch in vielen Ländern wünschenswert sein, dem Entwicklungsniveau des Landes völlig unangemessen war. Zudem forderte der IWF, dass Äthiopien seinen Finanzmarkt »liberalisiert«, das heißt, die Höhe der Zinsen vom freien Spiel der Marktkräfte bestimmen ließ – etwas, das die Vereinigten Staaten und Westeuropa erst nach 1970 taten, als ihre Märkte und die erforderlichen rechtlichen Rahmenbedingungen sehr viel weiter entwickelt waren.

Der IWF verwechselte einmal mehr Mittel und Zweck. Eines der Hauptziele eines funktionstüchtigen Bankensystems ist die Bereitstellung von Krediten. In einem weitgehend agrarwirtschaftlich geprägten Land wie Äthiopien ist es wichtig, dass tüchtige Bauern für den Kauf von Saatgut und Dünger Kredite zu annehmbaren Konditionen erhalten können. Das äthiopische Bankensystem leistete dies auf recht effiziente Weise. Tatsächlich war die Differenz zwischen Sollzinsen und Habenzinsen sehr viel geringer als in anderen Entwicklungsländern, die dem Rat des IWF gefolgt waren. Für den IWF aber war ein liberalisiertes Finanzsystem ein Ziel an sich. Aufgrund seiner naiven Marktgläubigkeit erwartete er, dass ein liberalisiertes Finanzsystem mit starkem Wettbewerb zwischen den Banken zu sinkenden Kreditzinsen und damit zu einer Ausweitung des Kreditangebots führen würde. Der IWF war so fest von seiner dogmatischen Position überzeugt, dass er sich kaum um praktische Erfahrungen scherte.

Auslandshilfe, die es bekommt, in Entwicklungsprojekte investieren dürfte«

Äthiopien widerstand aus gutem Grund der Forderung des IWF, sein Bankensystem zu »öffnen«. Die Regierung hatte gesehen, was geschehen war, als eines der ostafrikanischen Nachbarländer den Forderungen des IWF nachgekommen war: Die Zinsen stiegen, und Landwirte, die immer stark von Krediten abhängig sind, wurden schwer getroffen. Die äthiopische Regierung war daher verständlicherweise auf der Hut. Da sie den Lebensstandard ihrer Bürger im landwirtschaftlichen Sektor verbessern wollte, befürchtete sie, die Liberalisierung würde sich verheerend auf die armen Bauern auswirken, die sich kein Saatgut und keinen Dünger mehr leisten könnten, da sie an keine billigen Kredite mehr kämen. Äthiopien ist ein Land, das immer wieder von Dürren heimgesucht wird, die schwere Hungersnöte auslösen.

Als die Äthiopier den Forderungen des IWF nicht nachkamen, behauptete dieser, die Regierung meine es mit ihren Reformen nicht ernst, und setzte sein Hilfsprogramm aus. Glücklicherweise gelang es mir und anderen Volkswirten der Weltbank, die Verwaltungsspitze des Fonds davon zu überzeugen, dass die Gewährung weiterer Kredite an Äthiopien ökonomisch sinnvoll ist: Es war ein Land, das dringend Hilfe brauchte, mit erstklassigen wirtschaftlichen Rahmenbedingungen und einer redlichen Regierung, die sich ernsthaft darum bemühte, die Not der Armen zu lindern.

Es wäre an der Zeit, auch einmal die Leistungsfähigkeit der internationalen Wirtschaftsinstitutionen zu »bewerten« und einige ihrer Hilfsprogramme daraufhin zu prüfen, wie effizient oder ineffizient sie Wachstum gefördert und Armut verringert haben.

Aus: Joseph E. Stiglitz, *Im Schatten der Globalisierung*, München (Goldmann) 2004.

# Herrenmenschen

## Die Ankunft der Europäer

Heinrich der Seefahrer hatte als vierter Sohn des portugiesischen Königs Johann I. kaum Aussichten auf den Thron. Zum Ausgleich dafür gönnte er sich ein Hobby: die Seefahrt. Ab dem 15. Jahrhundert kontrollierten die Portugiesen den Handel zunächst an der West- und nach 1500 auch an der Ostküste Afrikas und gründeten dafür erste Stützpunkte. Im 17. Jahrhundert folgten Engländer, Franzosen und Holländer. Ihr aller Hauptinteresse galt einem Wirtschaftsgut: Sklaven.

Schon bald sollte diese besondere Art des Handels nicht nur die afrikanische Wirtschaft umwälzen, sondern auch die Politik. Es war keineswegs so, dass sich europäische Herrenmenschen selbst in den Busch oder den Dschungel begaben, um dort auf Menschenfang zu gehen. Im Gegenteil, die Europäer mieden das malariaverseuchte Landesinnere. Sie schalteten lieber afrikanische Zwischenhändler ein, die sie keineswegs nur mit den geradezu sprichwörtlichen Glasperlen, sondern insbesondere auch mit Schusswaffen entlohnten.

Entlang der Küste entstanden in der Folge bald schon neue Königreiche – Ashanti im heutigen Ghana etwa oder Dahomey, das heutige Benin –, deren Macht und Einkommen wie bei den früheren afrikanischen Reichen darauf basierte, dass sie den Handel kontrollierten, in diesem Fall den Handel mit Sklaven. Gegen ihre Feinde kamen ihnen bei Bedarf ihre europäischen Handelspartner zu Hilfe. Auch länger bestehende afrikanische Staaten, darunter das im heutigen Nigeria liegende alte Benin, machten bei dem lukrativen neuen Geschäft mit und brachten es dadurch zu einer neuen kulturellen Blüte, von der noch zahlreiche kunstvolle Plastiken zeugen.

Laut Schätzungen wurden 11 bis 15 Millionen Afrikaner von Europäern in die Sklaverei verschleppt. Hinzu kommen noch Millionen Opfer des lange florierenden arabischen Sklavenhandels. 1807 verbot dann England als erste europäische Macht den transatlantischen Sklavenhandel auf britischen Schiffen, 1815 verkündete Napoleon für Frankreich ein entsprechendes Verbot. Doch erst 1833 wurde die Sklaverei im britischen und 1848 im französischen Kolonialreich abgeschafft. Die Industrielle Revolution und die Erfindung des im Marx'schen Sinne »doppelt freien« Lohnarbeiters machte die Sklavenwirtschaft obsolet. 1847 riefen freigelassene Sklaven aus den USA in Liberia eine unabhängige Republik aus. Doch England und Frankreich verhinderten nur den Sklavenhandel nördlich des Äquators; südlich davon machte Portugal munter weiter. Erst 1888 wurde in Brasilien die Sklaverei abgeschafft.

Nicht auf die Menschen, sondern auf die Ländereien und Rohstoffe Afrikas hatten die Europäer es nun abgesehen. Die ehemaligen Sklaven-Zwischenhändler versuchten noch eine Weile, den Handel mit ihren europäischen Partnern, der ihre Machtbasis sicherte, mit anderen Produkten, insbesondere mit Palmöl für die Seifen- und Kerzenherstellung aufrechtzuerhalten. Doch das Geschäft war längst nicht so lukrativ, Konkurrenz und Konflikte nahmen zu, europäische Strafexpeditionen folgten. Immer weiter wagten sich die Europäer ins Landesinnere vor: Das 1820 entwickelte Chinin zur Behandlung der Malaria machte es möglich.

Da hatten Weiße anderswo in Afrika schon längst Fuß gefasst: am Kap der Guten Hoffnung. Hier wurde 1652 nicht nur eine Faktorei der niederländischen Vereinigten Ostindischen Kompanie gegründet, sondern es kamen erstmals auch Siedler mit an Land, um Vorräte für die Versorgung der Handelsschiffe direkt vor Ort zu produzieren. 1815 fiel Südafrika an England und wurde später zum Dominion, also zum selbstverwalteten Teil des britischen Empire.
**LIEB**

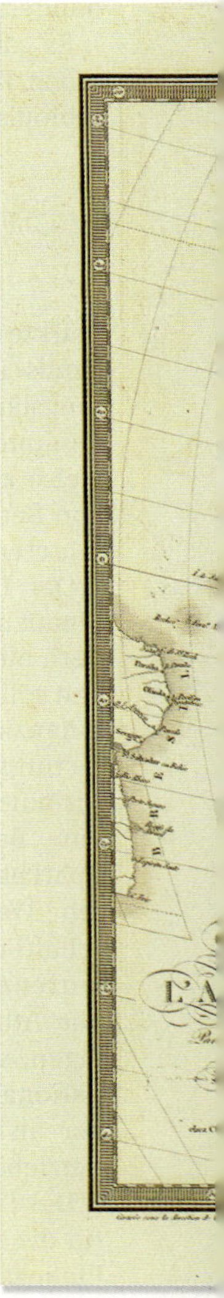

# 3.

**KAPITEL**

»Carte de l'Afrique • par A. H. Brué.« (1820) BILD: LIBRARY OF CONGRESS GEOGRAPHY AND MAP DIVISION

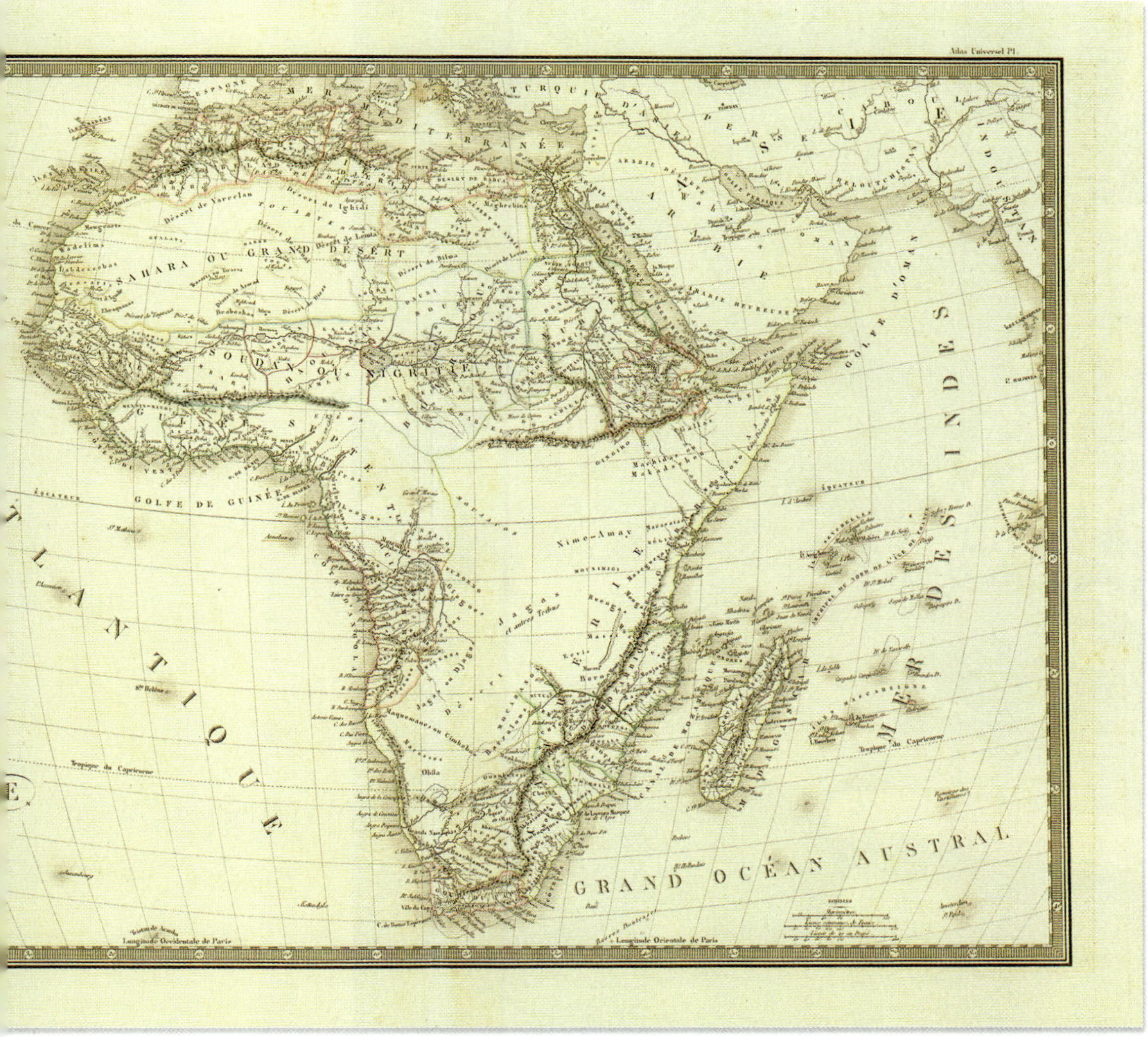


# Neokolonialismus

USA
IS
BETTER
DECIDER DE
NOTRE AVENIR
SANS NOUS,
FOUTAISE

# Postkoloniale Entkolonialisierung

Die antifranzösischen Ausschreitungen in der Elfenbeinküste zeigten, dass die alte Kolonialmacht in ihrem Hinterhof »Françafrique« nicht mehr nach Belieben schalten und walten kann

**Von Boubacar Boris Diop** Senegalesischer Schriftsteller, schrieb u. a. den Ruanda-Roman *Murambi, le livre des ossements,* Paris (Edition Stock) 2000.

Angeblich ist die Kultur der Gewalt in Afrika tief verwurzelt. Ausgehend von dieser weit verbreiteten, aber nie wirklich als Theorie formulierten Annahme werden die Machtkämpfe auf dem afrikanischen Kontinent rassistisch gedeutet – nicht als politische Auseinandersetzungen, sondern als Ausdruck uralter Feindschaften zwischen den Völkern.

Solche Klischees fehlten auch in der Berichterstattung über den Konflikt in der Elfenbeinküste nicht. Im September 2002, zwei Wochen nach Beginn der Rebellion von Teilen der Armee gegen die Regierung, machte der damalige französische Außenminister Dominique de Villepin den Parlamentariern seines Landes klar, was sie von der Krise zu halten hätten: Es seien »die üblichen Faktoren im Spiel. Die Elfenbeinküste ist ein Flickenteppich aus Ethnien und Religionen, mit einer deutlichen Rivalität zwischen dem Norden und dem Süden. Seit dem Tod von Houphouët-Boigny[1] herrscht Aufruhr.« Was in der Kurzfassung nichts anderes heißt als: »Meine Damen und Herren, es ist immer dasselbe mit unserem guten alten afrikanischen Saustall.«

Natürlich darf man die Verheerungen des ethnisch bestimmten Diskurses in der Elfenbeinküste nicht herunterspielen,[2] aber man sollte sich auch nicht ausschließlich von dieser Seite des Konflikts faszinieren lassen, so spektakulär und verurteilenswert sie sein mag. Wer den frankoafrikanischen Aspekt außer Acht lässt, wird das Problem kaum verstehen. Die Elfenbeinküste ist nämlich nicht deshalb in die Krise geraten, weil die Dioula und die Bété und andere Ethnien plötzlich nicht mehr zusammenleben wollten. Tatsächlich spielt Paris, auch wenn es zunächst nicht danach aussieht, immer noch die entscheidende Rolle.

Französische Firmen stellen ein Drittel der Auslandsinvestitionen in der ehemaligen Kolonie und 30 Prozent des ivorischen Bruttoinlandsprodukts (BIP).[3] Seit 1960 haben sich diese Unternehmen mit Hilfe erpresster und erkaufter Verträge 75 Prozent der Produktion des Landes unter den Nagel gerissen. In der Elfenbeinküste ist die gesamte Infrastruktur – Wasser, Strom, Verkehrswesen, Telekommunikation – fest in der Hand von Firmen wie dem internationalen Wasserversorger Saur, dem Telekommunikations- und Baumulti Bouygues, der EDF (Electricité de France) und dem Mobilfunkbetreiber Orange. Den Bankensektor kontrollieren die drei französischen Großbanken Société Generale, BNP (Banque nationale de Paris) und Crédit Lyonnais.

1994 unternahm der von Felix Houphouët-Boigny zum Nachfolger bestimmte Präsident Henri Konan Bédié den Versuch, der wirtschaftlichen Dominanz Frankreichs durch die Vergabe von Exportverträgen für Kaffee und Kakao an amerikanische Großunternehmen und von Offshore-Erkundungsrechten an die US-Ölfirma Vanco entgegenzuwirken. Doch Bédié wurde Ende Dezember 1999 durch einen Putsch aus dem Amt gejagt. Auch Laurent Gbagbo, Staatspräsident seit 2000, hat versucht, sich aus dem Würgegriff der französischen Unternehmen zu befreien. Die Regierung öffnete den Markt für internationale Anbieter und ließ die Bauprojekte für die dritte Brücke in Abidjan und den Flughafen in San Pedro ausschreiben. Doch als in Jacqueville bei Abidjan beträchtliche neue Ölvorkommen gefunden wurden, wurde Gbagbo – der im Verdacht stand, die politische Annäherung an die Vereinigten Staaten zu suchen – so sehr unter Druck gesetzt, dass er Ende 2004 nachgab und eine Reihe neuer Verträge mit französischen Firmen unterschrieb.[4]

Von alldem erfährt die Öffentlichkeit kaum etwas. Auch Intellektuelle aus einigen afrikanischen Ländern beschränken sich darauf, in die Kampagne gegen den Präsidenten einzustimmen. Tatsächlich steht außer Zweifel, dass die Elfenbeinküste unter Laurent Gbagbo zu einem gefährlichen Ort für Ausländer, Journalisten und Regimegegner geworden ist. Zumindest einigen Ivorern kann man nicht weismachen, ihr Präsident sei ein romantischer Held, gekommen, um ihnen die Freiheit zu bringen. Gbagbo ist nur ein abgebrühter, hartnäckiger und manchmal geschickt agierender Politiker, der die Lage zu seinen Gunsten wenden konnte, weil er mehr Courage an den Tag legte als die meisten seiner Amtskollegen in Afrika.

Im März 2004 wurde ein friedlicher Protestmarsch gewaltsam aufgelöst. 120 Tote gab es dabei nach Angaben der Vereinten Nationen, die dem Regime schwere Menschenrechtsverletzungen vorwarfen. Am 4. November 2004 gingen die Büros der Demokratischen Partei der

**1** Félix Houphouët-Boigny war von 1960 bis 1993 Präsident der Elfenbeinküste.
**2** Siehe Colette Braeckman, »Drei Rivalen und eine Schutzmacht«, *Le Monde diplomatique,* September 2004.
**3** Siehe Bernard Ahua, »La France se taille la part du lion dans l'économie ivoirienne«, *Manière de voir,* Nr. 79 (»Résistances africaines«), Januar/Februar 2005.
**4** Mit Bouygues zur Renovierung des Container-Terminals im Hafen von Abidjan und mit der Société de distribution d'eau, Tochtergesellschaft von Saur, die die Konzession für die Trinkwasserversorgung bis 2007 erhielt.

Anhänger von Präsident Laurent Gbagbo bei einer Protestaktion in der Nähe der US-Botschaft in Abidjan im Januar 2003.
BILD: LUC GNAGO | REUTERS

Elfenbeinküste (PDCI) und des Republikanischen Bündnisses (RDR) in Flammen auf, ebenso die Redaktionsräume dreier regimekritischer Zeitungen. Kurz darauf wurde auch die Zentrale der Rebellenorganisation Forces Nouvelles (FN) in Bouaké angegriffen. Inzwischen haben Todesschwadronen eine Serie von Lynchmorden begangen. Dennoch hat man den Eindruck, dass die Empörung darüber etwas einseitig ist. Gbagbo scheint nicht zuletzt deshalb in die Kritik geraten zu sein, weil er die Interessen einer westlichen Nation verletzt hat.

Mit den Unruhen vom November 2004 schien sich die öffentliche Wahrnehmung des Konflikts allerdings deutlich zu verändern. Nie zuvor in den vierzig Jahren postkolonialer Kumpanei in Afrika war das Leben so vieler französischer Bürger in Gefahr. Damit, dass die Afrikaner sich gegenseitig umbringen, hatte man sich abgefunden. Nun sah man verzweifelte und in Tränen aufgelöste Franzosen am Flughafen Roissy ankommen. Darüber geriet fast in Vergessenheit, dass französische Soldaten ivorische Zivilisten in deren eigenem Land getötet haben; und dass ein ausländischer Staatschef – Jacques Chirac – den Befehl gegeben hatte, sämtliche Kampfflugzeuge eines souveränen Staates zu zerstören, nur um 15 000 seiner Landsleute zu beruhigen und um den Tod von neun Soldaten zu rächen.

Selbst die größten Skeptiker müssen inzwischen zugeben, dass Frankreich bei den Kämpfen um die Macht in seinen früheren Kolonien eine wichtige Rolle spielt. Paris war stets darauf bedacht, im Hintergrund die Fäden zu ziehen. Nach den Ereignissen vom November 2004 muss man nun mit offenem Visier antreten. Es ist tragisch, dass französische Bürger, die für die Politik ihrer Regierung nicht verantwortlich sind, für eine Klärung der Verhältnisse einen so hohen Preis bezahlen mussten. Die Afrikaner dagegen sahen die französische Führung erstmals in »des Kaisers neuen Kleidern«: Auch durch ein massives militärisches Aufgebot vermochte Frankreich die Sicherheit seiner Bürger in seinem vermeintlichen Hinterhof nicht zu garantieren.

Militärisch waren die kurzen Gefechte zwischen den Nationalen Streitkräften der Elfenbeinküste (Fanci) und französischen Truppen der Operation »Licorne« (Einhorn) am 7. November 2004, mit denen Frankreich die Ausschreitungen in Abidjan beenden wollte, nicht weiter wichtig. Doch ihre symbolische Bedeutung für die Afrikaner darf man nicht unterschätzen. Die Truppen der Operation Licorne galten, obwohl sie mit einem Mandat des UN-Sicherheitsrats kamen, bereits vorher als Besatzer. Ihre brutale Vergeltungsaktion am 7. November bestätigte diesen Eindruck. Auch die übrigen Klientenstaaten in Frankreichs Hinterhof sahen darin ein deutliches Signal an ihre Adresse.

Bereits im Januar 2003 hatte das afrikanische Sozialforum in Addis Abeba gewarnt: »Wenn Frankreich nicht mit seinem Großmachtdenken aufhört, ist in den kommenden Jahren mit zahlreichen weiteren militärischen Interventionen auf dem Kontinent zu rechnen. Dies werden die Afrikaner nicht hinnehmen. Angesichts des Völkermords in Ruanda 1994, des Bürgerkriegs im Kongo und der Konflikte in Zentralafrika und der Elfenbeinküste ist es dringend notwendig, dass die frankofonen Staaten Afrikas ihr Verhältnis zur ehemaligen Kolonialmacht überdenken.«

Auch die französischen Wähler sollten sich durch die jüngsten Entwicklungen in der ivorischen Krise veranlasst fühlen zu fragen: Was macht eigentlich unsere Armee in der Elfenbeinküste? Der französische Durch-

## Der ivorische Bürgerkrieg

Der Bürgerkrieg in der Elfenbeinküste begann im September 2002 mit dem Aufstand von Teilen der Armee gegen die Regierung. In Abidjan wurden die Aufständischen mit Hilfe der französischen Armee zurückgeschlagen, doch gelang es ihnen, die Kontrolle über den Norden des Landes zu übernehmen. Ein im Oktober 2002 unterzeichnetes Waffenstillstandsabkommen wurde schnell gebrochen, vor allem nachdem von Liberia aus neue Rebellengruppen einfielen.

Unter französischer Vermittlung wurde im Januar 2003 in Linas-Marcoussis bei Paris ein Abkommen geschlossen, dem zufolge Präsident Laurent Gbagbo bis zu Neuwahlen im Amt bleiben sollte, während die Rebellen das Innen- und Verteidigungsressort übernehmen sollten. Friedenstruppen aus Frankreich und den Staaten der Westafrikanischen Wirtschaftsgemeinschaft (Ecowas) sollten weitere Kämpfe verhindern. 2004 wurden Blauhelme in der »Vertrauenszone« zwischen den von Regierung und Rebellen kontrollierten Gebieten stationiert.

Im März 2004 kam es zu Gewaltausbrüchen in Reaktion auf die Unterdrückung einer Demonstration gegen Präsident Gbagbo, die zum Platzen der Regierung der nationalen Einheit führte. Im November wurden nach schweren antifranzösischen Ausschreitungen Tausende Ausländer aus der Elfenbeinküste evakuiert.

Auf Vermittlung des damaligen südafrikanischen Präsidenten Thabo Mbeki hin verkündeten die Konfliktparteien im April 2005 das offizielle Ende des Bürgerkriegs. Die versprochenen Wahlen fanden jedoch genauso wenig statt wie die Entwaffnung der Milizen.

Im März 2007 unterzeichneten Regierung und Rebellen in Burkina Faso das Abkommen von Ouagadougou, das unter anderem detaillierte Regelungen über die umstrittenen Wählerlisten und das Ausstellen von Ausweisen an bisher papierlose Ivorer enthält. Rebellenführer Guillaume Soro wurde Premierminister unter Gbagbo. Die für November 2008 vorgesehenen Neuwahlen wurden wenige Wochen vor dem geplanten Termin verschoben; ein neuer Termin wurde nicht genannt **LIEB** schnittsbürger scheint tatsächlich zu glauben, dass sich die 3800 Soldaten nur aus hehren Gründen in der Elfenbeinküste befinden: Ohne sie würden die Ivorer, denen das Buschmesser allzu locker sitzt, ihr eigenes Land zerstören. Man verweist auch gern auf den Fall Ruanda – ohne freilich die Mitschuld Frankreichs am Völkermord von 1994 zu thematisieren.[5] Die Einsatzkräfte der Operation Licorne sind jedoch nicht aus lauter Friedensliebe dreimal so stark wie die von der Wirtschaftsgemeinschaft Westafrikanischer Staaten (Ecowas) entsandten. Der französischen Regierung und einer Reihe multinationaler Unternehmen liegt sehr viel an der Elfenbeinküste. Paris will im Spiel bleiben, und diese Truppe ist der Trumpf. Opfer, auch französische, werden in Kauf genommen.

In den früheren Kolonien hatten die französischen Regierungen, der Rechten wie der Linken, schon immer freie Hand. Politisch motivierte Mordanschläge, Unterstützung blutiger Diktaturen und Plünderung der wirtschaftlichen Reichtümer waren kein Problem. Bislang geschah das im Verborgenen. Die Schießereien vom November 2004 waren für alle zu sehen. In der Elfenbeinküste tauchten antifranzösische Ressentiments aber nicht erst im November 2004 auf. Es gab seit langem deutliche Signale, die man offenbar nicht verstehen wollte: die Überfälle auf das Gymnasium Jean Mermoz und das französische Kulturzentrum im Mai 2004 etwa, der Mord an Jean Hélène, einem Journalisten von Radio France International (RFI), im Oktober 2003 und die wiederholten Aufmärsche vor der Botschaft und dem Standort des 43. Bataillons der Marineinfanterie.

Begonnen hatten die Probleme schon mit dem am 24. Januar 2003 geschlossenen Friedensabkommen von Linas-Marcoussis. Die französische Regierung hatte die Schirmherrschaft über die Verhandlungen übernommen und es dabei – zumindest in der Form – an Takt fehlen lassen. Die gesamte politische Elite eines souveränen Staates in eine Sporthalle eines Pariser Vororts zu zitieren und die Leitung einem einfachen städtischen Beamten zu übertragen konnte nur als Arroganz empfunden werden. Und welcher Staatschef wäre nicht empört, wenn im Rahmen offizieller Friedensverhandlungen im Ausland einfach ein neuer Ministerpräsident ernannt würde (auch wenn er wie Seydou Diarra als neutral und allgemein respektiert gilt) und ihm Anführer eines bewaffneten Aufstands als Minister für das Innen- und Verteidigungsressort aufgezwungen würden?

Seither haben immer neue Peinlichkeiten gezeigt, dass Paris auf die nationale Selbstachtung der Ivorer keine Rücksicht nimmt. So erklärte Außenminister Villepin unmittelbar nach einer Zusammenkunft mit Laurent Gbagbo: »Ich habe den Präsidenten aufgefordert, die Söldner nach Hause zu schicken und seine Luftwaffe am Boden zu lassen.« Ein französischer Journalist übersetzte das locker in die Überschrift: »Villepin zieht Gbagbo die Ohren lang«.

Für die Franzosen in der Elfenbeinküste hatten diese Provokationen katastrophale Folgen. Sie konnten sich nur schwer damit abfinden, künftig in ihrer zweiten Heimat in Angst und Schrecken zu leben, und fragten sich natürlich: Warum das alles? In »normalen« Zeiten wäre Gbagbo liquidiert oder durch einen gut eingefädelten Putsch geschasst worden. Doch diese Option birgt inzwischen gewisse Risiken. Kann es sein, dass die Probleme mit Abidjan bereits das Ende des alten »Françafrique« einläuten? Das zu glauben wäre ziemlich naiv. Aber Revolten dieser Art können auch in anderen ehemaligen französischen Kolonien jederzeit auftreten.

**Aus dem Französischen von Edgar Peinelt**

**5** Siehe *L'horreur qui nous prend au visage. L'État français et le génocide au Rwanda*, hrg. von Laure Coret und François-Xavier Verschave, Paris (Karthala) 2005.

Erstmals erschienen in *Le Monde diplomatique* vom März 2005.

# Fünf Methoden, sich unbeliebt zu machen

Wie die Grande Nation ihre Sonderstellung im frankofonen Afrika verspielt

**Von Delphine Lecoutre und Admore Mupoki Kambudzi***

*Delphine Lecoutre ist Mitglied des Institut d'études éthiopiennes an der Universität Addis Abeba und des Centre français des études éthiopiennes, ebenfalls in Addis Abeba. Admore Mupoki Kambudzi ist Politikexperte bei der Kommission der Afrikanischen Union in Addis Abeba und Dozent an der Universität Simbabwe in Harare. Die Autoren geben hier ihre persönliche Meinung wieder.

»Das französische Imperium in Afrika ist am Ende«, konstatierte schon 1997 das *Wall Street Journal.*[1] 2001 titelte *Jeune Afrique:* »Frankreich lässt Afrika fallen«,[2] und 2005 bedauerte der französische *Figaro* stellvertretend für die ganze Nation: »Paris kann nicht mithalten«.[3] Laurent Gbagbo, der Staatspräsident der Elfenbeinküste, präsentiert sich als Wortführer einer neuen Elite, die mit dem französischen »Diktat«[4] brechen will. In Togo und im Tschad attackierte die politische Opposition die Unterstützung Frankreichs für die autoritären Regime ihrer Länder. Nicht zuletzt die Verwicklung der französischen Regierung in den Völkermord in Ruanda trug stark dazu bei, dass Frankreichs Image in Afrika nicht mehr das ist, was es einst war.[5]

Es gibt mehrere Gründe, warum Frankreich seine Sonderstellung auf dem Kontinent seit dem Ende des Kalten Krieges mehr und mehr einbüßt. Das Problem ist nämlich nicht nur, dass die Generation der Afrikaner, die sich Frankreich und der französischen Kultur historisch eng verbunden fühlen, langsam ausstirbt.

Erstens hat die restriktive Einwanderungspolitik Frankreichs seit Beginn der Neunzigerjahre die Afrikaner zutiefst aufgebracht. Sie haben es satt, demütig in langen Schlangen vor französischen Konsulaten zu warten und wie Vieh behandelt zu werden. Das im November 2007 verabschiedete neue Einwanderungsgesetz, das unter anderem Gentests für die Familienzusammenführung vorsieht, hat dieses Gefühl nur noch verstärkt.

Ohnehin haben junge Afrikaner in Frankreich äußerst geringe Erfolgsaussichten. Ganz anders in den USA und Kanada, wo es manche frankophonen Afrikaner weit gebracht haben: der Astrophysiker Cheick Modibo Diarra aus Mali etwa, der bei der Nasa Leiter des Marsforschungsprogramms wurde und seit 2006 im Vorstand von Microsoft für Afrika zuständig ist. Frankophone Studenten wandern massenhaft nach Kanada und in die Vereinigten Staaten aus. 35 Prozent der amerikanischen Greencard-Visa entfallen auf Afrikaner. Die meisten neuen afrikanischen Führungskräfte finden sich in der globalisierten Welt gut zurecht. Im Zuge einer allgemeinen Anglo-

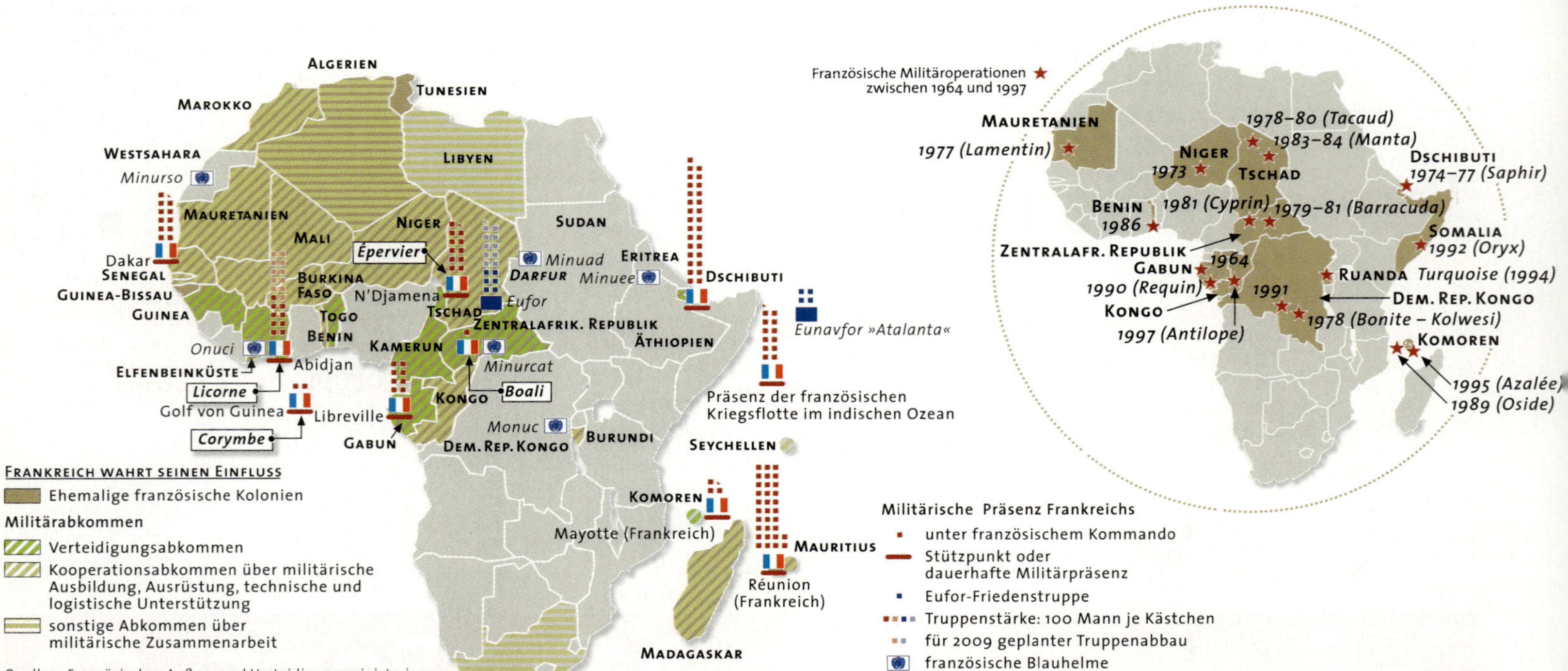


Quellen: Französisches Außen- und Verteidigungsministerium. *Défense et Sécurité nationale. Le Livre blanc,* Paris, Odile Jacob/La Documentation française, 2008. UNO.

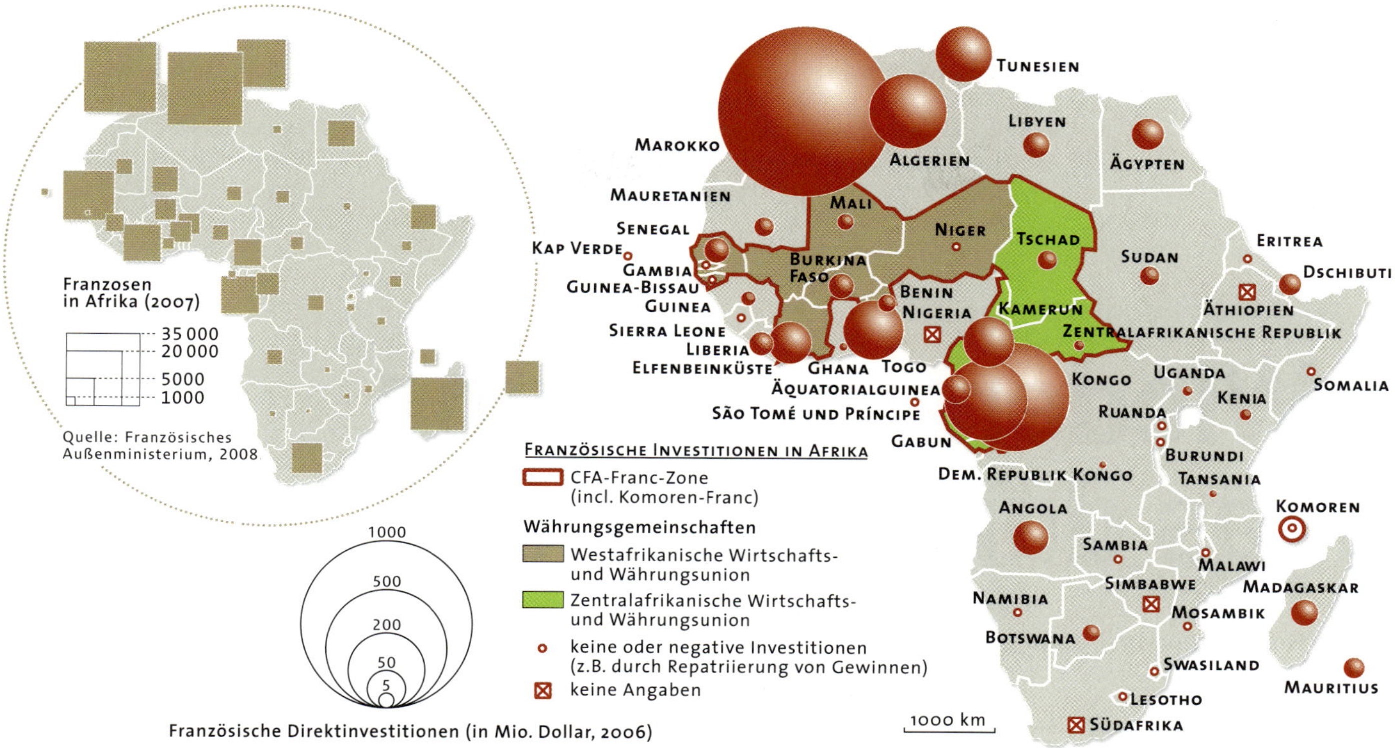

Quellen: *World Investment Directory 2008, Volume X, Africa*, UN Conference on Trade and Development (UNCATD), 2008. Französische Zentralbank.

phonisierung der afrikanischen Führungskräfte kommt es sogar immer häufiger vor, dass junge, frankophone Minister wie der senegalesische Außenminister Cheikh Tidiane Gadio ihre Reden auf Englisch halten. *Quel horreur!*

Ein zweiter Grund ist, dass Frankreich im Ruf steht, die Diktatoren im frankophonen Raum bedingungslos zu unterstützen. Berühmte Beispiele hierfür waren in der Vergangenheit Jean Bédel Bokassa aus Zentralafrika, Joseph Mobutu aus dem früheren Zaire und Gnassingbé Eyadéma aus Togo. Im Interesse einer laut verkündeten internationalen Stabilität wird über die diktatorischen Herrschaftsverhältnisse in den jeweiligen Ländern nur zu gern hinweggesehen. Und im Interesse der großen französischen Firmen, die in Afrika investiert haben, redet Paris schlimme Verhältnisse allzu oft schön. Die Grande Nation spricht zwar von Menschenrechten, legt aber wenig Wert auf ihre Einhaltung. Immer mehr Regimegegner suchen die Unterstützung der Amerikaner – wie der 2004 nach nur zwei Monaten im Amt zurückgetretene Premierminister Guineas François Lonseny Fall.

Drittens sinken die Unterstützungsleistungen für Afrika, sowohl finanziell als auch was die Zahl der Berater und Experten angeht. So schrumpfte beispielsweise von 2006 auf 2007 die öffentliche Entwicklungshilfe an die Staaten südlich der Sahara um 66 Millionen US-Dollar. Auch die Budgets der Kulturinstitute, die in der Vergangenheit als Schaufenster der besonderen Beziehungen fungierten, wurden drastisch beschnitten.

Viertens registriert die örtliche Bevölkerung mit wachsendem Unwillen, dass die Ausbeutung der vorhandenen Rohstoffe – Erdöl in Gabun, Kongo, Kamerun und Tschad etwa, Hölzer in Gabun und Kamerun – keine ökonomische Entwicklung nach sich gezogen hat. Dass französische Firmen in Afrika seit Jahrzehnten hohe Gewinne erwirtschaften, sich die Lebensbedingungen der Bevölkerung aber nicht verbessern, erregt immer mehr Protest. Eine Diversifizierung der Wirtschaftspartner (China, Vereinigte Staaten, Japan) wird gefordert und zunehmend auch praktiziert. »Chirac Go Home. Welcome Bush« stand auf den Transparenten der Demonstranten in Abidjan im Herbst 2004 zu lesen.

Im Mittelpunkt des Unbehagens aber steht fünftens die Tatsache, dass Frankreichs Afrikapolitik keine eindeutige Linie verfolgt. Gewiss, 2002 erarbeitete Dominique de Villepin, damals Außenminister, einen »Fahrplan« für »eine Afrikanisierung der Afrikapolitik«. Doch all seine Beteuerungen – es gehe darum, nicht länger »anstelle der afrikanischen Regierung zu handeln, sondern sich im Gegenteil auf diese zu stützen« – vermochten den Paternalismus nicht zu verbergen. Frankreich setzt weiterhin ausschließlich auf Eliten und Institutionen, statt die Probleme »von unten« her anzugehen. Dabei ist längst deutlich geworden, dass die Organisationen der afrikanischen Bauern, Frauen, Handwerker und anderer Gruppen in wirtschaftlichen und gesellschaftlichen Zukunftsfragen ein Wörtchen mitreden wollen. Die Vereinigten Staaten und Großbritannien haben immerhin konkrete Strategien auf der Grundlage wohlverstandener Eigeninteressen – und bieten den afrikanischen Staaten Freihandelsabkommen unter dem African Growth and Opportunity Act (Agoa).[6]

Der Politologe Jean-François Bayart kommentierte die Entwicklung treffend: In jedem Fall, so sagt er, werde das »Bild Afrikas in zehn Jahren weder französisch noch britisch geprägt sein, sondern afrikanisch«.[7]

**Aus dem Französischen von Bodo Schulze**

**1** »The Fall of the French Empire«, *The Wall Street Journal*, 25. Mai 1997.
**2** *Jeune Afrique* 2098, Paris, 27. März bis 2. April 2001.
**3** »L'Afrique a mal à la France«, *Le Figaro*, 28. April 2005.
**4** Dazu Judith Rueff, *Côte d'Ivoire. Le feu au pré carré*, Paris (Autrement/Frontières) 2004.
**5** Laut einem im August 2008 veröffentlichten Bericht einer ruandischen Untersuchungskommission sollen französische Soldaten nicht nur an der Ausbildung von Hutu-Milizen beteiligt gewesen sein. Sie hätten auch selbst bei der Ermordung von Tutsi und gemäßigten Hutus mitgewirkt und überlebende Tutsi-Frauen vergewaltigt. Die Regierung in Paris hatte in der Vergangenheit »politische Irrtümer« eingeräumt.
**6** Dazu Demba Moussa Dembélé, »Les masques africains de M. Anthony Blair«, *Le Monde diplomatique*, November 2005.
**7** *Le Figaro*, 6. Juli 2005.

Stark gekürzte Fassung eines erstmals im Juni 2006 in *Le Monde diplomatique* erschienenen Textes.

# Die Wiederentdeckung Afrikas durch die USA

Die militärische Kooperation im Kampf gegen den Terrorismus hilft nebenher, die Ölquellen zu sichern

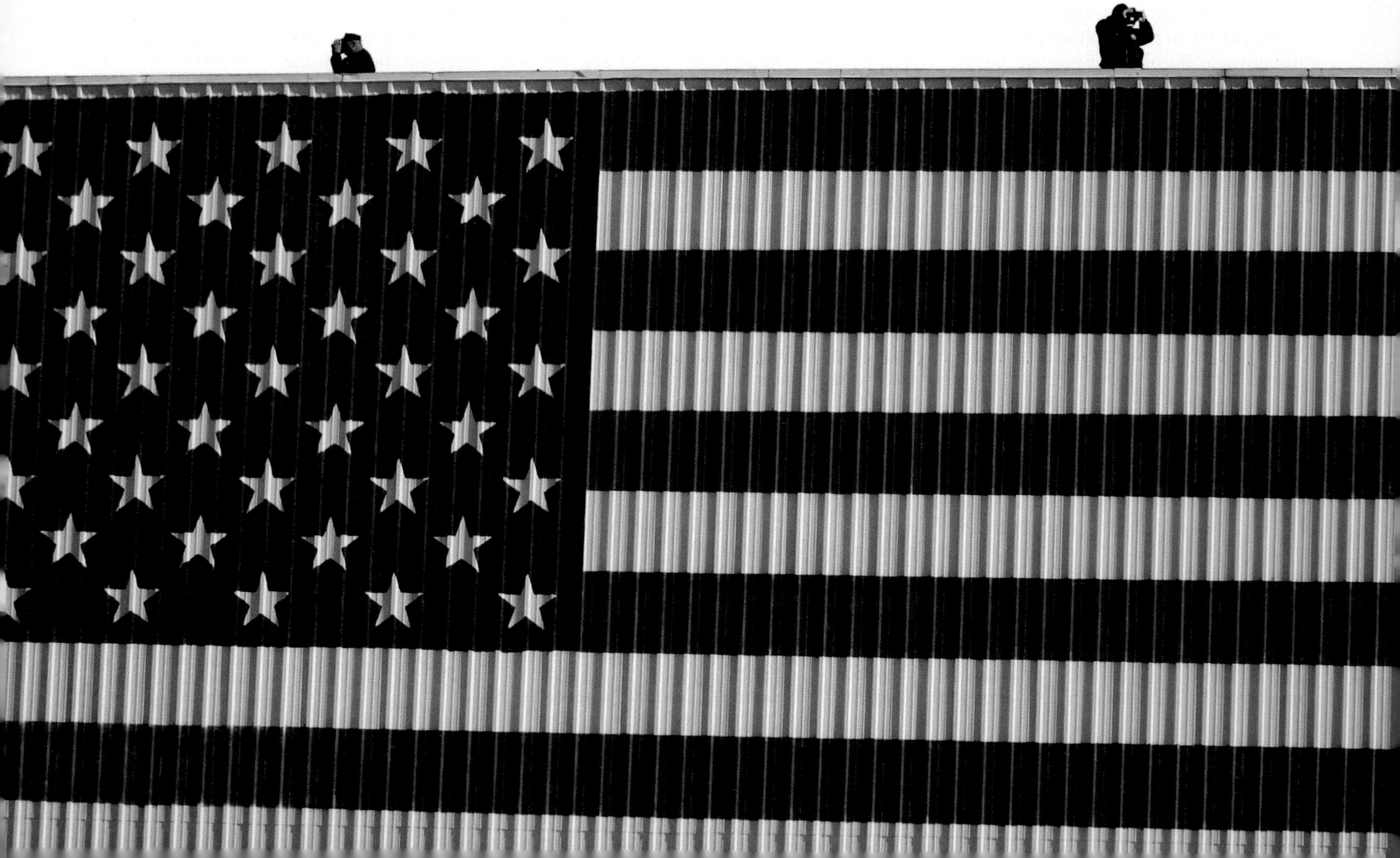

**Von Pierre Abramovici** Journalist, Autor von *Un rocher bien occupé* über Monaco im Faschismus, Paris (Seuil) 2001.

Die interne Konferenz, die am 23. und 24. März 2004 in der europäischen Kommandozentrale der US-Streitkräfte (Eucom) in Stuttgart stattfand, hatte die »militärische Kooperation im weltweiten Kampf gegen den Terrorismus« zum Thema. Das Ereignis wurde seinerzeit als »neuer Schritt« gefeiert, weil erstmals die Generalstabschefs aus acht afrikanischen Ländern teilnahmen: aus Tunesien, Mali, Mauretanien, Marokko, Niger, Senegal, Algerien und dem Tschad. Die Konferenz, von der kein Protokoll veröffentlicht wurde, beschäftigte sich auch mit zwei Konfliktgebieten: der Sahelzone und der Pufferregion zwischen dem Maghreb und Schwarzafrika, also den Ölfeldern im Norden des Kontinents und denen am Golf von Guinea.

Innerhalb weniger Jahre hat das politische und militärische Interesse der USA an Afrika deutlich zugenommen. Eine Reihe offizieller Besuche hat dies unterstrichen. Der damalige Außenminister Colin Powell schaute im September 2002 in Angola und Gabun vorbei. Im Juli 2003 folgten die Staatsbesuche von Präsident Bush in Senegal, Nigeria, Botswana, Uganda und Südafrika.[1]

Noch bedeutungsvoller ist die indirekte Beteiligung der USA im März 2004 an einer militärischen Operation, die vier Staaten der Sahelzone – Mali, Tschad, Niger und Algerien – gegen die Salafistische Gruppe für Predigt und Kampf (GSPC) durchführten. Die GSPC hatte Anfang 2003 durch die Entführung von 32 Touristen in der algerischen Sahara Schlagzeilen gemacht. Wie die Bewaffneten Islamischen Gruppen (GIA) gilt auch ihre Abspaltung GSPC den USA als Terrororganisation mit Verbindungen zu al-Qaida. Für Afrika war die gemeinsame Aktion der vier Staaten und vor allem die enge Kooperation der USA mit Algerien bei diesem Militärschlag etwas ganz Neues. Der Erfolg blieb nicht aus: Ende Mai 2004 meldete eine tschadische Untergrundorganisation[2] die Gefangennahme der »Nummer zwei« der GSPC, Amari Saifi (»El Para«), der Anfang Juni an Algerien ausgeliefert wurde. Und im Juni tötete die algerische Armee den GSPC-Führer Nabil Sahraoui.

Offiziell diente die Pan-Sahel-Initiative (PSI), ein 2003 gestartetes Militärhilfeprogramm, zur Unterstützung von Mali, Tschad, Niger und Mauretanien im Kampf »gegen Schmuggel, internationale Kriminalität und terroristische Bewegungen«. In diesem Rahmen wurden vom Luftwaffenstützpunkt Rota in Spanien über eine Luftbrücke innerhalb von zwei Wochen rund 250 Tonnen Ausrüstung und 350 Soldaten in die Region transportiert. Zuvor hatten Spezialkräfte des in Stuttgart stationierten Bataillons der 10th Special Forces Group begonnen, in Mali einen Teil der Streitkräfte auszubilden.

»Die Pan-Sahel-Initiative ist ein wichtiges Mittel im Kampf gegen den Terrorismus«, erklärte Victor Nelson, der im US-Verteidigungsministeriums für das PSI-Programm zuständig war. »In dieser Region, um die wir uns früher kaum gekümmert haben, hat sie viel bewirkt. Wir wissen seit langem, dass sich die Terroristen, wenn man sie wie in Afghanistan, Pakistan oder dem Irak in die Enge treibt, neue Operationsgebiete suchen, und dazu gehören eben der Maghreb und die Sahelzone.«[3] PSI wurde 2005 durch die Trans-Sahara Counterterrorism Initiative (TSCTI) ersetzt, die sich über zehn Länder vom Sahel bis zum Maghreb erstreckt.

In den nur neun Monaten zwischen Bushs Afrikabesuch 2003 und der Konferenz mit den Oberbefehlshabern in Stuttgart 2004 haben die USA sich in Afrika militärisch stärker engagiert als in der gesamten Zeit seit dem Ende des Kalten Kriegs. Washington beginnt offenbar zu begreifen, welch bedeutsame Rohstoffvorkommen der Kontinent zu bieten hat: Mangan für die Stahlerzeugung, Kobalt und Chrom für Leichtmetall-Legierungen vor allem in der Luftfahrtindustrie, Vanadium, Gold, Antimon, Fluor, Germanium und vieles mehr, darunter auch Industriediamanten. Zaire und Sambia verfügen über 50 Prozent der weltweiten Kobaltvorkommen, Südafrika und Simbabwe über 98 Prozent der Chromlagerstätten. In Südafrika finden sich überdies 90 Prozent der Weltvorräte an Platinmetallen: Platin, Palladium, Rhodium, Ruthenium, Iridium und Osmium. Und natürlich macht der unverminderte Bedarf an Rohöl auch Länder wie Angola oder Nigeria für die Vereinigten Staaten interessant.

Nach dem Abbruch der erfolglosen US-Intervention in Somalia, die von Dezember 1992 bis März 1994 gelaufen war, kehrte das politische Interesse der Vereinigten Staaten an Afrika erst wieder 1999 zurück, als Präsident Bill Clinton die Repräsentanten von acht regionalen Organisationen und 83 Minister afrikanischer Staaten nach Washington einlud. Das offizielle Ziel dieser Konferenz im März 1999 bestand darin, »die Partnerschaft zwischen den Vereinigten Staaten und Afrika zu stärken« und mit Blick auf das 21. Jahrhundert »zum beiderseitigen Nutzen die wirtschaftliche Entwicklung, den Handelsaustausch, Investitionen, politische Reformen und Wirtschaftswachstum zu fördern«[4]. Zwar wurden auch die al-Qaida zugeschriebenen Terrorattentate von 1998 auf die US-Botschaften in Nairobi und Daressalam besprochen. Aber das wichtigste Ergebnis dieser Konferenz lag wohl darin, dass im US-Kongress der African Growth and Opportunity Act (AGOA) auf den Weg gebracht wurde. Er erleichtert die Einfuhr von Produkten aus den Staaten südlich der Sahelzone in die USA.

Weniger öffentlich entstand seit Mitte der 1990er-Jahre ein System der Militärhilfe. 1996 rief das US-Außenministerium die African Crisis Response Force ins Leben, eine afrikanische Eingreiftruppe, die bald darauf durch die African Crisis Response Initiative (ACRI) abgelöst wurde.[5] Offiziell sollte die ACRI, die 2004 in einem Programm namens Africa Contingency Operations Training Assistance (Acota) aufging, Truppen für »friedenssichernde« und »humanitäre« Missionen ausbilden und

**1** Bush absolvierte im Februar 2008 eine weitere Afrikareise, die ihn nach Tansania, Benin, Ghana, Liberia und Ruanda führte. Die *New York Times* (»How Bush's Africa visit trumps China's foray, 21. Februar 2008) lobte, dass es sich diesmal explizit um einen Besuch bei demokratischen Musterländern handele und nicht nur bei besonders strategisch wichtigen oder rohstoffreichen Ländern.

**2** »Bewegung für Demokratie und Gerechtigkeit im Tschad« (MDJT) des Toubou-Stammes, wird von Libyen unterstützt. Siehe Jean-Philippe Rémy, »,El Para‹, le chef salafiste capturé ...«, *Le Monde,* 25. Mai 2004.

**3** Zitiert nach Jim Fisher-Thompson, »L'Initiative pan-Sahel encourage la coopération entre les pays du Sahel et du Maghreb«, *Washington File,* 26. März 2004, Internet: usinfo.state.gov/usinfo/products/washfile.html.

**4** US-amerikanisch-afrikanisches Ministertreffen: Partnerschaft für das 21. Jahrhundert. Konferenz in Washington, 16.–18. März 1999.

**5** Philippe Leymarie, »Die USA entdecken den vergessenen Kontinent«, *Le Monde diplomatique,* März 1998.

US-Sicherheitsbeamte mit Ferngläsern auf dem Dach eines Hangars.
BILD: JASON REED | REUTERS

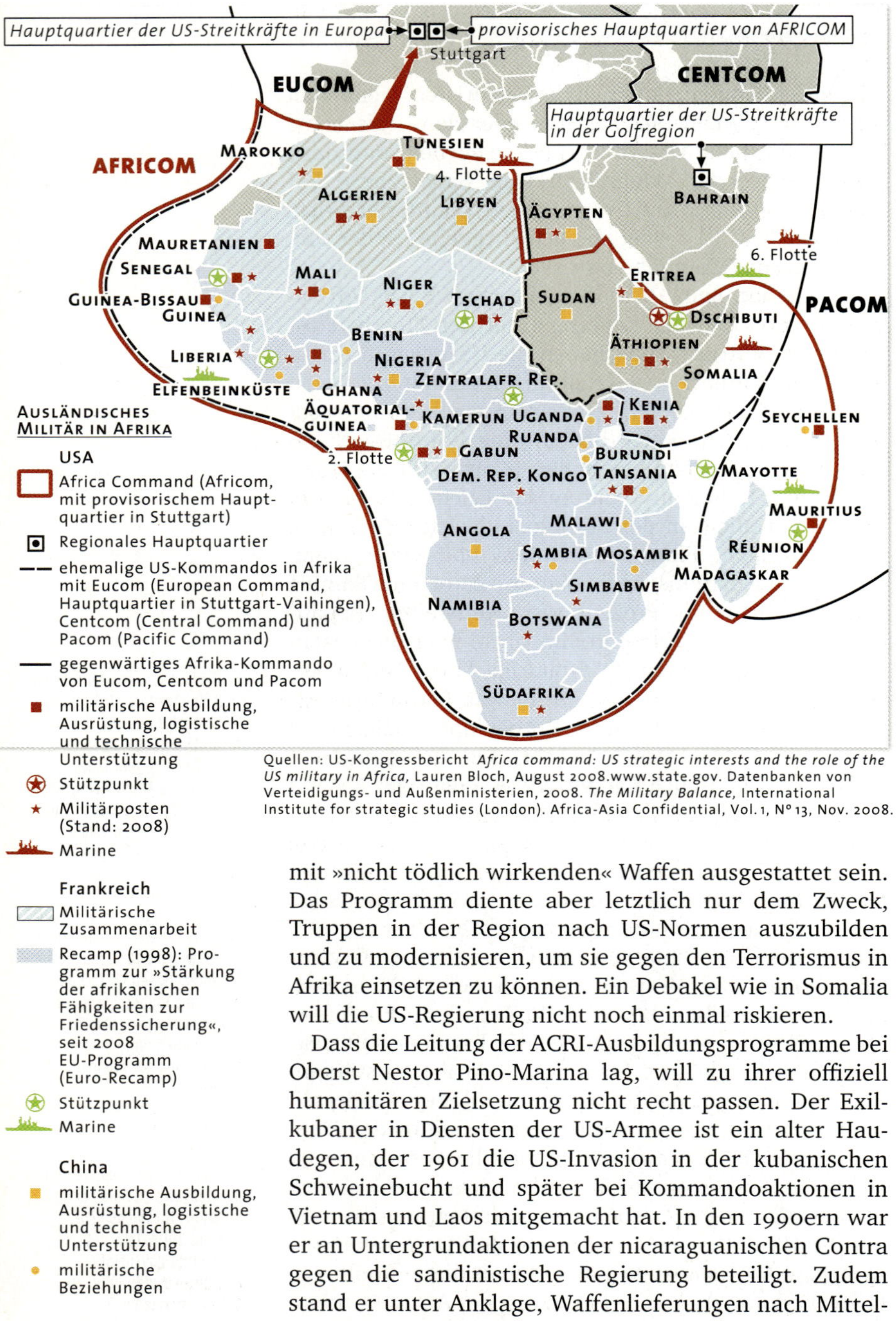


Quellen: US-Kongressbericht *Africa command: US strategic interests and the role of the US military in Africa*, Lauren Bloch, August 2008.www.state.gov. Datenbanken von Verteidigungs- und Außenministerien, 2008. *The Military Balance*, International Institute for strategic studies (London). Africa-Asia Confidential, Vol. 1, N° 13, Nov. 2008.

mit »nicht tödlich wirkenden« Waffen ausgestattet sein. Das Programm diente aber letztlich nur dem Zweck, Truppen in der Region nach US-Normen auszubilden und zu modernisieren, um sie gegen den Terrorismus in Afrika einsetzen zu können. Ein Debakel wie in Somalia will die US-Regierung nicht noch einmal riskieren.

Dass die Leitung der ACRI-Ausbildungsprogramme bei Oberst Nestor Pino-Marina lag, will zu ihrer offiziell humanitären Zielsetzung nicht recht passen. Der Exilkubaner in Diensten der US-Armee ist ein alter Haudegen, der 1961 die US-Invasion in der kubanischen Schweinebucht und später bei Kommandoaktionen in Vietnam und Laos mitgemacht hat. In den 1990ern war er an Untergrundaktionen der nicaraguanischen Contra gegen die sandinistische Regierung beteiligt. Zudem stand er unter Anklage, Waffenlieferungen nach Mittelamerika durch Drogengeschäfte finanziert zu haben.

Zu den Ausbildungszielen von Acota gehört neben »Friedenssicherung und humanitärer Hilfe« auch die Ausbildung für offensive Aufgaben und Missionen in »feindlicher« Umgebung, vor allem für die Infanterie und für kleine Einheiten nach dem Vorbild der Special Forces. Inzwischen werden die afrikanischen Militärpartner mit klassischen Angriffswaffen ausgerüstet. Zum Lieferumfang gehören Sturmgewehre, Maschinengewehre und Granatwerfer. In Washington ist denn auch nicht mehr von »nichttödlichen« Waffen die Rede, sondern vom »offensiven« Charakter der neuen Zusammenarbeit.

Als »unverzichtbar« gilt innerhalb des Acota-Programms die Zusammenarbeit mit den militärischen Ausbildungszentren des Joint Combined Arms Training System (JCATS), die ein hohes Qualifikationsniveau sicherstellen soll. Diese JCATS-Zentren – das erste funktioniert seit November 2003 in der nigerianischen Hauptstadt Abuja – werden von dem privaten Militär-Dienstleister MPRI betrieben. Dieser wird von ehemaligen US-Offizieren geleitet. Es verkauft seine Security-Dienstleistungen weltweit erfolgreich an viele Regierungen. Unter anderem wurden US-Truppen in Camp Doha von MPRI für den Häuserkampf im Irak ausgebildet.

Daneben gibt es noch ein Weiterbildungsprogramm für Offiziere namens International Military Education and Training (Imet). Die Kosten der Kurse für die sieben größten der 44 beteiligten Länder – Botswana, Äthiopien, Ghana, Kenia, Nigeria, Senegal und Südafrika – beliefen sich 2001 auf 8 Millionen, 2003 jedoch schon auf 11 Millionen Dollar. Und das Africa Regional Peacekeeping Program (ARP) sieht eine Ausbildung in Offensivtaktik und den Transfer von Militärtechnologie vor. In dieses Programm flossen allein von 2001 bis 2003 schätzungsweise knapp 100 Millionen Dollar.

Mali ist ein gutes Beispiel für die Strategie, die mit den seit Beginn der 1990er-Jahre unter der Ägide des Verteidigungsministeriums betriebenen Hilfsprogrammen verfolgt wird. Im Juli 2001 durchliefen im Rahmen von ACRI 400 senegalesische Soldaten eine Spezialausbildung in psychologischer Kriegführung. Dabei seien die »bei der Nato üblichen Konzepte vermittelt worden«, erläuterte Oberst Pino-Marina.[6] Außerdem erhielten 65 Offiziere militärisch-politischen Unterricht speziell zur Vorbereitung auf »Einsätze zur Friedenssicherung«. Am Ende dieses Ausbildungsprogramms stand die satellitengestützte Simulation einer Krisensituation, wobei das eingesetzte Computerprogramm Janus von der US-Firma Logicon stammt. Auch dies zeigt, dass es hier stets darum geht, die Zusammenarbeit und Einsatzfähigkeit nach den vom Pentagon vorgegebenen Normen zu verbessern. Es bedeutet zugleich, dauerhaft US-Militärtechnologie einzusetzen.

Acota ist nur eine von mehreren Initiativen im Rahmen des zunehmenden militärischen Engagements der USA in Afrika. Seit 1999 besteht das Africa Center for Strategic Studies (ACSS), eine Einrichtung der National Defense University in Washington, D.C. Sie untersteht dem Verteidigungsministerium und sorgt für die Weiterbildung hochrangiger Militärs, aber auch ziviler Führungskräfte aus Politik, Wirtschaft und Verbänden. In den Kursen des ACSS geht es um Themen wie nationale Sicherheit, Beziehungen zwischen Militär und Zivilbevölkerung, Verteidigungskosten und anderes mehr. 2003 gab es etwa in Mali ein Seminar zur Bekämpfung des Terrorismus in der Region, bei dem unter anderem Algerien, Tschad, Mauretanien, Marokko, Niger, Nigeria und Senegal vertreten waren, aber auch europäische Länder wie Frankreich und Deutschland.

**6** Charles Cobb jr., »Brigade Level Peacekeeping Exercise Begins«, www.allafrica.com, 10. Juli 2001.

Nach den Anschlägen vom 11. September 2001 beschleunigten die USA ihre militärischen Initiativen in Afrika. Vorwände ließen sich im Rahmen des »Kriegs gegen den Terrorismus« leicht finden. Präsident Bush formulierte es bei seiner Afrikareise im Sommer 2003 so: »Wir werden nicht dulden, dass die Terroristen die Völker Afrikas bedrohen oder Afrika als Basis für ihre Bedrohung der Welt benutzen.«[7]

Die Strategie der USA in Afrika ist auf zwei grundlegende Ziele gerichtet. Zum einen wünscht Washington ungehinderten Zugang zu den wichtigen Märkten und den Zugriff auf strategisch wichtige Rohstoffe und andere Ressourcen. Zum anderen geht es um die militärische Sicherung von Verkehrswegen, nicht zuletzt, damit die Rohstoffe auch bis in die USA gelangen können. James Schlesinger, Energieminister unter Präsident Carter, hat es auf dem 15. Weltenergiegipfel 1992 in erfrischender Klarheit formuliert: Aus dem ersten Golfkrieg habe das amerikanische Volk gelernt, dass es viel leichter ist, »den Leuten im Nahen Osten in den Hintern zu treten«, als seinen eigenen Energieverbrauch einzuschränken, »um die Abhängigkeit der USA von den Ölimporten zu verringern«.

Dass es den USA in Afrika um die Ölvorkommen geht, ist ganz unübersehbar.[8] Es zeigt sich zum Beispiel darin, dass der damalige US-Außenminister Powell im September 2002 auf dem Rückweg vom UN-Umweltgipfel in Johannesburg Zwischenstopps ausgerechnet in Angola und in Gabun einlegte, also in zwei Öl exportierenden Ländern. Alle Experten gehen davon aus, dass der afrikanische Kontinent innerhalb der nächsten zehn Jahre für die USA zur nach dem Nahen Osten zweitwichtigsten Lieferregion für Erdöl und vielleicht auch für Erdgas werden wird – vorausgesetzt, dass sich die Lage dort beruhigt. Dabei gilt das besondere Interesse der amerikanischen Militärplaner zwei wichtigen Versorgungssträngen: der Ölpipeline vom Tschad nach Kamerun in Westafrika und der Strecke vom sudanesischen Higleig zum Ölhafen Port Sudan am Roten Meer.

In der kleinen Inselrepublik São Tomé und Principe fand im Juli 2003 ein Putschversuch statt, der den Vereinigten Staaten den Anlass zur Einmischung bot. Knapp drei Monate später boten amerikanisch dominierte Ölmultis mehr als 500 Millionen US-Dollar für Lizenzen zur Erschließung der zwischen Nigeria und São Tomé umstrittenen Offshore-Ölvorkommen im Golf von Guinea – etwa das Doppelte des von den beiden Staaten erhofften Ertrags. Unmittelbar danach verkündeten die US-Streitkräfte ein Hilfsprogramm für die lokalen Sicherheitskräfte und die Absicht, einen Militärstützpunkt zu errichten.

Der Kongress und die Regierung Bush hatten bereits erklärt, in der Region stünden »vitale Interessen« der USA auf dem Spiel. Für die Vorarbeit waren das Außen- und das Verteidigungsministerium zuständig: Im Oktober 2002 sondierte General Carlton W. Fulford, Oberbefehlshaber der europäischen Kommandozentrale Eucom, bei einem Besuch in São Tomé die Chancen für ein Mandat der USA in Westafrika. Die Küstenwache von Guinea und Angola wird bereits von den Spezialisten des US-Unternehmens MPRI ausgebildet.

Washington kommt jeder Vorwand recht, der Partnerschaftsverträge mit afrikanischen Staaten rechtfertigen kann. So hieß es zum Beispiel, die südafrikanische Armee sei entscheidend geschwächt, weil 75 Prozent der Soldaten mit dem Aids-Virus infiziert seien; Pretoria müsse also in das Acota-Programm einbezogen werden, um die sieche Truppe wieder auf die Beine zu bringen. Allzu krank scheinen die südafrikanischen Soldaten allerdings nicht zu sein, denn sie heuerten zu tausenden bei privaten Militärdienstleistern an, die sie als »zivile Hilfstruppen« im Irak einsetzen.

In Wahrheit interessiert die USA an Südafrika nur dessen strategisch interessante geografische Lage. In der Zeit des Kalten Krieges hatte Pretoria die Stationierung von US-Truppen auf seinem Territorium zugelassen und Washington damit die Kontrolle des Indischen Ozeans zwischen Afrika und seinem Marinestützpunkt Diego Garcia erleichtert. Außerdem bedeutete diese Präsenz einen Vorteil im Kampf gegen angeblich von Moskau unterstützte afrikanische Befreiungsbewegungen. 2001 versicherte der damalige US-Botschafter Cameron Hume: »Südafrika und die USA sind sich einig in ihrem Bekenntnis zu Demokratie und Marktwirtschaft und in ihrem Streben nach einer besseren Zukunft für alle Menschen.«[9]

Natürlich führt das militärische Engagement der USA zu Konflikten mit den einstigen Kolonialmächten, die in Afrika nach wie vor ihre Einflusssphären pflegen. Das gilt auch für Frankreich, das in Dschibuti seinen größten überseeischen Militärstützpunkt unterhält. Der Wüstenstaat ohne natürliche Reichtümer ist eines der ärmsten Länder der Welt, liegt aber an einer strategisch wichtigen Stelle: An seiner Küste ziehen die Schiffe vorbei, die ein Viertel des Weltrohölbedarfs transportieren. Auch die sudanesischen Ölpipelines liegen nicht weit entfernt, und schließlich liegt das Land in der Region zwischen der Sahelzone und dem Horn von Afrika, die zu »sichern« Washington entschlossen ist. Kein Wunder, dass Dschibuti inzwischen zu einer dauerhaften US-Militärbasis geworden ist.[10]

General Charles F. Wald, der ehemalige stellvertretende Eucom-Kommandeur, reiste häufig nach Afrika. Auf einer Pressekonferenz für afrikanische Journalisten in Washington betonte er im März 2004, nach einer Reise durch elf afrikanische Länder in nur einer Woche, zunächst die gemeinsamen Interessen Frankreichs und der USA in Afrika, um dann etwas deutlicher zu werden: »Es gibt eine Reihe von Ländern, die mit Frankreich historisch gewachsene Beziehungen pflegen.« Und dann meinte er leutselig: »Die Franzosen könnten in diesen Rahmen mit einbezogen werden.«[11] Keine allzu elegante Art, die Aufgabenteilung für die Zukunft festzulegen und die politische Präsenz der USA in Afrika zu bekräftigen.

**Aus dem Französischen von Edgar Peinelt**

**7** *Washington File*, 16. Juli 2003.
**8** Jean-Christophe Servant, »Stille Offensive«, *Le Monde diplomatique*, Januar 2003.
**9** *Washington File*, 1. November 2001.
**10** Philippe Leymarie, »Dschibutis Zukunft«, *Le Monde diplomatique*, Februar 2003.
**11** *Washington File*, 8. März 2004.

Erstmals erschienen in *Le Monde diplomatique* vom Juli 2004.

# Zhing-zhong für Afrika

China investiert in Afrika – und stellt keine Fragen

**Von Nicola Liebert** Journalistin in Berlin

Eine gut ausgebaute Straße von Kapstadt bis nach Kairo – davon träumten die britischen Kolonialherren in Afrika. Vollendet haben sie ihre Straße allerdings nicht. Im vergangenen Jahr wurde immerhin ein wichtiges Teilstück in Angriff genommen: Die steinige Holperpiste, die Kenia mit Äthiopien verbindet, soll in eine ordentlich geteerte Straße verwandelt werden. Doch es ist kein britisches Projekt. Gebaut wird vielmehr von einer kenianischen Firma. Ihr Name: China Wu Yi.

Nicht nur hier sind chinesische Straßenbauer aktiv. »China Road« nennen in Kenia die Fahrer der Busse und Matatus (Minibusse) den schlaglochfreien Abschnitt der Hauptstraße von Nairobi zur Küstenstadt Mombasa. »Das ist die beste Straße in Kenia, wahrscheinlich in ganz Ostafrika«, lobt einer von ihnen. Im äthiopischen Hochland wiederum kennt man die Straße von Woldiya nach Werota, die alle Touristen auf dem Weg zur Kirchenstadt Lalibela nehmen müssen, nur noch unter einem Namen: »die chinesische Straße«.

Und es sind nicht nur die Straßen. Die chinesische Nachrichtenagentur Xinhua zählt Investitionen auf, in verschiedenen Sektoren quer über den ganzen afrikanischen Kontinent hinweg: Angola unterzeichnet mit chinesischen Firmen einen Zwei-Milliarden-Dollar-Vertrag über die Erschließung von Ölfeldern, in Sierra Leone bauen Chinesen mit 200 Millionen Dollar die Tourismusbranche wieder auf, in Sambia investierten chinesische Unternehmen 100 Millionen Dollar in die Kupferförderung, und im Sudan bauen sie einen Staudamm für 1,2 Milliarden Dollar.[1]

Die Motive liegen zumeist auf der Hand – etwa als im Juli 2008 eine der größten chinesischen Baufirmen, China Harbour Engineering Co., einen Großauftrag zum Bau einer sechsspurigen Straße im Nigerdelta unterzeichnete, wo sich Nigerias Erdölförderung konzentriert. Unmittelbar zuvor hatte sich die größte Baufirma in Nigeria, eine Tochter der deutschen Bilfinger Berger, aus der Unruheregion zurückgezogen, nachdem dort zwei Deutsche entführt worden waren. Nach Schätzungen der Weltbank beliefen sich die chinesischen Infrastrukturinvestitionen – für Straßen, Bahnlinien, Kraftwerke, zunehmend auch für Telekommunikationsnetze – im Jahr 2006 auf 7 Milliarden US-Dollar, das ist siebenmal so viel wie zu Beginn des Jahrzehnts.[2] Insgesamt 35 afrikanische Länder haben Investitionsmittel aus China erhalten, doch der Löwenanteil ging an nur vier Länder: Nigeria, Angola, Sudan und Äthiopien. Drei davon sind Afrikas größte Ölproduzenten.

China bezieht inzwischen etwa 30 Prozent seines rasant wachsenden Erdölbedarfs aus Afrika. Und nicht nur Öl. Aus Gabun und Kamerun kommt Holz, aus Südafrika Eisenerz und Aluminium, aus Sambia Kupfer. Der Umfang der Rohstoffexporte aus Afrika nach China ist der Weltbank-Untersuchung zufolge von 3 Milliarden US-Dollar im Jahr 2001 auf 22 Milliarden Dollar 2006 angewachsen.

Dabei ist es noch nicht lange her, dass Afrika aus ganz anderen Gründen für China interessant war. Nach der Gründung der Volksrepublik 1949 suchte die kommunistische Regierung Verbündete in ihren Bemühungen um diplomatische Anerkennung – und fand sie schon bald in vielen der gerade unabhängig gewordenen Staaten Afrikas. 1971 war das Ziel erreicht und die Vereinten Nationen erkannten Peking – und nicht mehr Taiwan – die Vertretung für China zu. Mao Tse-tung wird mit den Worten zitiert: »Es waren unsere schwarzen Freunde in Afrika, die uns in die Vereinten Nationen zurückgebracht haben.«[3]

Aber auch danach war die andauernde Rivalität mit Taiwan noch ein wichtiger Grund für die Fortsetzung des chinesischen Engagements in Afrika. Damals stand Entwicklungshilfe im Mittelpunkt der chinesisch-afrikanischen Beziehungen. Nach dem Motto »Kleine Geschenke erhalten die Freundschaft« baute China Krankenhäuser, Sportstadien oder auch Präsidentenpaläste, wie der nigerianische Finanzexperte Chibuike Uche von der University of Nigeria in Enugu schildert.[4] Handel und Investitionen kamen in dieser Strategie nicht vor – noch nicht.

Das änderte sich erst mit den Wirtschaftsreformen in China unter Maos Nachfolgern. Paläste gibt es zwar auch heute noch. So stellte die chinesische Regierung 2007 dem sudanesischen Staatschef Omar al-Baschir einen zinsfreien Kredit für den Bau eines Präsidentenpalastes zur Verfügung. Aber nicht zufällig handelt es sich hier um ein Erdölland. Eine Volkswirtschaft wie die chinesische mit jährlichen Wachstumsraten, die sich bis vor kurzem meist im zweistelligen Bereich bewegten, entwickelt einen Hunger nach Rohstoffen und vor allem Energie, der mit heimischen Ressourcen nicht mehr zu decken ist. Den Rohstoffbedarf der chinesischen Industrie zu befriedigen wurde nun zum Leitmotiv der chinesischen Außenpolitik in Afrika. Die Regierung in Peking gibt nicht nur Entwicklungshilfe und streicht gelegentlich Schulden – 2002 und 2006 erließ sie überfällige Verbindlichkeiten in Höhe von jeweils etwa 1,3 Milliarden US-Dollar. Sie ermutigt auch die rund 800 in Afrika täti-

**1** »Chinese companies build up reputation in scramble for Africa«, *Xinhua*, 19. Juli 2005. Mit der Schlagzeile »Scramble for Africa« (etwa: Balgerei um Afrika) hatte die britische Tageszeitung *Times* im Jahr 1884 den Beginn des Wettrennens der Europäer um afrikanische Kolonien kommentiert.

**2** »New Financiers are Narrowing Africa's Infrastructure Deficit«, Weltbank-Pressemitteilung 2009/017/EXC, 10. Juli 2008.

**3** Zitiert in Li Anshan, »China and Africa: Policy and Challenges«, *China Security*, Bd. 3, Nr. 3, 2007.

**4** Chibuike Uche, »Trade and Industrial Policy in Africa: the Impact of China's Growing Influence in the Region«, *Edition OSI-Club*, Bd. 3, hg. von Herta Däubler-Gmelin, Ann Kathrin Helfrich, Stefanie Hirsbrunner und Ekkehard Münzing, Frankfurt am Main (Verlag Peter Lang) 2009.

Afrikanischer Stoff, made in China.
BILD: LUKE BOSMAN

gen chinesischen Staatsbetriebe, notfalls sogar Aufträge anzunehmen, die gar nicht kostendeckend abzuwickeln sind – Hauptsache, man ist im Geschäft. Gerade in Äthiopien unterbieten chinesische Unternehmen oft ihre westlichen Konkurrenten mit Dumpingangeboten. Es ist eine Investition in die Zukunft: In Äthiopien gibt es bisher noch kaum ausgebeutete Vorkommen von Gold, Tantal, Platin – und vermutlich Erdöl.

Im Jahr 2000 trafen sich Regierungsvertreter aus mehr als vierzig afrikanischen Staaten zu einer großen Handelskonferenz in Peking. Die afrikanischen Exporte nach China stiegen in den folgenden fünf Jahren um rund 40 Prozent. Die Zuwachsraten im chinesisch-afrikanischen Handel sind atemberaubend. Zwischen 2004 und 2008 verfünffachte sich das Handelsvolumen auf 100 Milliarden Dollar. Allein in den ersten sechs Monaten des Jahres 2008 nahm der Warenaustausch im Vergleich mit dem gleichen Zeitraum 2007 um 66 Prozent zu.[5] Afrika begann nämlich zugleich, immer mehr Waren aus China zu importieren – billige Textilien und einfache Waren des täglichen Bedarfs ebenso wie Investitionsgüter.

Die farbenfrohen Stoffe auf den afrikanischen Märkten, die so typisch zu sein scheinen für Afrika – allzu häufig sind sie inzwischen »made in China«. Es ist die altbekannte Masche: Afrika liefert unverarbeitete Rohstoffe – fast drei Viertel der afrikanischen Exporte nach China bestehen aus Öl, Gas, Erzen und anderen mineralischen Rohstoffen – und erhält dafür verarbeitete Güter. Das sei im afrikanischen Handel mit dem Rest der Welt auch nicht anders, merkt der IWF trocken an. Es entspreche eben den komparativen Vorteilen der jeweiligen Handelspartner.[6] Dass sich auf diese Weise nie etwas am Status Afrikas als Rohstofflieferant ändern wird, interessiert den IWF nicht. Die industrielle Entwicklung findet wieder einmal anderswo statt. Mit Ausnahme von großen Ölproduzenten wie Sudan verzeichnen alle afrikanischen Länder massive Handelsbilanzdefizite mit China.

Das Beispiel des Sudan illustriert besonders deutlich, wie China in Afrika vorgeht. In den 1960er-Jahren hatte die Regierung in Khartum den US-Ölriesen Chevron ins Land geholt, um die reichhaltigen Ölfelder auszubeuten. Doch Chevron zog sich zurück, als 1983 der Bürgerkrieg zwischen dem Norden und dem Süden des Landes wegen der Einführung der Scharia wieder aufflammte. Und seit die Regierung in Washington das Land auf der Liste der Terrorunterstützer führt, dürfen US-Konzerne im Sudan überhaupt nicht mehr investieren. Anderswo, in Kasachstan und im Nahen Osten etwa, haben die chinesischen Ölfirmen bei ihren Versuchen, sich Förderkonzessionen zu sichern, gegenüber westlichen Großkonzernen meist den Kürzeren gezogen. Da bot der Sudan eine willkommene Chance. 1996 stieg die China National Petroleum Corp. (CNPC) dort ein.

Die meisten Ölfelder liegen nahe der lange hart umkämpften Grenze zwischen Nord- und Südsudan. Die Soldaten des Nordens sollen die chinesischen Arbeitercamps wiederholt als Basis für ihre Angriffe genutzt haben, um die Südsudanesen aus der Umgebung der Ölquellen zu vertreiben. In keinem anderen Land hat China so viel in die Ölförderung investiert wie hier. Heute fließt das Öl durch eine chinesische Pipeline direkt zum Roten Meer, von wo es in gewaltigen Tankern nach China weitertransportiert wird. Die CNPC besitzt auch in Darfur eine Konzession, wo 2004 die Förderung aufgenommen wurde. Da waren die blutigen Konflikte schon ausgebrochen.

China bezieht aus dem Sudan derzeit etwa sieben Prozent seiner Ölimporte und ist zugleich der wichtigste Waffenlieferant des Regimes in Khartum. Für China ist diese Partnerschaft ökonomisch äußerst lukrativ, während für die sudanesische Regierung zweifellos der politische und militärische Nutzen im Vordergrund steht. »Die Chinesen sind sehr nett«, gab Sudans Energieminister Awad Ahmed al-Jaz zu Protokoll. »Sie kümmern sich nicht um Politik oder irgendwelche Probleme. Alles läuft sehr glatt, sehr erfolgreich. Sie sind harte Arbeiter, die sich für Geschäfte interessieren, nicht für Politik.«

Die aus ihren Dörfern in der Nähe der Ölquellen vertriebenen Menschen haben eine andere Perspektive – wie ein Angehöriger des südsudanesischen Nuer-Volks, dessen Frau und sechs Kinder 2002 bei einem Luftangriff von Regierungstruppen und Milizen getötet wurden, während er sein Augenlicht verlor: »Die Chinesen wollen nach Öl bohren, und deshalb wurden wir vertrieben – jetzt habe ich keine Familie mehr und keine Kühe.«[7]

Gegenüber dem Westen hat sich Peking eine äußerst zweckmäßige Haltung zurechtgelegt: Die Geberländer würden die Forderung nach Einhaltung der Menschenrechte und nach Fortschritten bei der Demokratisierung doch nur als Instrument des Neokolonialismus einsetzen. Das macht China besonders attraktiv für Regierungen, die bei den westlichen Staaten unten durch sind, wie etwa die Regierung im Sudan oder Robert Mugabes Simbabwe. So hat Simbabwe trotz der Versorgungskrise 2005 sechs Kampfflugzeuge für mehr als 100 Millionen US-Dollar von China gekauft. 2008 wurde ein chinesisches Schiff mit einer Waffenlieferung für Simbabwe zwar lange von Gewerkschaftern daran gehindert, seine Fracht in einem afrikanischen Hafen zu löschen. Am Ende kamen die Waffen trotzdem an ihrem Ziel an, vermutlich dank kongolesischer Hilfe. Mugabe liefert dafür an China gelegentlich das dort sehr begehrte, aber kaum noch legal gehandelte Elfenbein. Die chinesische Dok-

»Es ist die altbekannte Masche: Afrika liefert unverarbeitete Rohstoffe – Öl, Gas,

**5** »Sino-African trade to hit 100 billion dollars in 2008, China predicts«, *Xinhua,* 4. September 2008

**6** Jian-Ye Wang and Abdoulaye Bio-Tchané, »Africa's Burgeoning Ties with China«, *IMF Finance & Development,* März 2008.

**7** Beide Zitate aus »China Invests Heavily In Sudan's Oil Industry«, *Washington Post,* 23. Dezember 2004.

Erze und andere mineralische Rohstoffe – und erhält dafür verarbeitete Güter«

trin der Nichteinmischung sei doch bloß ein Mythos, meint Professor Chibuike Uche und verweist auf das Beispiel Sudan. »China mischt sich tief in die Angelegenheiten seiner Partner ein, doch diese Einmischung geschieht immer zugunsten der herrschenden Gruppe. Wer immer gerade an der Macht ist, ist ein Freund Chinas, solange er China Zugang zu den Rohstoffen des Landes garantiert.«[8] Wenn in der sudanesischen Bürgerkriegsregion Darfur trotz des internationalen Embargos Regierungssoldaten mit Waffen aus chinesischer Produktion auftauchen, dann ist das ein klarer Beleg dafür, dass China in den Konflikt zumindest indirekt involviert ist.[9]

Und als der Chefankläger des Internationalen Strafgerichtshofs 2008 einen Haftbefehl gegen den sudanesischen Präsidenten al-Baschir beantragte, da wusste dieser wenigstens einen Freund hinter sich: Peking hat sich bei der UNO dafür starkgemacht, den Haftbefehl nicht zu vollstrecken.[10] Eine der stärksten Waffen Chinas bei seinen »Wirtschaftskriegen« sei sein Vetorecht im UN-Sicherheitsrat, schreibt der von leichter China-Paranoia getriebene US-Wirtschaftsprofessor Peter Navarro: »Chinas wirtschaftliche und politische Elite ›shoppt‹ regelmäßig mit seinem UN-Veto in Ländern, mit denen es Beziehungen stärken möchte.«[11]

Navarro führt darüber hinaus Angola, das zweitgrößte Erdölland in Afrika, als Beispiel dafür an, wie China seine Rohstoffinteressen in Afrika durchsetzt. Für Bohrrechte zahle Peking angolanischen Beamten regelmäßig enorme und nicht zurückzuverfolgende Vorschüsse und beschaffe der Regierung in Luanda überdies zinsgünstige Kredite, von denen viele schnell um die Staatskasse herum in Offshore-Konten fließen oder für Kampagnen der Regierungspartei verwendet werden. Schätzungen zufolge geht ein Drittel von Angolas jährlichen Einnahmen »verloren«.

Die Reaktionen der afrikanischen Länder auf die chinesischen Vorstöße fallen gemischt aus. Positiv wird vermerkt, dass China Geld in Länder und Regionen steckt, die die Investoren aus den westlichen Industrieländern – deren Entscheidungen basieren ja auch nicht immer auf ethischen Kriterien – längst abgeschrieben haben. Eine Untersuchung der Universität Peking, die chinesische und belgische Straßenbauprojekte im Kongo verglich, rechtfertigt das chinesische Vorgehen mit dem Argument, dass die Belgier die Straßen nur zum Abtransport von Rohstoffen bauten, während von den chinesischen Straßen wenigstens auch die örtliche Bevölkerung etwas hätte.[12]

Den Matatu-Fahrern in Kenia mögen die chinesischen Investitionen ins Straßennetz wie ein Akt der Nächstenliebe erscheinen. Und in Kenias wirtschaftlich vernachlässigtem Norden freuen sich sicher viele über die neue Straße zur äthiopischen Grenze, deren Bau derzeit vorangetrieben wird. Touristen sollen auf diesem Wege kommen, und der Handel zwischen den beiden Nachbarländern soll einen Wachstumsschub erhalten. Aber längst nicht alle hier sind zufrieden. Im April 2008 wurde ein chinesischer Ingenieur erschossen – von Banditen, hieß es. Dorfälteste vermuteten jedoch andere Täter, andere Motive: Der Unmut vor allem unter den jüngeren Männern wachse, weil die chinesischen Arbeitgeber so wenig Leute aus der Gegend einstellen.[13]

Das ist nicht nur in Nordkenia eine häufig geäußerte Kritik. Chinesische Unternehmen stellen am liebsten Chinesen ein, auch in Afrika, weil das sprachlich und kulturell für sie das Einfachste ist. Investoren bringen ausgebildete Arbeiter oft gleich mit, statt lokale Arbeitskräfte überhaupt erst auszubilden. Insbesondere leitende Positionen werden fast ausschließlich an Chinesen vergeben. Ein Transfer von Technologien und Knowhow, auf den Peking gegenüber den westlichen Investoren in China immer bestanden und von dem die Entwicklung des Landes immens profitiert hat, findet im Rahmen der sino-afrikanischen Süd-Süd-Kooperation nicht statt.

Immer mehr Menschen in Afrika geht mittlerweile auf, wie einseitig die Beziehungen zum Fernen Osten sind. »Die Erwartung, dass China keine Mühe scheut, um Afrikas Entwicklung zu fördern, ist bloßes Wunschdenken«, warnt der nigerianische Ökonom Uche. Aus Sambia etwa, wo im Jahr 2006 Sicherheitskräfte auf demonstrierende Arbeiter in der von China übernommenen Chambeshi-Kupfermine schossen, sind mitunter scharfe Töne zu hören: China führe sich auf wie eine neue Kolonialmacht, die Rohstoffe werden ins »Mutterland« geschafft, während die afrikanischen Märkte mit Plunder aus China nur so überschwemmt werden.

Das Gleiche hört man in Simbabwe, wo es ein eigenes Wort für chinesischen Billigramsch gibt: Zhing-zhong. Zhing-zhong ist, wenn man einen chinesischen Fernseher kauft, der beim ersten Stromausfall – und dazu kommt es häufig in Simbabwe – den Geist aufgibt, und wenn einem dann der ebenfalls chinesische Händler mitteilt, dass es darauf selbstverständlich keine Garantie gibt. Zhing-zhong sind auch die Kondome, die ständig platzen, angeblich weil sie für viel kleinere asiatische Männer gemacht sind. Doch Mugabe ist offenbar so abhängig von den chinesischen Lieferungen, dass Lästern inzwischen verboten ist. »Nur in Simbabwe wird man dafür verhaftet, dass man sich über die schlechte Qualität chinesischer Waren lustig macht«, berichtet ein in den USA lebender Exilsimbabwer. »Denn das würde ein schlechtes Licht auf die simbabwische Regierung und auch auf unsere ›guten Freunde‹, die Chinesen, werfen. Das Wort, das dich für ein paar Tage, wenn nicht für Wochen in den Knast bringen kann, ist ›Zhing-zhong‹.«[14] ●

**8** Siehe Anmerkung 4.
**9** Die BBC veröffentlichte am 13. Juli 2008 Bilder von chinesischen Militärlastern und Flugabwehrraketen in Darfur. Dem Bericht zufolge sollen Chinesen auch sudanesische Piloten auf chinesischen Kampfflugzeugen ausgebildet haben, die in Darfur zum Einsatz kommen.
**10** Siehe Seiten 90–95 in diesem Heft.
**11** Peter Navarro, *Der Kampf um die Zukunft – Die Welt im chinesischen Würgegriff*, München (FinanzBuch Verlag) 2008.
**12** Siehe Anmerkung 3.
**13** »Chinese build new highway to ›lost‹ Kenya«, Reuters, 21. August 2008.
**14** http://projectdiaspora.org/.



Erstmals erschienen in *Le Monde diplomatique* vom März 2009.

# Machtwechsel

## Das 19. Jahrhundert

Trotz aller europäischen Interventionen war das 19. Jahrhundert noch das Jahrhundert der Afrikaner. In Westafrika brachte einerseits der Widerstand gegen den Sklavenhandel sowie andererseits die Suche nach Alternativen zum Sklavenhandel islamische Reformbewegungen hervor. Den Anfang machte Usman dan Fodio, der 1804 den Dschihad ausrief und ein eigenes Kalifat in Nordnigeria errichtete. Weiter oben am Niger knüpfte Sékou Amadou an das alte Reich Mali an. In der zweiten Jahrhunderthälfte baute Samori Touré in der Region von Guinea und Elfenbeinküste einen liberalen islamischen Staat auf, während sich in den 1880er-Jahren im Sudan eine radikale Bewegung um den selbst ernannten Mahdi (Erlöser) den Briten widersetzte.

An der Ostküste Afrikas, wo schon seit dem Mittelalter arabische Händler Stützpunkte wie Mogadischu und Mombasa unterhielten, wurde im 19. Jahrhundert Sansibar ein wichtiges Machtzentrum, nachdem der Sultan von Oman seinen Hof dorthin verlegt hatte. Die Araber brachten nicht nur den Islam, sondern auch die spätere Lingua franca in die Region, das aus arabischen, persischen und Bantu-Elementen bestehende Swahili.

Weiter im Landesinneren, an den großen Seen, gab es dagegen rein afrikanische Königreiche: Burundi und Ruanda, die von Tutsi-Königen regiert wurden,[1] sowie Buganda (das heutige Uganda), das über den Victoriasee unter anderem Sansibar belieferte und dabei selbst reich wurde. Im südlichen Afrika gelang es Anfang des 19. Jahrhunderts einem gewissen Shaka, einen relativ unbedeutenden Stamm in das mächtige Königreich der Zulu zu verwandeln. Die Zulus unterwarfen erst benachbarte Stämme und kämpften dann gegen die Buren und die Engländer, von denen sie erst 1879 besiegt wurden.

Eines nach dem anderen fielen diese Reiche gegen Ende des Jahrhunderts an die europäischen Kolonialmächte. Oft standen am Anfang Handelsverträge zwischen afrikanischen Herrschern und europäischen Händlern. Fürs Erste genügte den Europäern der Freihandel; die eigentliche Herrschaftsausübung überließ man den Afrikanern. Das änderte sich erst um das Jahr 1880, als der Universalismus der Aufklärung, die Neugier der Forschungsreisenden und christlicher Missionseifer zusammenkamen. Außerdem war dank besserer Waffen und medizinischer Fortschritte die Eroberung des Landesinneren einfacher geworden.

Ein wichtiger Auslöser war auch der Niedergang des Osmanischen Reichs, der Frankreich 1881 die Eroberung Tunesiens ermöglichte, während England ein Jahr später Ägypten besetzte. Nun begann ein Wettlauf, bei dem keiner den Kürzeren ziehen wollte. Frankreich eroberte vom Senegal aus Westafrika, England rückte von Südafrika und Ägypten aus vor, der englische Entdecker Stanley erwarb den Kongo für den belgischen König Leopold formal durch Landkauf, und auch Deutschland sicherte sich einen »Platz an der Sonne«, wie es damals hieß.

Erstaunlicherweise lief die Kolonisierung Afrikas ohne Kämpfe der Kolonialmächte untereinander ab.[2] Nur einmal gerieten England, das eine Kette von Kolonien vom Mittelmeer zum Kap ziehen wollte, und Frankreich, das sich ein Gebiet vom Atlantik bis zum Horn von Afrika sichern wollte, beinahe aneinander: am Kreuzungspunkt der beiden Linien im heutigen Sudan. Frankreich zog sich schließlich zurück, und fortan teilten die Europäer den Kontinent einfach unter sich auf – maßgeblich auf der Kongo-Konferenz, die 1884 in Berlin zusammentrat. Damals wurden die Grenzen gezogen, die weitgehend denen der unabhängigen Staaten des heutigen Afrika entsprechen. Dass die Afrikaner dabei nicht gefragt wurden, versteht sich gewissermaßen von selbst.

**LIEB**

1 Bei Tutsi und Hutu, die dieselbe Bantu-Sprache sprechen, handelt es sich eher um verschiedene soziale Klassen – die kleine Oberschicht der Tutsi, deren Reichtum aus Vieh bestand, und die große Masse der Hutu-Ackerbauern – denn um unterschiedliche Ethnien.

2 Die Buren, die mit den Engländern 1899 bis 1902 im Krieg waren, agierten unabhängig von den Niederlanden.

# 4.

## Kapitel

# Ressourcenfluch

»Kartenskizze von Africa zur vergleichenden Übersicht der Reisen Dr. Barth's und Dr. Livingstone's. Gez. von A. Petermann.« (1857)
BILD: LIBRARY OF CONGRESS GEOGRAPHY AND MAP DIVISION

# Die zersetzende Kraft des Erdöls

Wie Nigerias Ölreichtum zu Korruption, Armut und politischem Zerfall führt

Von Nicholas Shaxson*

Ältere Nigerianer erinnern sich noch an die ersten Jahre nach der Unabhängigkeit 1960. »Damals hatten wir noch einen anständigen öffentlichen Dienst, den hatten wir von den Briten geerbt«, erzählt Philip Asiodu, der lange Jahre der höchste Beamte im Ölministerium war. »Es funktionierte alles ganz gut. Die Spielregeln wurden eingehalten, die schamlose Korruption und Zerstörung von heute gab es nicht. Klar, man wusste auch von Leuten, die 5 oder 10 Prozent kassierten, zwei, drei Minister in jeder Partei: die Geldbeschaffer, die aber in der Regel nicht in die eigene Tasche wirtschafteten. Auch sie wollten, dass Nigeria ordentlich regiert wird. Und die 5 oder 10 Prozent waren für die Programme nicht entscheidend, die Autorität der Beamten hat darunter nicht gelitten.«

Solche Rückblicke mögen zu rosig gefärbt sein, und dennoch: Von einem Autor wie Karl Maier erfahren wir, wie tief Nigeria seit den 1960er-Jahren gefallen ist – 40 Jahre und 400 Milliarden Dollar Öleinnahmen später. In seinem Buch »This House has Fallen« schrieb Maier bereits 1999: »Die Nigerianer leben wie in einem kriminell geführten Unternehmen, dessen Bosse sich mitsamt Knarren im Tresorraum der Firma verschanzt haben.«[1] Heute würden viele Nigerianer sagen, dass es in den letzten zehn Jahren weiter bergab gegangen ist.

In Nigeria werden unglaubliche Mengen Rohöl unterschlagen: in einer Größenordnung von 100 000 Barrel pro Tag, hört man häufig, aber die meisten Experten halten das noch für untertrieben. Ein Teil der Erlöse aus dem abgezweigten Öl landet bei den militanten Gruppen, die mit ihren Anschlägen im Nigerdelta jedes Mal den Nachschub für den Weltmarkt ins Stocken bringen. Ein weit größerer Teil dürfte in das politische System des Landes fließen – und die dominierenden Parteien und Fraktionen schmieren – sowie in den Steueroasen dieser Welt und in der Londoner City versickern.

Wie konnte es so weit kommen? Um das zu verstehen, müssen wir uns genauer ansehen, was das heutige Nigeria vor allem kennzeichnet: das Erdöl. Das schwarze Gold macht 95 Prozent der nigerianischen Exporte aus. 2008 kamen 10 Prozent des in die USA importierten Öls aus Nigeria. Konservativen Schätzungen zufolge verfügt das Land über Rohölreserven von 35 Milliarden Barrel. Rechnet man das mit dem aktuellen Barrelpreis von knapp 45 Dollar hoch, begreift man schnell, warum Politiker, Thinktanks und Militärs in aller Welt diesem unruhigen Staat so viel Aufmerksamkeit schenken. Zumal dort auch noch größere Erdgasvorkommen vermutet werden.

Nigeria hat 200 bis 300 ethnische Gruppen und an die 130 Millionen Einwohner, was einem Sechstel der afrikanischen Bevölkerung entspricht. Etwa 50 Prozent sind Muslime (ihre Zahl ist damit größer als in jedem arabischen Land außer Ägypten), die anderen 50 Prozent setzen sich zu etwa gleichen Teilen aus Christen und Anhängern afrikanischer Religionen zusammen. Der in Kenia geborene Professor Ali Mazrui[2] schildert Nigeria als ein riesiges Laboratorium, einen Schmelztiegel dreier großer Traditionen: der westlichen, der islamischen und der afrikanischen Kultur.

Während des ersten Ölbooms der 1970er-Jahre boomte in Nigeria auch der Optimismus. Damals prophezeite Präsident Olusegun Obasanjo – ein Militärdiktator, der später noch einmal für zwei Amtszeiten (1999 bis 2007) gewählt wurde –, Nigeria werde »bis zum Ende des Jahrhunderts zu den zehn führenden Staaten der Welt gehören«. Daraus wurde natürlich nichts. 2002 begann ein zweiter Ölboom, der Mitte 2008 seinen Höhepunkt erreichte, als der Barrelpreis vorübergehend auf knapp 150 Dollar kletterte, um dann jäh in den Keller zu stürzen.

Der Musiker Fela Kuti hat in meinen Augen die beste Seite dieses Landes verkörpert: den unbedingten Durchhaltewillen, obwohl man von einer Krise in die nächste schliddert. Die Nigerianer kommen mir manchmal vor wie die Yankees von Afrika. Sie sind massiger und lauter, und sie treten protziger auf als andere Afrikaner, und auch die Reichen sind hier ganz besonders reich. Genauso laut und protzig war auch Fela. Außerdem war er ein Sex-Maniac, der behauptete, er brauche mindestens zwei Frauen am Tag. Irgendwann hat er in einer einzigen Hochzeitszeremonie alle seine 27 Tänzerinnen geheiratet. »Kokain ich aufgehört, als ich höre, man sagt, dass danach Schwanz tot«, meinte er einmal im Pidgin-Englisch seiner Heimatstadt Lagos.

Natürlich waren nicht alle begeistert von Fela. Frauen bezeichnete er als »Matratzen«, Kondome lehnte er als unafrikanisch ab. Aber er legte sich auch mit der Obrigkeit an und wurde unzählige Male verprügelt, schikaniert, ins Gefängnis geworfen. Ein paar Tage nachdem Fela bei einem Musikfestival über Präsident Obasanjo hergezogen war, tauchten hunderte von Soldaten auf seinem Anwesen auf, schlugen mit Gewehrkolben den Männern zwischen die Beine, zerrten die Frauen nackt in Armeebaracken, wo sie mit Flaschen vergewaltigt wurden. Anschließend wurde das ganze Gelände niedergebrannt. Fela selbst wurde von den Soldaten an den Genitalien herausgezerrt und erlitt einen Schädelbruch. Sein Bruder Beko saß danach monatelang im Rollstuhl. Felas 78-jährige Mutter wurde aus dem Fenster gestoßen und so schwer verletzt, dass sie wenig später starb. In seinem Song »Coffin for Head of State« beschreibt Fela, wie er den Sarg seiner Mutter zur Kaserne von Dodan brachte und versuchte, ihn Obasanjo zu übergeben: »Wir kommen ans Tor, wir setzen den Sarg ab. Obasanjo ist da, mit seinem dicken fetten Bauch, aber er will ihn nicht nehmen.«

Als Fela 1997 an Aids starb, trauerten auf den Straßen von Lagos eine Million Menschen. Sie alle verehrten seinen unbeugsamen Willen, auch in den schwierigsten

*Nicolas Shaxson ist Wissenschaftler bei Chatham House in London und Autor von *Poisoned Wells: The Dirty Politics of African Oil*, New York und Houndmills (Palgrave Machmillan) 2007, an das sich dieser Text anlehnt.

1 Karl Maier, *This House Has Fallen: Midnight in Nigeria*, New York (Basic Books) 2003.
2 Der in Oxford ausgebildete Ali Mazrui ist heute Direktor des Institute of Global Culture Studies an der State University of New York in Binghamton und lehrt auch an der University Jos in Nigeria.

In Oloibiri im Bundesstaat Bayelsa bekämpfen Arbeiter im Auftrag von Shell die Verschmutzung durch eine aufgegebene Ölquelle.
BILD: ED KASHI | CORBIS

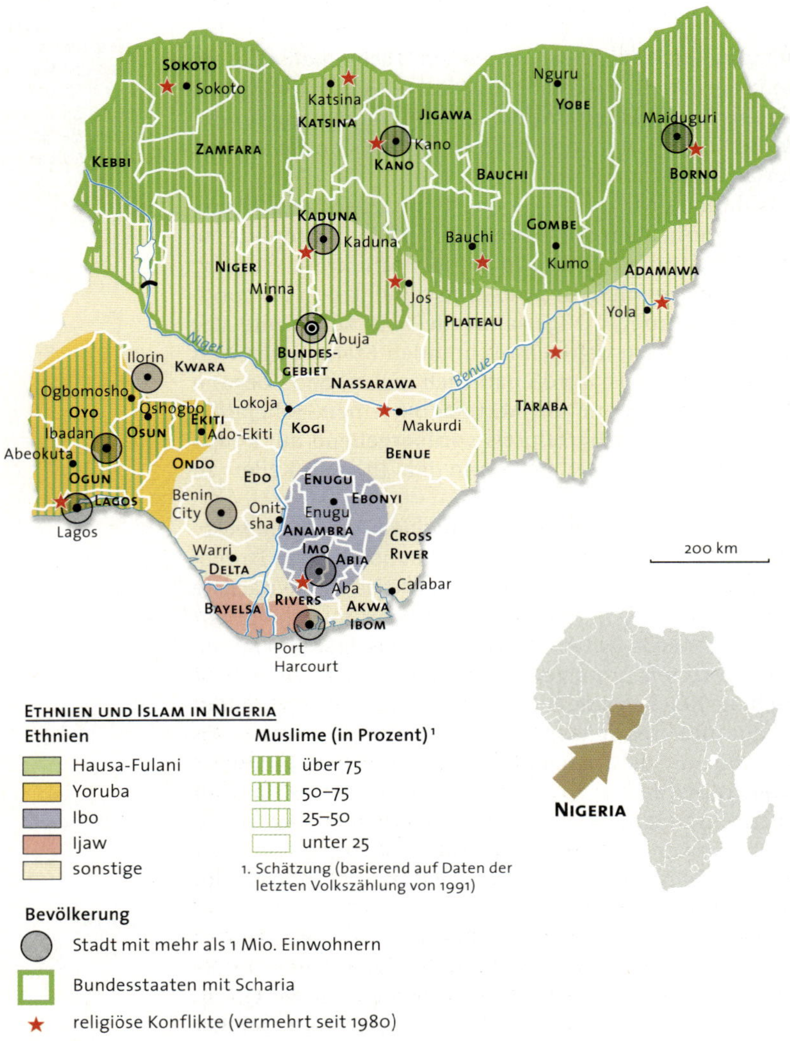


Quellen: Encyclopædia Universalis 2008. AFP-Meldungen.
Guy Nicolas: »Géopolitique et religions au Nigeria«, *Hérodote*, Nr. 106, La Découverte, 2002.

Situationen nicht aufzugeben. Das ist der Geist, der Nigeria unzählige Krisen überstehen ließ.

Seit dem Biafrakrieg (1967 bis 1970), in dem mindestens eine Million Menschen starben, haben Beobachter immer wieder das Auseinanderbrechen dieses widerborstigen Landes prophezeit. Tatsächlich taumelt Nigeria seit langem ständig am Rand des Abgrunds entlang, aber zerbrochen ist es nicht – noch nicht. Eine entscheidende Rolle spielt dabei das Öl mit seiner unseligen Doppelwirkung: Einerseits treibt es die Nigerianer auseinander, weil sie sich um die Erträge streiten. Andererseits hält es sie zusammen, weil sie alle versuchen, ihre Verbindung zu der im Öl schwimmenden Zentralregierung aufrechtzuerhalten.

Zu Beginn der 1970er-Jahre kamen mehrere Faktoren zusammen, die Nigerias Öleinnahmen in ungeahnte Höhen katapultierten. Im Gefühl ihres militärischen Siegs im Biafrakrieg, erbittert über die Unterstützung des Westens für das südafrikanische Apartheid-Regime, verblüfft über die Demütigung der Supermacht USA in Vietnam und beeindruckt vom Beispiel Iran, der den ausländischen Konzernen die Kontrolle über seine Ölindustrie entwinden konnte, gewann die nigerianische Führung immer mehr an Selbstbewusstsein. Sie sah die Zeit gekommen, sich gegen die »Seven Sisters« aufzulehnen, die arroganten westlichen Ölmultis, die damals den Weltenergiemarkt kontrollierten.

Nigeria trieb den Ölpreis für die Sisters in die Höhe und setzte auch die Steuern herauf. Dann mussten sich die westlichen Konzerne als nigerianische Unternehmen registrieren lassen, womit sie der einheimischen Rechtsprechung unterworfen waren. Der nigerianische Staat verschaffte sich einen 60-prozentigen Anteil an mehreren großen Explorations- und Fördervorhaben. Die Ölproduktion ging steil in die Höhe. Von 1968 bis 1971 verzehnfachte sich die Tagesförderung von 150 000 auf 1,5 Millionen Barrel, 1973 war sie bei den auch derzeit üblichen 2 Millionen Barrel täglich angelangt. Der Petrodollar-Fluss wurde zum Strom. Und mit dem Jom-Kippur-Krieg und dem Opec-Embargo, das den ersten Ölpreisschock auslöste, wuchs der Strom zur Flut. Zwischen 1970 und 1980 stiegen die jährlichen Exporteinnahmen des Landes von einer auf 26 Milliarden Dollar. Seitdem ist nichts, wie es war.

Viele Leute, vor allem auf der Linken, sehen die westlichen Ölkonzerne als Agenten des Imperialismus, deren Zentralen in London, Paris oder Washington den schwachen afrikanischen Staaten ihre Bedingungen diktieren. Vor einiger Zeit war das auch der Fall, und bis heute gilt, dass kleinere und weniger erfahrene Ölförderländer wie Tschad oder São Tomé und Príncipe den Ölmultis stärker ausgeliefert sind. Nigeria jedoch hat seit der Zeit, als die Opec die Muskeln spielen ließ, die Machtverhältnisse umgedreht (wie übrigens auch Angola). Ich habe vor neun Jahren mit eigenen Augen gesehen, wie einem westlichen Ölmanager vor Angst die Hände zitterten, als er den Bossen der angolanischen Sonangol transparentere Zahlen zu entlocken versuchte.

Der Machtpoker um das nigerianische Öl spielt für drei Gruppen eine wichtige Rolle: die Regierungen, die Ölkonzerne und die einfachen Bürger. Dass Letztere von dem Geldsegen profitiert hätten, lässt sich bislang kaum behaupten. Nach den Zahlen der Weltbank liegt das Pro-Kopf-Einkommen Nigerias unter dem Durchschnitt der afrikanischen Länder, trotz des Ölreichtums.

Der große nigerianische Autor Chinua Achebe hat eine Metapher geprägt, die Nigerias Probleme ziemlich gut veranschaulicht. Das Land, sein Klima, der Charakter seiner Menschen – das alles sei keine Besonderheit, aber dann benennt er den Kern der Misere. Das sei wie bei einer Warteschlange am Schalter: »Ein normaler, vernünftiger Mensch wartet, bis er drankommt, wenn er sicher sein kann, dass für jeden was da ist; andernfalls wird er versuchen, sich vorzudrängeln.«[3]

**3** Chinua Achebe, *The Trouble with Nigeria*, Oxford (Heinemann) 1983, S. 24.

Nigeria ist so etwas wie diese Warteschlange. Eine funktionierende Schlange besteht im Grunde aus zwei Schlangen: Die eine existiert real, die andere im Kopf. Wenn die wirkliche Schlange sich auflöst (sagen wir beim Einsatz eines Wasserwerfers), die im Kopf aber bestehen bleibt, wird sich die Ordnung bald wieder herstellen. Auf diese Weise können sich stabile Länder von einem ökonomischen Schock oder von terroristischen Attentaten erholen. Wenn hingegen die Schlange im Kopf sich auflöst, wenn also zum Beispiel jemand sich brutal vordrängelt, wird damit das Vertrauen in die Ordnung untergraben. Wenn dieses Vertrauen einmal gänzlich zerstört und zugleich die Menge groß genug ist, lässt sich die Warteschlange nur sehr schwer wieder aufbauen, selbst wenn man die Leute anschreit oder ihnen mit der Peitsche droht. Hinzu kommt, dass in Nigeria diejenigen, die für die Wiederherstellung der Ordnung verantwortlich sind – Polizei, Justiz et cetera – selbst um die besten Plätze in der Schlange kämpfen.

Man kann das Bild noch ausbauen. Nehmen wir an, die Schlange bestünde aus Amerikanern, Franzosen, Briten, Chinesen usw., so wie Nigeria aus Yoruba, Hausa, Ibo, Ijaw und vielen anderen Ethnien besteht. Das Drängeln wird dann noch schlimmere Formen annehmen, vor allem aber werden alle denken, dass die meisten Drängler zu der Gruppe gehören, die sie sowieso nicht leiden können. Somit wird das Vertrauen in die Schlange noch schneller untergraben und der Hass auf die andere Gruppe noch ein bisschen größer. Nehmen wir weiter an, dass einer für die ganze Familie ansteht und dass knappe Nahrungsmittel verteilt werden. Der wird notgedrungen noch aggressiver drängeln.

Und natürlich haben die stärksten und gerissensten Typen die beste Chance, ganz vorn zu landen. Am Ende haben wir das, was der Schriftsteller Wole Soyinka einmal – nach den Wahlen von 1999 – als »pandemische Prostitution« bezeichnet hat. Oder wie es ein Taxifahrer ausdrückte: »Fett schwimmt oben.« Wo ungeregeltes Gedränge herrscht, schaffen es oft die korruptesten und brutalsten Elemente nach ganz oben.

Die Analogie zu einer Warteschlange erklärt und erhellt den Gegensatz zwischen der außergewöhnlichen Gastfreundlichkeit und überwältigenden, oft fast beschämenden Großzügigkeit, die einem so häufig in afrikanischen Häusern begegnet, und der unfassbaren, egoistischen Bestechlichkeit vieler afrikanischer Politiker.

Wenn dann noch das Öl hinzukommt, das 95 Prozent der Exporte sowie mindestens 80 Prozent der Staatseinnahmen ausmacht, dann setzt sich in der Politik unweigerlich die Logik der chaotischen Schlange durch: Um an die Fleischtöpfe zu kommen, kämpft jeder gegen jeden. Die Ordnung bricht in sich zusammen, und die Herrschenden verteilen die Ressourcen nach unten – im Tausch gegen politische Unterstützung. Damit entstehen vertikale Loyalitätsbeziehungen, während die Untertanen – unter Einsatz der Ellbogen und allerlei anderer Beeinflussungsmethoden – um den Zugang zu den Ressourcen konkurrieren.

Doch dieser Kampf ist ein Nullsummenspiel. Was die eine Fraktion oder Region gewinnt, verliert die andere. Hier liegt – wenn ich mir diese schematische Vereinfachung erlauben darf – ein Unterschied zu mehr oder weniger »normalen« Industrieländern wie Schweden oder Taiwan, oder zu vorwiegend agrarischen Staaten, in denen die Güter weitgehend dezentral erzeugt werden und wo die Bürger vor allem über den Handel miteinander kooperieren und dadurch so etwas wie »Wohlstand für alle« entsteht. Solche horizontalen Wirtschaftsbeziehungen sorgen in der Regel dafür, dass der politische und gesellschaftliche Zerfall nicht verschärft, sondern ein sozialer Zusammenhalt bewahrt wird.

Chaos und Gedrängel kann man in Nigeria überall beobachten. In Warteschlangen kommt es regelmäßig zu Raufereien; Autofahrer erzwingen sich die Vorfahrt und blockieren die anderen Verkehrsteilnehmer; dieselben Leute, die ihren eigenen Haushalt peinlich sauber halten, werfen ihren Müll einfach auf die Straße – der Mangel an gegenseitigem Respekt und Vertrauen in die Gesellschaft als Ganze kommt in vielen Verhaltensweisen zum Ausdruck. Und die Politiker gehen davon aus, dass alles, was sie nicht selbst an sich raffen, übleren Burschen in die Hände fallen wird.

Wirklich zur Kenntnis genommen und untersucht wurde das nigerianische Paradox von Armut inmitten großen Reichtums erstmals Mitte der 1990er-Jahre, als der Ölboom der 1970er-Jahre und die anschließende Ernüchterung das Problem auf neue Weise sichtbar gemacht hatten. Auf der ökonomischen Ebene haben wir das Phänomen der »holländischen Krankheit«: Der enorme Geldzufluss aus den Ölexporten treibt die Inflation in die Höhe, und zugleich steigt der Wert der eigenen Währung. Angesichts der steigenden Preise wird es für die heimische Landwirtschaft oder auch die Industrie schwerer, sich gegen Importprodukte zu behaupten, die wegen des höheren Wechselkurses immer billiger werden.

Diese Krankheit traf Nigeria mit voller Wucht. Bis zum Ölboom war das Land der weltweit zweitgrößte Kakaoproduzent und bestritt drei Viertel seiner Exporte mit Agrarprodukten. Zwischen 1975 und 1978 schrumpfte die landwirtschaftlich genutzte Fläche um 60 Prozent. Fast genauso stark sank die Produktion der wichtigsten Nahrungsmittelpflanzen, was zig Millionen Menschen in Armut versinken ließ – ein klassischer Beweis für den »missgünstigen« Charakter des Erdöls, das andere Sektoren verdrängt und vernichtet.

Das zweite Problem liegt darin, dass die volatilen Ölpreise die öffentlichen Haushalte und die gesamte Wirtschaftsentwicklung unberechenbar machen. In guten Zeiten die Staatsausgaben zu erhöhen, ist einfach, viel schwerer hingegen, sie in schlechten Zeiten wieder zurückzufahren. Während des Ölbooms hatte Nigeria riesige Kreditsummen aufgenommen, die das Land dann, als die Preise wieder in den Keller sausten, nicht mehr zurückzahlen konnte. Die Schulden und mit ihnen der Schuldendienst wuchsen immer weiter. In dem Maße, in dem die Staatsausgaben zurückgingen, gerieten die rivalisierenden Fraktionen aneinander, weil jede sich auf Kosten der anderen – und der langfristigen gesamtwirtschaftlichen Entwicklung – bereichern wollte. Dabei konnten sich die mächtigsten Gruppen ihre Einkommensquellen erhalten, während die Bevölkerung das Nachsehen hatte. Es war eine schreckliche Zeit.

Man hat aus den Fehlern offenbar gelernt. Präsident Obasanjo übernahm ein Prinzip, das die Technokraten des Internationalen Währungsfonds (IWF) ein »auf Öl basierendes Haushaltsregime« (oil-based fiscal rule) nennen: Jeder Dollar, den der Staat einnimmt, weil der Ölpreis höher ist als in der Budgetplanung angenommen, soll nicht ausgegeben, sondern zurückgelegt werden. Nach dieser Regelung, für deren Einhaltung ein starkes wirtschaftspolitisches Team sorgte, konnte Nigeria einen Großteil seiner Auslandsschulden zurückzahlen[4] und die dank hoher Ölpreise erzielten Extraprofite ansparen.

Das schwierigste Problem ist jedoch der berühmte »Fluch der Ressourcen« und damit die Tatsache, dass sich Rohstoffressourcen auf die politischen Verhältnisse, auf das Regierungssystem und auf die Korruption auswirken. Bislang gibt es dafür zwar keine gute Lösung, wohl aber ein modisches Zauberwort: Transparenz. Die von Obasanjo einberufene Reformergruppe versuchte immerhin, das Problem anzugehen, insbesondere indem sie den Anstoß zu der weltweiten »Extractive Industries Transparency Initiative« gab. Diese Initiative soll speziell im Bereich der Ölförderung für mehr Transparenz sorgen und – theoretisch – den Bürgern ermöglichen, »ihre Regierungen zur Rechenschaft zu ziehen«. In Nigeria führte die Initiative zu einer intensiven Durchleuchtung des Ölsektors, bei der mehr Details denn je sichtbar wurden. Doch die einfachen Nigerianer haben davon gar nichts.

Hier hilft wieder das Bild von der Warteschlange. Transparenz des Ölsektors bedeutet, dass die Millionen machtlosen Bürger am Ende der Schlange erkennen können, was die Leute an der Spitze tun und bekommen. Aber mehr Einfluss haben sie damit noch längst nicht.

Als die amerikanischen Revolutionäre sich gegen die Kolonialmacht England erhoben, lautete ihre wichtigste Parole: »No taxation without representation« – Steuern werden nur bezahlt, wenn die Leute das Gefühl haben, dass sie dafür politische Mitspracherechte bekommen. Doch in Nigeria sind die Herrschenden nicht mehr auf Steuergelder angewiesen, sie haben ja die Ölmilliarden. Die Folge ist, dass Millionen Nigerianer politisch nicht vorkommen.

Auf einer meiner Reisen durch das Nigerdelta kam ich einmal in einen Ort namens Imiringi, dessen Bewohner mehrheitlich zum Volk der Ijaw gehören. Ein älterer Mann mit weißen Stoppelhaaren und triefenden Augen, der mit zerlumpten Hosen und Plastiklatschen an den Füßen unter einem Wellblechdach saß, bot mir einen alten Holzstuhl an. Neben mir saß ein örtlicher Ijaw-Häuptling, auf dem Kopf eine Baseballmütze, um den Hals eine Perlenkette. Kaum saß ich, begannen die beiden mir ihre Klagen vorzutragen: »Es gibt hier keine Nacht mehr. Nie wird es dunkel. Das ständige Abfackeln des Gases vertreibt die Tiere.«

In dieser Gegend wird bei der Ölförderung mehr Gas abgefackelt als irgendwo sonst in der Welt. Das Nigerdelta produziert mehr Treibhausemissionen als alle Länder des subsaharischen Afrika zusammen. »Unsere Ernten verdorren«, klagte der Häuptling weiter, »unsere Bananen und unsere Yamswurzeln werden nicht richtig groß; die Palmkerne geben kein Öl mehr her. Junge Leute werden schon ganz früh blind oder bekommen Hautkrankheiten. Seit zehn Jahren gibt es in unseren Flüssen keine Fische mehr.«

»Die Herrschenden sind nicht auf Steuergelder angewiesen, sie haben die Öl-

Dann erzählte er eine lange, verwickelte Geschichte von einem Streit mit einem Nachbardorf über ein Stück Land, auf dem die Shell-Leute Öl gefunden hatten. Er erzählte von allen möglichen Konflikten: über die Arbeitsplätze, die Shell versprochen, aber nicht geschaffen hat; über ein Bauvorhaben, das Shell einem verhassten Major der Armee verschafft hat, der zwei Jahre zuvor einen mörderischen Überfall auf mehrere Dörfer im Delta angeführt hatte.

In einem Wohnzimmer mit schäbigem Sofa, kleinem Fernseher und einer Vitrine voller Bücher saßen mehrere Typen mit muskulösen Nacken und löchrigen T-Shirts, die Beine über die Stuhllehnen gehängt. Sie boten mir Schnaps und eine weitere bittere Geschichte: Shell hatte versprochen, 51 von ihnen als Wachpersonal einzustellen und drei umliegenden Dörfern Geld zu geben, plus ein bisschen Extra für die Dorfchefs. Als die jungen Leute zu ihrer Arbeit antraten, tauchte plötzlich ein verrufener lokaler Häuptling mit seinen Wächtern auf und eröffnete das Feuer. Drei Männer wurden verwundet, aber die Gerichte tun nichts. Und heute hat dieser Häuptling das protzigste Haus im ganzen Dorf. Die Typen gerieten sich in die Haare über die Frage, wer was hätte bekommen sollen; sie wollten, dass Shell mehr Jobs in Imiringi schafft als in den Nachbardörfern; es passte ihnen nicht, dass Shell Ibo und Yoruba einstellte; sie wollten sauberes Wasser und ordentliche Straßen.

»Die Revolution ist nicht zu Ende«, skandierten sie und reckten die Fäuste, »wir verlangen Selbstbestimmung für die Ijaws und volle Kontrolle über die Bodenschätze.« Doch wussten sie gar nicht genau, wie die Einnahmen zwischen den Einzelstaaten und der Zentralregierung verteilt sind oder was man wie am besten aufteilen sollte. »Shell muss mit den Ijaw verhandeln«, meinte einer,

4 Im Frühjahr 2005 wurde mit dem »Pariser Club« der internationalen Gläubiger ein Erlass von rund 60 Prozent der 30 Milliarden Dollar Auslandsschulden ausgehandelt.

»sie sollen eine Entwicklungskommission für die Ijaw bilden, mit einem Ijaw an der Spitze.« Wieder das alte Nullsummenspiel: Die einen wollen mehr, damit kriegen die anderen weniger ab.

Je erbitterter die Bürger dieses ethnisch und religiös zerrissenen Landes um ihren Anteil aus den Öleinnahmen kämpfen, desto stärker ziehen sie sich auf ihre ethnischen Enklaven zurück. Dieselbe Zersplitterung der Ansprüche findet auch in der Regierung statt – und ist der eigentliche Kern der Korruption. Natürlich ist das Öl nicht die einzige Ursache für den Zerfall Nigerias, aber es treibt diesen Prozess an. Im Kampf um die Öleinnahmen verschärfen sich die ethnischen, religiösen und sonstigen Spannungen, womit der soziale Kitt, der die Nigerianer zusammenhält, seine Bindungskraft verliert.

Unter diesem Druck zerfallen die politischen Einheiten immer weiter. Nigeria hatte 1960, zum Zeitpunkt seiner Unabhängigkeit, drei Bundesstaaten, aus denen zunächst vier und bis 1967 zwölf wurden. Heute sind es 36 Bundesstaaten. In jedem neu gebildeten Teilstaat gab es wiederum Minderheiten, die das Gefühl hatten, dass die herrschende Gruppe sich das Geld unter den Nagel riss, weshalb sie ihren eigenen Staat forderten. Jede neu gezogene Grenze schuf neue Konstellationen von Minderheiten, sodass die Auseinandersetzungen weitergingen, nur eben jeweils mit noch mehr und noch kleineren Konfliktparteien. Wenn man in einem politischen System alte Hassgefühle anheizen will, gibt es kaum eine bessere Methode, als große Mengen Petrodollars hineinzuschütten.

Anders als etwa in Angola oder Gabun, wo das Öl vor allem off-shore gefördert wird und die Korruption sich – öffentlich unsichtbar – innerhalb der Finanz- oder Ölministerien abspielt, sprudeln die Ölquellen im Nigerdelta in der Nähe von Städten und Dörfern, in denen fast 20 Millionen Menschen leben – und diese erfassen die Dynamik der Ölstreitigkeiten intuitiv viel besser als in anderen afrikanischen Ölförderländern. Im malariaverseuchten Nigerdelta lässt sich vermutlich besser als irgendwo sonst auf der Welt studieren, wie das Öl die Grundlagen des Zusammenlebens in einer Gesellschaft zersetzt und zerstört.

»Shell ist inzwischen ein wesentlicher Faktor des Konflikts im Nigerdelta«, wird in einem Bericht eingeräumt, den ein Berater des Ölkonzerns im Dezember 2003 abgeliefert hat. Die Gewalt habe bereits Ausmaße wie etwa in Kolumbien oder Tschetschenien erreicht. Und auch der Ölmulti Chevron gibt zu, dass seine Finanzhilfen für die örtlichen Gemeinden nicht nur »unangemessen und teuer« sind, sondern auch die Streitigkeiten anheizen: »Es gibt viele Belege dafür, dass die Verteilung von mehr Geld an die Gemeinschaften den Konflikt verschärfen dürfte.«

Um finanzielle Ansprüche bei den Ölgesellschaften anmelden zu können, müssen die einzelnen Gemeinschaften nachweisen, dass sie »echte Indigene« sind. Aber wer ist Mitglied, und vor allem: Wer ist Anführer dieser »gastgebenden Gemeinschaften«, auf deren Gebiet Öl gefördert wird? Um diese Frage ging es auch, als in der Ölstadt Warri 1998 blutige Kämpfe ausbrachen. Damals erklärte ein Häuptling der Urhobo gegenüber Vertretern von Human Rights Watch: »Wenn das Land hier den Itsekiri gehört, dann werden wir damit auf einmal zu Sklaven auf unserem eigenen Land. Die Leute werden sich an den Rand gedrängt fühlen, und da greift eben zum Gewehr – nur um zu zeigen, dass man noch lebt.«

Das Gezerre um das Geld beginnt auf der Ebene der Provinzregierungen, aber der zersetzende Charakter des Öls frisst sich nach unten durch, bis zu den einzelnen ethnischen Gruppen und weiter auf die Dorfebene, wo eine Gemeinde gegen die andere, eine Familie gegen die andere und sogar der Bruder gegen die Schwester kämpft. Der nächste Präsident muss aus dem Osten sein! heißt es dann. Der Finanzminister sollte aus dem Norden stammen! Der nächste Gouverneur muss ein Ijaw sein! Der Unternehmer, der diese Brücke baut, muss aus meinem Dorf sein! Es ist ein Kampf aller gegen alle um die Verteilung des Kuchens, der aus Öl gebacken ist. Wenn Ijaw, Ogoni, Itsekiri und all die anderen sich lauthals auf ihre ethnische Identität berufen, um ein Stück Land zu beanspruchen, verkümmert die Vorstellung, dass alle doch auch Nigerianer sind. »Wir sind keine Bürger mehr«, lamentiert ein Journalist, der sich zu den Ogoni zählt, über einem Bier in einem Hotel in Port Harcourt. »Wir enden in der Anarchie, in der es keinen Staat mehr gibt.«

Der Rückzug ins Stammesdenken nährt die legendäre nigerianische Korruption. Als der Gouverneur des ölreichen Teilstaats Bayelsa 2005 in London unter dem Verdacht der Geldwäsche verhaftet wurde, hatten seine Anhänger gar nichts dagegen, dass er ihr Geld beiseite geschafft hatte, vielmehr bejubelten sie ihn als einen Sohn der Erde. »Sie setzen eben auf die ethnische Karte«, meinte damals Nkoyo Toyo, ein Aktivist aus Lagos, »aber wer das tut, setzt allzu oft zugleich auf die Korruption.«

Heute klagen viele, dass es keinen mehr wie Fela gibt: einen begeisternden Aktivisten, dessen Worte oder Lieder direkt aus dem Herzen kommen. Es gibt immer noch viele gute politische Köpfe in Nigeria, und man kann sie nur bewundern für ihren Mut und ihre Unbeugsamkeit. Aber am Ende sind auch sie verstrickt in ein durch und durch korruptes System, in dem die Politik zur Farce verkommen ist.

milliarden. Die Folge ist, dass Millionen Nigerianer politisch nicht vorkommen«

**Aus dem Englischen von Niels Kadritzke**



Erstmals erschienen in *Le Monde diplomatique* vom März 2009.

# Der Katanga-Boom

Kupfer und Kobalt locken Investoren in den Süden des Kongo

**Von Colette Braeckman** Journalistin bei *Le Soir* (Brüssel).

Lubumbashi schläft nie. Tag und Nacht donnern Sattelschlepper, beladen mit Kupfer- oder Kobalterz, durch die Hauptstadt der kongolesischen Provinz Katanga. Sie sind unterwegs nach Tansania, zum Hafen von Daressalam. Hier werden die Erze Richtung Asien verschifft.

Prospektoren auf der Suche nach noch unerschlossenen Lagerstätten und Investoren aus der ganzen Welt haben die enormen Ressourcen von Katanga entdeckt. Und die Provinzregierung lockt mit großzügig auslegbaren Vorschriften im Bergbau. Die Erzreserven werden auf 70 Millionen Tonnen Kupfer, 5 Millionen Tonnen Kobalt und 6 Millionen Tonnen Zink geschätzt. Chile hat zwar noch mehr Kupfer im Boden (geschätzte 88 Millionen Tonnen), doch der Kupfergehalt der kongolesischen Erze ist mit durchschnittlich 3,5 Prozent wesentlich höher als in Chile (0,5 Prozent). Innerhalb von zehn Jahren ist der Weltmarktpreis für Kupfer von 500 auf zeitweilig über 8 000 Dollar pro Tonne gestiegen.

Im Gegensatz zu den anderen Provinzen boomt die Wirtschaft in Katanga.[1] Im April 2008 begannen in Kasumbalesa an der Grenze zu Sambia – rund 100 Kilometer von Lubumbashi entfernt – die Arbeiten am ersten großen Wiederaufbauprojekt im Kongo. Ein chinesisches Unternehmen, die China Railway Engineering Corporation (Crec), ließ dutzende Bulldozer und Baggerlader liefern. In drei Jahren soll die vierspurige Autobahn zwischen der Hauptstadt des Kupfers und dem Nachbarstaat Sambia fertig sein. Zu Baubeginn stellte die Crec außerdem Qualifizierungsmaßnahmen für 1500 Arbeiter aus der Region in Aussicht.

Ob der Boom anhält? Jeden Monat machen in Lubumbashi neue Verkaufsbuden auf, Fastfood-Imbisse und Läden mit chinesischem Plunder, die auch gepanschten Fusel im Angebot haben, der billiger ist als Bier. Doch im Armenviertel Kenia sterben die Menschen immer noch an Cholera. Die Luft ist dreckig. Alle leiden unter einem ständigen Hustenreiz. Der Staub dringt aus den hinter hohen Ziegelmauern verborgenen Erz verarbeitenden Betrieben und den unzähligen Schmelzöfen in den Hinterhöfen.

Seit die Regierung den Rohstoffexport in die Raffinerien von Sambia verboten hat, schießen die Kleinstbetriebe wie Pilze aus dem Boden. Die Besitzer kommen aus China, Indien oder den Golfstaaten. Oft haben sie die zuständigen Beamten bestochen, um die langwierigen Genehmigungsverfahren zu umgehen. Und das ärgert die Umweltschützer vor Ort, die gegen die Verschmutzung des Grundwassers protestieren.

Während sich viele von der Aufbruchsstimmung mitreißen lassen, treten die negativen Folgen immer deutlicher hervor. Dazu gehört nicht nur die Belastung von Umwelt und Gesundheit. Der Wirtschaftsboom birgt auch politische Risiken. Die Zentralregierung hält bislang die Steuer- und Zolleinnahmen aus der Region zurück; eigentlich stehen der reichen Provinz 40 Prozent zu. Der Gouverneur von Katanga, der bereits Lastwagen, Krankenwagen und Traktoren für zahlreiche neue Bauprojekte anschaffen ließ, hegt den Verdacht, dass die Behörden in Kinshasa den wirtschaftlichen Aufschwung in der Provinz bremsen wollen, weil die Regierung fürchtet, dass sich die Kupferprovinz abspalten könnte.[2] Drittens birgt der Boom gesellschaftlichen Sprengstoff: Lange Zeit waren die Bergleute sich selbst überlassen und schürften das Erz auf eigene Faust; jetzt haben die Bergbaumultis das Geschäft übernommen und die Schürfer aus den Tagebauminen vertrieben.

Bis vor kurzem glich die Mine de l'Etoile in Ruashi am Rande von Lubumbashi einem Steinbruch unter freiem Himmel. Die Schürfer gruben das Erz mit primitiven Werkzeugen aus, ohne jegliche Absicherung durch ein Stütz- und Schutzsystem. Kinder wühlten sich wie Maulwürfe in die Erde ein, um die tiefgrün schimmernden Kupfererzbrocken oder das gelb geäderte Kobaltgestein zu fördern, das sie sofort in ihren Jutesäcken verstauten. Immer wieder gab es Erdrutsche mit Toten und Verletzten. Am Ende zahlten die Bergleute in eine private Versicherung ein, um die Krankenhaus- und Bestattungskosten begleichen zu können.

Seit die südafrikanische Bergbaugesellschaft Ruashi Mining den Tagebau übernommen hat, ist das Gelände eingezäunt und wird bewacht. Bulldozer ebnen die löchrigen Erdhügel ein. Schaufelbagger zerfurchen die rote Erde und hinterlassen eine bizarre Kraterlandschaft.

Den Bewohnern von Ruashi, die vom Schürfen lebten, drückte man 200 Dollar pro Familie in die Hand, verbunden mit dem Ratschlag, sich beim Tagebau nicht mehr blicken zu lassen. 400 Kinder wurden zurück in die Schule geschickt. Der achtjährige André sagt, er sei froh, dass er wieder zur Schule gehen kann. Seit sich der Minenstaub in seinen Lungen festgesetzt hat, wird er den Husten nicht mehr los. Er erzählt von seinem Bruder, der bei einem Erdrutsch ums Leben kam. Gemeinsam hatten sie damals täglich 60 Dollar nach Hause gebracht, eine stolze Summe. In einem anderen Klassenzimmer besucht seine Mutter einen Nähkurs. Der belgische Entwicklungshilfeverein Group One hat ihr gera-

**1** Vgl. Colette Braeckman, »Die dritte Plünderung des Kongo«, *Le Monde diplomatique*, Juli 2006.
**2** Katanga (oder Shaba) hat sich zwischen 1960 und 1963 abgespalten und Kongo damit destabilisiert. Vgl. Elikia M'Bokolo, »Ethnicité, régionalisme et nationalisme«, *Le Monde diplomatique*, Juli 1978.

Sonderangebot für Heimwerker: Billiges Kupferrohr aus einem deutschen Baumarkt.
BILD: LE MONDE DIPLOMATIQUE, BERLIN

ten, an dieser »einkommensfördernden Maßnahme« teilzunehmen. Sie hofft, damit ein paar Dollar hinzuverdienen zu können. Andrés Vater arbeitet derweil in der Mine von Luisha, wo man noch frei schürfen kann.

In Luisha ist ein großes Zeltdorf rund um den Tagebau entstanden. Auch hier wird chinesische Billigware, Kleidung und Alkohol, verkauft. Unter einem Zeltdach hängt eine Kinoleinwand, auf der den ganzen Tag Kung-Fu-Filme laufen. Am Ende der Zufahrt, an der Straßenkreuzung Richtung Lubumbashi, hat eine asiatische Firma eine Werbetafel aufgestellt. Auf Englisch, Französisch und Chinesisch behauptet die Firma, mehr als die Konkurrenz für einen Sack voll Erz zu zahlen.

Zacharie Mudimba hat Jura studiert, sein Freund ist gelernter Buchhalter. In gepflegtem Französisch klagen die jungen Männer darüber, dass es keine Jobs für Besserqualifizierte gebe. Mit dem Schürfen verdienten sie allemal mehr. Die Umstehenden nicken. Sie sind schon älter und haben früher für Gécamines gearbeitet. Das große Bergbauunternehmen, zu dem auch die Kupfer- und Kobaltminen von Katanga gehören, ist eine Gründung aus der belgischen Kolonialzeit (1905 bis 1960). Unter Mobutu wurde die Union Minière in den 1960er-Jahren verstaatlicht. Das Unternehmen wurde jedoch miserabel geführt und von der Regierung in den Ruin getrieben. Die Produktion sank von ehemals 450 000 Tonnen Kupfer jährlich auf 20 000 Tonnen.

Eine Privatisierung des Unternehmens hatte Präsident Joseph Mobutu stets abgelehnt – aus nationalistischen Motiven und weil er seine wichtigste Melkkuh nicht schlachten wollte. Am Ende seiner Amtszeit gestattete er schließlich 1997 den scheibchenweisen Verkauf. Damals drohte der Staatsbetrieb unter seiner Schuldenlast von über einer Milliarde Dollar zusammenzubrechen. Daraufhin kam es zur Bildung eines Joint-Venture mit privaten Partnern, überwacht durch die Weltbank. Diese finanzierte 2003 eine Art Sozialplan für »freiwillige Kündigungen«. 16 000 Bergleute mussten gehen. Schon bald hatten sie ihre mageren Abfindungen ausgegeben und begannen, gemeinsam mit ihren Familien, auf eigene Rechnung zu schürfen.

Den Investoren, die heute in Katanga Schlange stehen, sind diese »Amateure« ein Dorn im Auge. »Sie tragen die Oberfläche der Gesteinsschichten ab und machen damit die Förderung in den unteren Lagen schwieriger und teurer«, wettert der belgische Industrielle Georges Forrest. Der Gouverneur von Katanga, Moise Katumbi, hat ganz andere Sorgen: »Wenn die 140 000 Bergleute ihr Einkommen verlieren, wird's problematisch. Im industriellen Abbau mit seiner ganzen Technik werden nur wenige von ihnen unterkommen können.«
Schon jetzt nimmt die Gewalt zu. Seit die Abbaukonzessionen in privater Hand liegen, kommt es ständig zu Zusammenstößen zwischen arbeitslosen Bergleuten und dem Wachschutz der Bergbauunternehmen. Entlang den Eisenbahnschienen graben Männer immer wieder den Schotter um in der Hoffnung, darunter ein paar erzhaltige Steine zu finden. Sie werden vom Wachschutz gnadenlos vertrieben und setzen sich dagegen zur Wehr. Dabei wurden auch schon Lastwagen umgekippt und angezündet. In Kilwa töteten Wachmänner des australischen Unternehmens Anvil Mining mehrere entlassene Bergleute. Der Fall wurde in einem aufsehenerregenden Gerichtsprozess verhandelt.

Bei den »Bergbautagen« in Kinshasa im März 2008 ging es um den Zustand der Förderindustrien. Bergbauminister Martin Kabwelulu teilte den Konferenzteilnehmern bei dieser Gelegenheit mit, dass 33,8 Prozent des kongolesischen Territoriums bereits an Bergbaugesellschaften abgetreten wurden. Früher hatten Ausländer

## Der »afrikanische Weltkrieg«

- **1994** Eine Rebellenstreitmacht, angeführt von Laurent-Désiré Kabila und unterstützt von Ruanda und Uganda, formiert sich nahe der Grenze zu Ruanda.
- **1997** Kabila stürzt den 1965 durch einen Putsch an die Macht gekommenen Diktator Mobutu. Zaire heißt jetzt Demokratische Republik Kongo.
- **1998** Der »afrikanische Weltkrieg«, in den fast alle Nachbarstaaten Kongos involviert sind, beginnt.
- **1999** Im Friedensabkommen von Lusaka wird die Aufstellung einer UN-Friedenstruppe (Monuc) beschlossen.
- **2001** Kabila kommt durch ein Attentat ums Leben, sein Sohn Joseph Kabila übernimmt das Präsidentenamt.
- **2002** In den Abkommen von Pretoria und Luanda wird der Abzug der ruandischen und ugandischen Truppen aus Kongo festgelegt.
- **2003** Die Konfliktparteien einigen sich auf eine Übergangsregierung unter Kabila.
- **2004** General Laurent Nkunda, der seine Milizen zunächst in die kongolesische Armee integriert hatte, greift wieder zu den Waffen.
- **2006** Die ersten demokratischen Wahlen gewinnt Kabila gegen den Vizepräsidenten Jean-Pierre Bemba. Der Oppositionsführer Etienne Tshisekedi trat nicht an.
- **2008** Die Friedenskonferenz von Goma zwischen Regierung und Rebellengruppen endet mit einem Waffenstillstand. Im August brechen erneut Kämpfe in Nord-Kivu unter Führung von Nkunda aus.
- **2009** General Nkunda wird in Ruanda verhaftet.
- Die Kriege im Kongo kosteten bislang vermutlich vier bis fünf Millionen Menschen das Leben.
- Im von den Kämpfen am schlimmsten betroffenen Osten des Landes lagern erhebliche Vorkommen von Coltan, Zinn, Gold, Kohle und Diamanten; im Süden kommen Kupfer, Mangan, Blei, Zink und Uran hinzu.

**LIEB**

keinen Zugang zu den Minengebieten. Durch ein neues Bodenrecht, das »Bakajika-Gesetz« vom 20. Juli 1973, waren der Grund und Boden und die Bodenschätze an den Staat übertragen worden. Nach dem Sturz Mobutus 1997 wurden diese Bestimmungen, die das Land vor dem Ausverkauf hätten schützen können, gekippt. Die Kongokriege von 1996/1997 und 1998 bis 2002 hatten den Staat ruiniert und ein zerrissenes, ausgeplündertes Land hinterlassen. Die Nachbarstaaten Ruanda und Uganda hatten sich in den von ihnen besetzten Gebieten an den Bodenschätzen bereichert. Und auch Simbabwe hatte mit seiner militärischen Unterstützung der kongolesischen Regierung nur den Bergbau im Blick.

Als Joseph Kabila im Januar 2001 an die Macht kam, setzte er auf eine Öffnung zum Westen und ließ sich auf die Liberalisierungsvorschläge der internationalen Finanzinstitutionen ein. Damit brach er mit der Politik seines ermordeten Vaters und Amtsvorgängers Laurent-Désiré Kabila. Dieser hatte mit seiner Wirtschaftspolitik die Unternehmen brüskiert, die den Krieg finanziert und im Gegenzug günstige Abbaukonzessionen mit dem Staat ausgehandelt hatten.

Das liberale Bergbaugesetz von 2003 wurde praktisch von der Weltbank diktiert. Es bildet die Grundlage für den Ausverkauf der Bodenschätze des Landes. Dabei wusste die Weltbank, mit wem sie es zu tun hatte: mit Machthabern, die nicht durch Wahlen legitimiert waren und die, um sich an der Spitze eines schwachen, unorganisierten Staates zu halten, leicht korrumpierbar sein würden.

Eric Monga ist Bergbauexperte bei der kongolesischen Unternehmensföderation FEC. Er erinnert an die Umstände, unter denen das Gesetz erlassen wurde: »Das Land hatte einen mörderischen Krieg hinter sich. Durch das sogenanntes Übergangsabkommen kehrten die ehemaligen Rebellenchefs nach Kinshasa zurück und wurden in die Allparteienregierung integriert. Das Bergbaugesetz sollte Investoren anziehen. Dafür wurde eine Stabilitätsklausel mit zahlreichen Steuervergünstigungen eingebaut. Sie sollte den Investoren garantieren, dass sich die rechtlichen Rahmenbedingungen in den folgenden zehn Jahren nicht ändern würden. Später zogen dann die Rohstoffkurse an, und die ersten, die das unternehmerische Risiko im Kongo gewagt hatten, standen als Gewinner da. Das kann man ihnen doch heute nicht vorwerfen, oder?« Monga geht es weniger darum, das Gesetz zu reformieren, als darum, dessen strikte Anwendung zu kontrollieren.

Für klare Regeln setzt sich der 83-jährige Ministerpräsident Antoine Gizenga ein, der ein alter Weggefährte von Patrice Lumumba ist, dem legendären ersten Ministerpräsidenten des unabhängigen Kongo: Acht Monate lang überprüfte eine Regierungskommission unter strenger Geheimhaltung und mit Unterstützung von Experten des Carter-Center aus Atlanta die Verträge aus der Übergangszeit und ihre Umsetzung vor Ort. Sie wurden drei Kategorien zugeordnet: Verträge der Kategorie A gelten

*Fortsetzung auf Seite 75*

STP

# Wo bleibt das Öl?

## In São Tomé und Príncipe frustriert der ausbleibende Ölboom lokale Politiker und ausländische Philantropen

Von Gerhard Seibert*

»Wo bleibt das Erdöl?« fragte im Dezember 2008 der Journalist Óscar Medeiros in einem portugiesischsprachigen Radioprogramm der Voice of America. Es ging um São Tomé und Príncipe, die 1000 Quadratkilometer kleine Inselrepublik im ölreichen Golf von Guinea.

Auf dem Archipel herrscht Armut im Paradies: Die miserablen Lebensbedingungen der Bevölkerungsmehrheit, die von jährlich 360 Dollar pro Person lebt, stehen in schroffem Gegensatz zur atemberaubenden Schönheit der beiden tropisch grünen Vulkaninseln. Der enthusiastischen Hoffnung auf zukünftigen Ölreichtum in der von ausländischer Entwicklungshilfe völlig abhängigen ehemaligen portugiesischen Kolonie hatte der US-Ölkonzern Chevron im Mai 2006 einen unerwarteten Dämpfer erteilt. Damals hatte Chevron das offizielle Ergebnis der Probebohrung in Block 1 der 2001 zusammen mit Nigeria im Golf von Guinea eingerichteten Gemeinsamen Entwicklungszone (Joint Development Zone, JDZ) verkündet. Die Bohrung im Meeresboden in 1700 Metern Tiefe war auf minderwertiges Öl gestoßen, das kommerziell nicht nutzbar war, lautete das offizielle Resultat der ersten und bisher einzigen Bohrung in der JDZ. Nur weitere Probebohrungen in der Entwicklungszone könnten die Frage nach der Existenz von Ölvorkommen definitiv beantworten, hieß es. In São Tomé wurden die Erklärungen von Chevron ungläubig als Konzernstrategie zur Irreführung der Konkurrenz abgetan. Tatsache ist jedoch, dass seither weder weitere Probebohrungen noch Auktionen von Bohrkonzessionen stattgefunden haben.

Dabei hatte im Oktober 2003 alles so verheißungsvoll angefangen, als die Ergebnisse der Auktion der ersten neun Blöcke der JDZ öffentlich in São Tomé bekannt gegeben wurden. Insgesamt zwanzig Ölgesellschaften hatten 32 gültige Gebote für sieben Blöcke eingereicht. Das Mindestgebot per Block war auf 30 Millionen US-Dollar festgesetzt worden. Chevron hatte mit 123 Millionen Dollar für Block 1 das höchste Gebot unterbreitet. Die Gesamtsumme der Höchstgebote für die Blöcke 1 bis 7 belief sich auf 500 Millionen Dollar, mehr als das Fünffache des Bruttosozialprodukts des Landes. Der Enthusiasmus und die Erwartung auf schnellen Ölreichtum für die 160000 größtenteils völlig verarmten São-Toméer waren riesengroß. Dass man bei allem Eifer vergessen hatte, eine Delegation von der 140 Kilometer entfernten, kleineren Insel Príncipe mit ihren nur 5000 Einwohnern einzuladen, war der einzige Schönheitsfehler des Spektakels. Damals zweifelte niemand an dem plötzlichen Reichtum, weder im Land noch außerhalb.

Die Kunde von den vermuteten Offshore-Ölvorkommen von 6 bis 10 Milliarden Barrel (je 159 Liter) hatte dem unbekannten Inselstaat viel internationale Aufmerksamkeit zukommen lassen. Im Ausland wurde spekuliert, dass zumindest rechnerisch alle São-Toméer zu Dollarmillionären würden. Neben US-Militärs und Geschäftsleuten aus der Ölbranche richteten auch ausländische Philanthropen ihren Blick auf São Tomé und Príncipe. Ende 2003 erschien Jeffrey Sachs, Autor des Buches *Ende der Armut* und Direktor des Earth Institute an der Columbia-Universität in New York, mit einem Beraterteam in São Tomé. Ihr Ziel war es, dem von Korruption geplagten Ministaat zu helfen, damit der zukünftige Ölreichtum nicht wie in anderen Ölstaaten ein Fluch, sondern ein Segen für die gesamte Bevölkerung des Landes würde. Präsident Fradique de Menezes nahm die angebotenen Dienste des bekannten amerikanischen Ökonomen bereitwillig an, zumal die Reputation des Sachs-Teams seinem persönlichen Image und dem des Landes zu Gute kommen konnte.

Zwar galt São Tomé und Príncipe seit 1991 trotz des zunehmenden Stimmenkaufs bei Wahlen als funktionierende Demokratie. Aber weit verbreitete Korruption in Regierung und Verwaltung und politische Instabilität behinderten die Entwicklung des Landes, während soziale Ungleichheit und Armut trotz ausländischer Entwicklungshilfe zunahmen. So beklagte der in Portugal lebende são-toméische Ökonom Armindo Ceita unlängst, lokale Politiker akzeptierten stillschweigend korrupte Praktiken. Seine Erklärung: »Kein Politiker will schuld sein an der Zerstörung eines Systems, das ihn ernährt.«

Der 2001 gewählte und 2006 im Amt bestätigte Menezes, von der Bevölkerung einfach Fradique genannt, hat seit seinem Amtsantritt bereits neun Premierminister ernannt. Anfang 2003 überwarf er sich aufgrund einer von der Nationalversammlung vorgelegten Verfassungsreform, die die exekutiven Kompetenzen des Präsidenten einschränken sollte, mit der Mehrheit der Abgeordneten und löste kurzerhand per Dekret das Parlament auf. Nach Vermittlungsbemühungen der damaligen Premierministerin hob er jedoch das Dekret anschließend wieder auf und akzeptierte zähneknirschend die Verfassungsänderung. Im Juli des gleichen Jahres veranstalteten Militärs, die mit dem desolaten Zustand

*Gerhard Seibert ist Afrikawissenschaftler am Centro de Estudos Africanos in Lissabon und Verfasser des Buches *Comrades, Clients and Cousins. Colonialism, Socialism and Democratization in São Tomé and Príncipe* (Leiden, Brill 2006)

Hauswand aus alten Ölfässern.
BILD: STEVE SMITH

der kleinen Armee unzufrieden waren, einen Putsch. Der Putschistenführer Fernando Pereira erklärte damals: »Der Hund des Präsidenten bekommt täglich Fleisch zu fressen, während die Soldaten hungern.« Bereits 1995 hatten unzufriedene Militärs geputscht, um auf die gleichen miserablen Zustände in der einzigen Kaserne des Landes aufmerksam zu machen.

Die politische Instabilität, ein Merkmal der lokalen politischen Kultur, ist nicht zuletzt auch Folge der 1990 eingeführten Kopie des portugiesischen Semipräsidialsystems. In diesem System ist der Premierminister der Regierungschef, während der Präsident nur begrenzte exekutive Befugnisse hat. Ein in Afrika einzigartiges Regierungssystem, das sonst nur noch auf den Kapverdischen Inseln Nachahmung findet, ebenfalls einer früheren Kolonie Portugals. Bereits vor 1997, dem Jahr, in dem São Tomés Ölgeschichte begann, hatte es mehrfach heftige Konflikte zwischen dem damaligen Präsidenten Miguel Trovoada (1991–2001) und wechselnden Regierungen gegeben. Politische Motive waren dabei zweitrangig, denn im Grunde war es ein Verteilungskampf um Staatsressourcen zwischen in Parteien organisierten Interessengruppen. Im Mai 2008 nannte der Jurist Filinto Costa Alegre in einem Zeitungsartikel die herrschende Ideologie der lokalen politischen Elite die der »drei V's«, wobei die V's für *viaturas, vivendas e viagens* stehen, Autos, Villas und Reisen.

Im Gegensatz zu vielen Nachbarstaaten auf dem Kontinent geht die politische Instabilität in dem Inselstaat nicht einher mit politischer Gewalt, die in der friedlichen kreolischen Gesellschaft geradezu unbekannt ist. Selbst die beiden Militärputsche verliefen unblutig und wurden jeweils nach einer Woche Verhandlungen beendet. Die Putschisten, die keine politischen Ambitionen hatten, wurden amnestiert. Die eigentlichen Gewinner des Umsturzes 2003 waren 14 ehemalige são-toméische Söldner des berüchtigten »Buffalo Battalion« des südafrikanischen Apartheid-Regimes, die maßgeblich an der Aktion beteiligt waren. Die von dem damaligen kongolesischen Außenminister Rudolphe Adada geleitete internationale Vermittlergruppe gab seinerzeit der Forderung der Söldner nach Zuteilung eines Geländes an der landschaftlich einmaligen Lagoa Azul im Norden São Tomés nach. Seither versucht eine von den Söldnern gegründete Gesellschaft namens Falcon Group dort Grundstücke zum Preis von bis zu 800 000 US-Dollar an ausländische Investoren zu verkaufen. Bisher jedoch offensichtlich ohne den erhofften Erfolg. Anfang 2009 wurden fünf der ehemaligen Söldner und weitere 27 Personen mit der Begründung verhaftet, einen Umsturz vorbereitet zu haben.

Als Beginn der Ölgeschichte von São Tomé und Príncipe kann das Jahr 1997 bezeichnet werden, als die Regierung das erste Abkommen über die Erschließung der nationalen Ölvorkommen unterzeichnete. Vertragspartner war die Environmental Remediation Holding Corporation (ERHC), eine kleine, unbekannte US-amerikanische Ölfirma. Die ERHC-Leute hatten kalkuliert, dass es auch in den Hoheitsgewässern des Inselstaates Öl geben muss, da die Nachbarn Angola, Nigeria, Gabun und Äquatorialguinea alle schon Ölproduzenten waren. In São Tomé gab es damals weder in der Regierung noch außerhalb jemanden, der irgendwelche Kenntnisse vom Ölsektor hatte.

Die Aussicht auf einen Ölboom kam zur rechten Zeit. Gerade war nämlich ein 1986 von der Weltbank initiiertes 50-Millionen-Dollar-Projekt zur Sanierung der heruntergewirtschafteten Plantagenökonomie der Inseln offiziell für gescheitert erklärt worden. Die Portugiesen hatten bereits im 16. Jahrhundert auf den bis dahin unbewohnten Inseln die erste tropische Plantagenwirtschaft der Welt errichtet. Damals wurde Zuckerrohr von Sklaven kultiviert, die vom Festland geholt worden waren. Diese Sklaven und ihre Herren sind die Vorfahren der São-Toméer. Da es wegen des ungesunden tropischen Klimas nur wenige weiße Siedler auf den Inseln gab, erlangten schon am Beginn der Kolonisierung viele Sklaven ihre Freiheit und Bürgerrechte. Bald bekleideten vieler dieser freien Schwarzen, *Forros* genannt, wichtige Funktionen in der Verwaltung und der katholischen Kirche oder waren selbst Plantagenbesitzer und Sklavenhändler. Innerhalb weniger Jahrzehnte hatte sich eine kreolische Gesellschaft mit eigener Sprache und Kultur herausgebildet. Mitte des 17. Jahrhunderts begann der Niedergang der lokalen Zuckerindustrie, da der inzwischen in Brasilien produzierte Rohrzucker viel besserer Qualität war. Die Plantagenbesitzer wanderten nach Brasilien ab, und die Plantagen degradierten zu einer Subsistenzwirtschaft. Portugal wandte sich bis zur Unabhängigkeit Brasiliens 1822 weitgehend von seinen afrikanischen Kolonien ab. Prominente *Forro*-Familien übten eine De-facto-Herrschaft in São Tomé und Príncipe aus, da die portugiesische Präsenz auf wenige Personen, zumeist verbannte Sträflinge, beschränkt blieb.

Dies änderte sich erst wieder Anfang des 19. Jahrhunderts, nachdem die Portugiesen Kaffee und Kakao aus Brasilien in São Tomé und Príncipe eingeführt hatten. Die neuen Exportkulturen ermöglichten die Wiedererrichtung der Plantagenökonomie auf den Inseln. Nach der Abschaffung der Sklaverei 1875 wurden Vertragsarbeiter aus Angola, Mosambik und den Kapverdischen Inseln als Plantagenarbeiter angeworben, die bis in die 1940er-Jahre die *Forros* zahlenmäßig übertrafen. Die *Forros* selbst weigerten sich, auf den Plantagen zu arbeiten, da sie diese Tätigkeit als »Sklavenarbeit« verabscheuten. Anfänglich hatten einige landbesitzende

»*Viaturas, vivendas e viagens* – Autos, Villas und Reisen: die ›drei V's‹

machen die Ideologie der lokalen politischen Elite aus«

*Forros* am wirtschaftlichen Aufschwung teilgenommen, jedoch waren sie bis Anfang des 20. Jahrhunderts wirtschaftlich und politisch weitgehend von den nun dominierenden Portugiesen marginalisiert worden. Eine Zeit lang war das kleine Land sogar der Welt größter Kakaoproduzent, bei 36 000 Tonnen lag auf dem Höhepunkt 1913 die Jahresproduktion. Aufgrund von Bodenerosion, Schädlingsbefall und zunehmender Konkurrenz der afrikanischen Kakaobauern auf dem Festland ging die Kakaoproduktion danach stetig zurück. Am Vorabend der Unabhängigkeit waren es gerade noch 10 000 Tonnen.

Das sozialistische Regime, das bei der Unabhängigkeit am 12. Juli 1975 die Macht übernahm, verstaatlichte die gesamte Wirtschaft und damit auch alle Plantagen. Das neue Regime erklärte die Sowjetunion, Kuba und die DDR zu »natürlichen Verbündeten« und versuchte deren realsozialistisches Modell in dem Inselstaat umzusetzen. Partei- und Staatschef Manuel Pinto da Costa, der bis 1991 an der Macht blieb, hatte in Ost-Berlin an der Hochschule für Ökonomie promoviert. In Anlehnung an sein ehemaliges Gastland nannte sich der unabhängige Staat »Demokratische Republik São Tomé und Príncipe«. Die sozialistischen Verbündeten konnten jedoch nicht verhindern, dass aufgrund von fehlenden Fachleuten und Misswirtschaft die Plantagen innerhalb weniger Jahren heruntergewirtschaftet waren und die Kakaoproduktion auf weniger als 4 000 Tonnen sank. Die beabsichtigte Diversifizierung der Wirtschaft scheiterte aus den gleichen Gründen. Das Land wurde immer mehr von ausländischer Hilfe abhängig.

Die wirtschaftliche Krise zwang das Regime Mitte der 1980er-Jahre, die Annäherung an westliche Geber zu suchen. Die Weltbank und der Internationale Währungsfonds (IWF) machten ihre Hilfe für die Sanierung des Kakaosektors von wirtschaftlicher und politischer Liberalisierung abhängig. Die freie Marktwirtschaft und eine Mehrparteiendemokratie wurden 1990 in einer neuen Verfassung verankert. Während seither regelmäßig Wahlen stattgefunden haben, aus denen dreimal eine Oppositionspartei als Sieger hervorging, war der Marktwirtschaft weniger Erfolg beschieden. Es gelang bisher weder, die Kakaoproduktion zu steigern, noch die Wirtschaft zu diversifizieren. Die Jahresproduktion stagniert bei etwa 3 000 Tonnen, weniger als ein Zehntel der Produktion der Boomjahre. Etwas anderes wird jedoch auch nicht in nennenswertem Umfang produziert. Daher macht Kakao immer noch 90 Prozent aller Warenexporte aus. Selbst im Tourismus gab es erst 2008 nennenswerte Entwicklungen, als die portugiesische Hotelgruppe Pestana ein neues Hotel eröffnete und etwa 2 000 Touristen mit Charterflügen aus Lissabon einflog. Wohl nicht zufällig hatte die Pestana das Grundstück zum Bau des Hotels von Fradique de Menezes erworben. João de Menezes, Bruder des Präsidenten, wurde Teilhaber des Hotelkomplexes.

Als 1997 die Kunde von den Ölvorkommen in São Tomé und Príncipe kam, war die Erwartung, dass es jetzt auf einmal Manna vom Himmel regnen würde. Das Erdöl würde den verarmten Inselstaat in eine Art Kuwait im Golf von Guinea verwandeln. Zwei weitere Abkommen über seismische Studien wurden 1998 und 2001 mit der amerikanischen Mobil (dann ExxonMobil) und der norwegischen Firma PGS unterzeichnet. Das Abkommen mit der ERHC hatte São Tomé dagegen 1999 einseitig gekündigt, da die Firma aufgrund finanzieller Probleme ihren Vertragsverpflichtungen nicht nachgekommen war. 2001 übernahm die Chrome Energy Corporation des nigerianischen Millionärs Emeka Offor die Kontrolle über die ERHC. Der neue Eigentümer legte den Konflikt mit São Tomé bei. Als Gegenleistung gewährte die Regierung der ERHC weitreichende finanzielle Vorteile.

Unterdessen wurden auch die Verhandlungen mit Äquatorialguinea und Gabun über den Verlauf der gemeinsamen Seegrenzen erfolgreich abgeschlossen. Die Verhandlungen mit Nigeria aber scheiterten an der Weigerung der Nigerianer, São Tomés Vorschlag über die Festlegung der Seegrenzen nach dem Prinzip der Äquidistanz zwischen dem Kontinent und den Inseln zu akzeptieren. Als Alternative einigten sich die Regierungen der beiden Staaten im Februar 2001 auf die Errichtung der 28 000 Quadratkilometer großen Gemeinsamen Entwicklungszone in dem umstrittenen Seegebiet. Einkommen und Kosten der JDZ sollten im Verhältnis 60:40 zwischen Nigeria und São Tomé und Príncipe geteilt werden. Kein schlechter Deal für São Tomé und Príncipe, wenn man bedenkt, dass Nigeria fast 1 000mal mehr Einwohner hat. Neben dem Anteil an der JDZ verblieb dem Inselstaat auch noch seine eigene Ausschließliche Entwicklungszone.

Inzwischen wurde im In- und Ausland immer mehr Kritik an den drei Abkommen mit ERHC, ExxonMobil und PGS laut. Diese enthielten Klauseln, die extrem nachteilig für das arme Land waren: Die drei Firmen hatten sich als Gegenwert für geleistete Dienste weitgehende Vorrechte auf die Exploration sowohl in der Gemeinsamen als auch in der Ausschließlichen Entwicklungszone gesichert, und zwar ohne die Zahlung des sonst üblichen so genannten Signature Bonus, eine Vorauszahlung für das Recht zur Erschließung eines Ölfelds. Internationale Ölexperten bezeichneten das Abkommen mit ERHC als eines der schlechtesten in Afrikas Ölgeschichte.

Die offizielle Begründung für die nachteiligen Abkommen war die Unerfahrenheit der são-toméischen Unterhändler, doch kursierte auch der hartnäckige Verdacht auf Korruption. Erst auf Druck des IWF verlangte São

Tomé die Neuverhandlung der Abkommen mit den drei Vertragspartnern. Präsident Menezes, der 2002 eine illegale Parteispende in Höhe von 100 000 Dollar von Emeka Offor akzeptiert hatte, machte sich nun ebenfalls stark für weitere Verhandlungen. Das 2003 unterzeichnete neue Abkommen mit ExxonMobil war auch wesentlich besser, das mit ERHC blieb allerdings aufgrund der Vorrechte auf bonusfreie Explorationsrechte weiterhin umstritten. Die neuen Abkommen ermöglichten jedoch immerhin die erste Auktion der neun Blöcke der JDZ. Doch die folgende Zuteilung der Blöcke gestaltete sich schwierig.

An der Versteigerung im Oktober 2003 beteiligten sich überwiegend nigerianische Firmen mit zweifelhaften finanziellen und technischen Kapazitäten. Außer Chevron besaßen nur zwei weitere teilnehmende Firmen überhaupt technisches Know-how in der Ölförderung in großen Meerestiefen. Im April 2004 wurde daher – wider Erwarten – lediglich Block 1 der JDZ einem Konsortium von Chevron und ExxonMobil zugesprochen, während aufgrund der zweifelhaften Kompetenz der meisten Firmen für fünf andere Blöcke Ende des Jahres eine erneute Auktion stattfand. Dieses Mal beteiligte sich jedoch kein einziger der großen internationalen Ölkonzerne mehr. Offenbar waren sie wenig geneigt, mit der umstrittenen ERHC zusammenarbeiten zu müssen, die aufgrund ihrer äußerst vorteilhaften Verträge an allen Blöcken mit jeweils 15 bis 30 Prozent beteiligt war. Im folgenden Jahr teilte die JDZ die Blöcke 2 bis 6 verschiedenen Konsortien von Ölfirmen zu, basierend auf den Auktionsgeboten und – angeblich – technischen und finanziellen Kriterien. Dies führte zwar in São Tomé wegen vermuteter Unregelmäßigkeiten zu schweren Protesten, die in einer politischen Krise mündeten, wurde aber auf nigerianischen Druck hin schließlich 2005 doch so umgesetzt.

Bisher wurden allerdings erst Produktionsabkommen für drei der fünf vergebenen Blöcke unterzeichnet. Insgesamt erhielt São Tomé damit bislang anteilige »Signature Boni« von 78 Millionen Dollar, die auf einem nationalen Ölkonto bei der Federal Reserve Bank von New York deponiert wurden. Das Geld wurde genutzt, um den Staatshaushalt mitzufinanzieren, doch unlängst kritisierte ein Vertreter der Weltbank, dass die Mittel vorwiegend für Gehaltszahlungen für den aufgeblähten Staatsapparat verwendet wurden statt für Investitionen in entwicklungsstrategisch wichtige Sektoren.

Dabei waren mit dem nationalen Ölkonto hohe Erwartungen verbunden. Es basiert auf dem Gesetz zum Management der Öleinkünfte, das von den Experten des Jeffrey-Sachs-Teams entworfen und 2004 von der Nationalversammlung verabschiedet wurde. Im Kern ist es ein Antikorruptionsgesetz, das Transparenz im Ölsektor und die wirtschaftlich sinnvolle Verwendung der Öleinnahmen langfristig garantieren soll. Das Gesetz wurde als vorbildlich bejubelt. Tatsächlich bestehen jedoch gewisse Zweifel daran, ob überhaupt der politische Wille besteht, das Gesetz auch wirklich anzuwenden, sollten erst einmal die Einnahmen aus der Ölproduktion sprudeln.

Doch ob es so weit kommt, ist nach wie vor unklar. Angesichts der hohen Kosten von je 40 Millionen Dollar für eine Probebohrung in so großer Meerestiefe wollte Chevron erst einmal die Bohrungen der Konkurrenz in den anderen Blöcken der JDZ abwarten. Aufgrund der einsetzenden Wirtschaftskrise und der plötzlich fallenden Ölpreise haben jedoch die Konsortialführer in den Blöcken 2 und 4, die chinesische Sinopec und die Schweizer Addax, ihre zuerst für 2008 angekündigten Probebohrungen auf Ende 2009 verschoben.

Für die JDZ wurde seit 2004 keine weitere Auktion organisiert, und eine Versteigerung der Explorationsrechte in der são-toméischen Ausschließlichen Entwicklungszone hat bisher überhaupt noch nicht stattgefunden. Letzteres hat auch damit zu tun, dass 2007 der damalige Ölminister aus politischen Gründen alle drei Direktoren der 2004 errichteten Nationalen Erdölagentur (Agência Nacional de Petróleo, ANP) entlassen hat, obwohl die Weltbank deren Fachausbildung seit der Gründung der ANP finanziert hatte. Erst die jetzige, im Juni 2008 gebildete Regierung hat neue Direktoren ernannt. Inzwischen aber ist aufgrund der globalen Wirtschaftskrise und der hohen Explorationskosten in der besonders tiefen Ausschließlichen Entwicklungszone der Erfolg einer solchen Auktion alles andere als garantiert.

Die Beratergruppe von Jeffrey Sachs, die außer dem Öleinahmengesetz einen ambitionierten Aktionsplan für die nachhaltige wirtschaftliche Entwicklung des Landes erarbeitet hatte, hat 2007 sang- und klanglos ihr Projekt für São Tomé und Príncipe beendet. Kein Minister hatte sich ernsthaft für die gut gemeinten Vorschläge und Pläne der US-Experten interessiert. Außerdem war ohne Öl international offenbar wenig Ruhm mehr mit dem Inselstaat zu holen. Letzter Akt der Beratergruppe war die Abfassung eines Investionsführers für São Tomé und Príncipe. Im September 2008 hatte Sachs für Menezes, der anlässlich der UN-Vollversammlung nach New York gekommen war, dort ein festliches Abendessen mit zwei Dutzend Gästen organisiert, um den Investionsführer zu präsentieren. Als Menezes endlich mit zwei Stunden Verspätung eintraf, war Sachs bereits verärgert gegangen.

Menezes hatte offensichtlich schon lange das Interesse an den amerikanischen Experten verloren, umso mehr, seit er einen anderen Freund und Gönner in unmittelbarer Nachbarschaft gefunden hat. Seit 2007 pflegt er enge persönliche Beziehungen zu Teodore Obiang, seit einem Putsch 1979 Präsident des ölreichen Äquatorialguinea. Außer mit Petrodollars wird Obiangs Regime vor allem assoziiert mit politischer Repression, Menschenrechtsverletzungen und grassierender Korruption. Für Menezes ist die internationale Reputation Obiangs wenig relevant, denn im Gegensatz zu westlichen Philantropen und Gebern gibt er schnell und problemlos Geld und verlangt dafür keinerlei Transparenz. Dass der demokratisch gewählte Menezes Obiang im Gegenzug Lektionen in Demokratie und Meinungsfreiheit gibt, gilt als unwahrscheinlich.

*Fortsetzung von Seite 69*

als erhaltenswert und gesetzeskonform; Verträge der Kategorie B müssen revidiert und Verträge der Kategorie C annulliert werden. Die Bilanz war niederschmetternd: Kein einziger der 61 Verträge entsprach den Kriterien der Kategorie A, 39 erhielten die Kennzeichnung B, und 22 Verträge müssten annulliert werden.

Die Kommissionsmitglieder staunten über die Konditionen, die den Joint-Venture-Partnern von Gécamines eingeräumt worden waren: Durch viele Verträge zieht sich eine systematische Unterbewertung der von Gécamines eingebrachten Anteile – also dem Schätzwert der abbaubaren Rohstoffe und vorhandenen Förderanlagen – bei gleichzeitiger Überbewertung der von den Partnern geleisteten Investitionen. Zudem entgehen dem Staat wertvolle Einnahmen durch die den Unternehmen eingeräumten Steuervorteile. Dabei handelt es sich teilweise um Steuerbefreiungen auf dreißig Jahre. Andere Unternehmen hatten Abbaukonzessionen zu bloßen Spekulationszwecken erworben und sie an der Börse weiterverkauft, ohne auch nur mit dem Erzabbau begonnen zu haben.

Vorbehaltsklauseln zum Schutz von Mensch und Umwelt wurden schlichtweg ignoriert, lokale Zuständigkeiten übergangen, die ortsansässigen Arbeitskräfte schlecht bezahlt und die Abbauflächen einfach ohne behördliche Genehmigung erweitert. Manche Betriebe leiteten die Förderung ein, obwohl sie nur eine Erkundungsgenehmigung hatten. Die kongolesischen Behörden rechneten aus, dass der Bergbausektor gerade mal 27 Millionen Dollar an Steuereinnahmen einbrachte, während nach Schätzungen der Weltbank rund 200 Millionen Dollar zu erwarten gewesen wären. Im benachbarten Sambia fließen derweil rund 2 Milliarden Dollar aus dem Bergbau in die Staatskasse.

Der frühere Wirtschaftsminister André Philippe Futa, der an der Oklahoma State University promoviert hat, weist darauf hin, dass »der Minensektor im Jahr 2002, also während einer Phase negativen Wachstums, noch 30,33 Prozent zum Bruttoinlandsprodukt beigetragen hat, während dieser Anteil 2007 auf 6 Prozent zurückgegangen ist.« Die fehlenden Einnahmen lassen sich zum einen durch die ungerechtfertigten Steuervergünstigungen erklären, zum anderen aber auch durch Betrug und Bestechung: Vielfach flossen Schmiergelder anstelle von Abgaben. Die kongolesischen Behörden müssen zahlreiche gesetzeswidrige oder falsch ausgelegte Bergbauverträge neu aushandeln und die beschuldigten Unternehmen vor einen Schlichtungsausschuss laden. Bis heute wurden 16 Verfahren angesetzt. Konzernriesen wie Anvil Mining, BHP Billiton, Freeport McMoRan und Phelps Dodge wappnen sich bereits.

Die erstmals seit vierzig Jahren im Juli 2006 demokratisch gewählte Regierung hat ein weiteres Problem: den Einnahmerückstand bei den versprochenen Hilfen. Bislang sind nur 28 Prozent der zugesagten internationalen Gelder eingetroffen. In der Zwischenzeit verschlingen die Zinsen aus der Zeit von Mobutu – 800 Millionen Dollar jährlich bei einer Gesamtschuld von 12 Milliarden Dollar – ein Drittel des Staatshaushalts. Und der Internationale Währungsfonds knüpft laufend neue Bedingungen an einen möglichen Schuldenerlass. Die Finanznot des Staats verhindert jegliche Investition in das zusammengebrochene Gesundheits- und Bildungswesen und die soziale Infrastruktur. Und noch immer werden die östlichen Provinzen des Kongo von bewaffneten Truppen heimgesucht.

Im September 2007 unterzeichnete die Regierung ein umfangreiches Abkommen mit China. In diesem »Jahrhundertvertrag« wurde die Lieferung von 10 Millionen Tonnen Kupfer und 200 000 Tonnen Kobalt beschlossen. China verpflichtete sich im Gegenzug, binnen kürzester Frist ein ehrgeiziges Wiederaufbauprogramm zu starten: jeweils 3 500 Kilometer Straßen und Bahngleise, 31 Krankenhäuser mit je 150 Betten, 145 Polikliniken, Universitäten und Schulen. Der Partnerschaftsvertrag hat ein Volumen von 9 Milliarden Dollar, es könnte schnell auf 14 Milliarden ansteigen. Davon fließen 6 Milliarden in Infrastrukturarbeiten und 3 Milliarden in den Wiederaufbau des Bergbausektors. Allein in diesem Jahr sollen Arbeiten im Wert von 700 Millionen Dollar durchgeführt werden. Rohstoffe gegen Infrastruktur: Das Kompensationsgeschäft zwischen Gécamines und einem chinesischen Konsortium[3] mindert das Risiko, dass Gelder versickern und der Staatsbetrieb in die Finanzierungsfalle gerät.

Der kanadische Anwalt Paul Fortin, der Firmenchef von Gécamines, bezeichnet den in Peking nach zweimonatigen harten Verhandlungen abgeschlossenen Vertrag als »irreversibel«. Im Streitfall soll die Pariser Schiedsgerichtskammer angerufen werden. China hat gemäß seiner Nichteinmischungsdoktrin keinerlei politische Vorbehaltsklauseln oder Good-Governance-Bedingungen in das Vertragswerk eingeführt. Die westlichen Regierungen sehen das mit Unbehagen. Unterstützt von Menschenrechtsorganisationen, fordern sie Einsicht in die Bestimmungen dieser Privatverträge.

Anders als die westlichen Staaten, die nicht in der Lage waren, die notwendigen Kredite für den Wiederaufbau des Kongo rechtzeitig bereitzustellen, hat China keine Zeit versäumt: In Katanga, aber auch in Kivu und Kinshasa haben die Bauarbeiten für 250 Straßenkilometer und 1000 Sozialwohnungen bereits begonnen. Die kongolesische Bevölkerung ist zwischen Hoffnung und Furcht vor einer neuen Kolonisierung hin und her gerissen; mit Sorge beobachtet sie, dass die Chinesen Arbeiter und Ingenieure mit ins Land bringen.

Die europäischen Regierungen, insbesondere die belgische, machen ihrerseits keinen Hehl daraus, dass ihnen die enge Zusammenarbeit zwischen dem Kongo und China missfällt; diese Ablehnung könnte langfristig sogar zu einer Destabilisierung der kongolesischen Regierung führen. Doch Kinshasa ist fest entschlossen, die Kooperation mit Peking fortzusetzen.

**Aus dem Französischen von Veronika Kabis**

**3** Die Exim Bank of China hat den Gesamtvertrag abgeschlossen, gemeinsam mit zwei weiteren chinesischen Unternehmen, Synohydro und der China Railway Engeneering Corporation (Crec).

Erstmals erschienen in *Le Monde diplomatique* vom Juli 2008.

# Umweltkatastrophe in der Wüste

## Der Uranabbau im Niger zerstört die Lebensgrundlagen der Tuareg

**Von Anna Bednik** Journalistin bei *Le Monde diplomatique*

»Wenn nur die Sprache der Gewalt verstanden wird, dann müssen wir uns ihrer bedienen.« Mit dieser Erklärung[1] hat die mehrheitlich aus Tuareg bestehende Bewegung der Nigrer für Gerechtigkeit (Mouvement des Nigériens pour la justice, MNJ) die Wiederaufnahme des Kampfes gegen die Zentralregierung des Niger begründet – zwölf Jahre nach dem Friedensvertrag vom 24. April 1995, mit dem ein erster bewaffneter Aufstand beendet worden war. Begonnen hat die neue Rebellion im Februar 2007 in der Region Agadez im Norden des Landes, von wo sie sich bis ins Gebiet des Tschad-Sees im Südosten ausbreitete. Meldungen, wonach die Rebellen im Sommer 2008 bereits wieder ihre Waffen niedergelegt hätten, dementierten diese umgehend.

Der MNJ, ein Verbund aus Kämpfern der 1990er-Jahre, dem sich im vergangenen Jahr Überläufer aus den Regierungstruppen sowie einige lokale Volksvertreter angeschlossen haben, führt immer wieder Angriffe auf Militärstützpunkte und staatliche Einrichtungen aus. Seine Forderungen: die Umsetzung der Abkommen von 1995 (die vor allem eine Dezentralisierung der Verwaltung vorsehen), die Ausschüttung von 50 Prozent der Gewinne aus dem Bergbau an die lokalen Gemeinschaften, die vorrangige Beschäftigung der einheimischen Bevölkerung in diesem Sektor, die Beendigung des Ausverkaufs von Schürfrechten und keine weitere Suche nach Bodenschätzen in Weidegebieten.

Im Juli 2007 verschärfte eine Geiselnahme die Spannungen: Der MNJ hatte einen Mitarbeiter des chinesischen Bergbauunternehmens Sino-Uranium entführt und verlangte, dass alle Ausländer das Land verlassen sollten, die im Niger »mit Prospektion oder Ausbeutung von Bodenschätzen« befasst seien.

Niger ist der weltweit drittgrößte Uranexporteur. Die Jahresproduktion wird auf 3300 Tonnen geschätzt, knapp die Hälfte der Exporteinnahmen stammt aus diesem Sektor. Nach zwanzig mageren Jahren zogen die Preise für Uran 2003 wieder an. Da die globale Nachfrage nach Strom stieg und strengere Vorgaben zur Reduzierung der $CO_2$-Emissionen galten, bestanden rosige Aussichten für die zivile Nutzung der Atomenergie.[2]

Die Internationale Atomenergie-Organisation IAEO rechnete 2007 mit einer Zunahme von mindestens 20 Prozent (und maximal 83 Prozent) der weltweit aus Atomkraft erzeugten Energie bis zum Jahr 2030. Im Jahr 2008 waren nach Angaben der World Nuclear Association (WNA) 36 Atomkraftwerke im Bau und 97 weitere in Planung – vor allem in China, Indien, Japan und Russland. Der Bedarf an Nuklearbrennstoff wird zunehmen, außerdem werden die so genannten sekundären Quellen von nuklearem Brennstoff, insbesondere das aus ausgemusterten Atomsprengköpfen gewonnene angereicherte Uran, langsam knapp: Beides zusammen bewirkt, dass die Suche nach Lagerstätten von natürlichem Uran sowie dessen Abbau wieder verstärkt betrieben werden.

Der Niger ist reich an Uran, aber zugleich eines der ärmsten Länder der Welt – im Human Development Index (Index der menschlichen Entwicklung) des UN-Entwicklungsprogramms (UNDP) belegt es Platz 174 von 177. Die Regierung in Niamey sieht das neue Interesse an Uran als eine einmalige Chance in ihrem »Kampf für die wirtschaftliche und soziale Entwicklung«.[3]

Um die Einnahmen aus Bodenschätzen zu steigern, hat sich Präsident Mamadou Tandja neue Geschäftspartner gesucht. Zwei französisch-nigrische Unternehmen (die Société des mines de l'Aïr – Somair; und die Compagnie minière d'Akouta – Cominak) betreiben heute den Uranabbau – bei beiden ist die französische Areva NC[4] Hauptaktionär (mit 63,4 bzw. 34 Prozent). Im Juni 2007 wurde der Sicherheitsbeauftragte dieses französischen Energieriesen, Oberst Gilles de Namur, des Landes verwiesen, im Juli folgte ihm der örtliche Firmenchef Dominique Pin – beiden warf die Regierung Unterstützung der MNJ-Rebellen vor.[5] Die Beziehungen zwischen Paris und Niamey normalisierten sich allerdings bald wieder: Im Januar 2008 erteilte die Regierung des Niger Areva die Schürfrechte für die Uranlager von Imouraren, wo eines der größten Uranbergwerke der Welt entstehen soll. Im Gegenzug erhöhte sich der Preis, den Areva für das Uran bezahlt, um 50 Prozent.

Areva darf also weiterhin Geschäfte im Niger machen, doch mit dem französischen Monopol auf Uran im Niger ist es vorbei. Die Regierung in Niamey verkauft inzwischen jedoch einen Teil der Produktion selbst – 2007 waren es 300 Tonnen. Im November 2007 erhielt die China Nuclear International Uranium Corporation

**1** Kommuniqué des MNJ vom 18. April 2007; m-n-j. blogspot.com/.
**2** Siehe OECD/IAEO, *World Energy Outlook 2007, China and India Insights.* Selbst bei einem weltweit konstanten Anteil des Atomstroms (zwischen 13 und 16 Prozent) dürften die bestehenden Atomkraftwerke an Wert gewinnen.
**3** Siehe Moustapha Kadi, »Insécurité croissante au Nord Niger: A quand la paix?«, Niamey, *Energie pour tous*, Nr. 7, 5. September 2007.
**4** Areva NC bezeichnet sich als Weltmarktführer im Kernbrennstoffkreislauf. Vor seiner Eingliederung in die Nuklearsparte der Areva-Gruppe (2001) hieß das Unternehmen Compagnie générale des matières nucléaires (Cogema).
**5** Areva war in Verdacht geraten, nachdem ein Hauptmann der Nationalen Interventions- und Sicherheitstruppen im Juli 2007 zum MNJ übergelaufen war. Er hatte für seine Sicherheitsdienstleistungen von Areva knapp 85 000 Euro erhalten.

Eine Salz-Karawane der Tuareg in der Oase Fachi.
BILD: FRANS LEMMENS | ULLSTEIN

(Sino-Uranium), eine Tochter der staatlichen China National Nuclear Corporation (CNNC), die Rechte für die Uranexploration in Azelik. Das Unternehmen beutet bereits seit 2006 die großen Lagerstätten in Tegguida aus. Außerdem wurden Explorationsrechte an etwa zwanzig »kleinere« Firmen aus Kanada, Australien, Südafrika, Indien und Großbritannien vergeben.

Bei den bereits erteilten oder derzeit in Verhandlung befindlichen Konzessionen geht es um die Urangewinnung in einem Gebiet von fast 90 000 Quadratkilometern in der Region Agadez, am westlichen Rand des Aïr-Gebirges, zwischen der algerischen Grenze und den Felswänden der Falaise de Tiguidit. Die mehr als 300 000 Bewohner der Region, mehrheitlich Tuareg, wurden nicht gefragt, als Bergbauunternehmen Bodenrechte in Teilen ihrer angestammten Siedlungsgebiete erhielten. So mussten Einwohner des Gebiets um Tegguida-n-Tessoum westlich von Agadez das etwa 2500 Quadratkilometer große Gebiet verlassen, in dem die Sino-Uranium die Schürfrechte erworben hat. Niger Uranium Limited verbot nach Beginn der Prospektionsarbeiten in In-Gall und Ighazer den Hirten die Benutzung der Wasserstellen, und seit Areva in Imouraren mit Vorarbeiten für den Uranabbau begonnen hat, kann dort kein Vieh mehr weiden.

Die Bevölkerung dieser Gebiete lebt seit Jahrhunderten von der Landwirtschaft in den Oasen, von Salzgewinnung und der Viehzucht in so genannter Wanderweidewirtschaft. Dieses komplexe ökonomisch-ökologische Gleichgewicht ist nun bedroht, denn die wichtigsten Weidegründe der Nomaden liegen in den neuen Bergbaugebieten – etwa in der Ighazer-Ebene,[6] wo sich alljährlich zehntausende von Hirten zur »Salzkur« zusammenfinden, weil ihre Tiere dort die nötige mineralische Futterergänzung bekommen.

Angesichts der neuen Bergwerke in Azelik (Inbetriebnahme geplant für 2010) und Imouraren (geplant für 2012) wächst auch die Angst vor Strahlenschäden. In den Bergbaustädten Arlit und Akokan hatte das unabhängige atomkritische Strahlungsforschungs-Institut CRIIRAD (Commission de recherche de d'information indépendantes sur la radioactivité) schon zwischen 2003 und 2005 den Gesundheitszustand und vor allem die Strahlenbelastung der Bevölkerung untersucht. Auftraggeber waren die Umweltorganisation Aghir In'Man und die Menschenrechtsorganisation Sherpa.[7]

CRIIRAD berichtete, dass in diesen Städten, in denen mehr als 86 000 Einwohner leben, die internationalen Grenzwerte für die radioaktive Belastung von Trinkwasser weit überschritten werden. Radioaktive Abfälle würden im Freien gelagert, strahlender Schrott aus den Fabrikanlagen werde auf den Märkten verkauft und als Baumaterial oder Küchenutensilien verwendet. Im Mai 2007 setzte CRIIRAD die Firmenleitung von Areva und die nigrische Strahlenschutzbehörde in Kenntnis, dass der Aushub aus den Bergwerken bei öffentlichen Bauvorhaben verwendet werde und dass die Belastung durch Gammastrahlen mehr als das Hundertfache der Normalwerte betrage.

Solange keine seriösen wissenschaftlichen Gutachten vorliegen, ist das Risiko langfristiger Gesundheitsschäden kaum abzuschätzen.[8] Nach Auskunft der NGO Sherpa nehmen die Fälle von schweren Atemwegs- und Lungenerkrankungen in den betroffenen Regionen jedenfalls deutlich zu – was freilich durch die beiden von Somair und Cominak betriebenen Krankenhäuser systematisch verschleiert werde.

Stadteinfahrt von Agadez.
BILD: HANS VAN DEN BRINK

Die beiden Bergbauunternehmen sind nach dem Staat der zweitgrößte Arbeitgeber im Niger, und sie versorgen unzählige Zulieferer mit Aufträgen. Allerdings profitieren davon vorwiegend die aus dem Süden stammenden Haussa und Djerma – sie sind besser ausgebildet, verfügen über Einfluss in Politik und Verwaltung und haben folglich auch die besseren Chancen auf gute Posten und lukrative Aufträge. Die seit jeher in der Gegend lebenden Tuareg dagegen mit ihrer geringen Schulbildung und ihrem traditionellen Nomadentum haben kaum Anteil am Wirtschaftsboom in den Bergwerksstädten.

Die Dürrekatastrophe von 1973/74 hatte mehr als drei Viertel der Herden vernichtet und viele Tuareg in die großen Städte oder ins Exil nach Algerien und Libyen getrieben. Ende der 1980er-Jahre kehrten mehr als 20 000 von ihnen zurück – Oberst Ali Saïbou, der den seit dreizehn Jahren unter Ausnahmerecht regierenden General Seyni Kountché gestürzt hatte, versprach eine Politik der »Entspannung« im Niger. Zunächst erlebte das Land jedoch eine Wirtschaftskrise, während der für die Integration der vielen Remigranten nichts unternommen wurde. Auch die Hoffnung auf ein weniger rigides Regime erfüllte sich nicht: Nachdem es im Mai 1990 in Tchin-Tabaraden zu Zusammenstößen mit Regierungstruppen gekommen war, erlebten die Tuareg eine Welle der Repression.[9] Dass die Verantwortlichen für die blutige Unterdrückung nie bestraft wurden, verstärkte den Unmut unter den Tuareg, die sich übergangen fühlten – im Oktober 1991 kam es zu einem ersten bewaffneten Aufstand.

Im Friedensabkommen von 1995 war nicht nur die Rehabilitation der Rebellen festgeschrieben, sondern

**6** Der Wasserbedarf der geplanten Bergwerke wird innerhalb von vierzig Jahren die Brunnen in der Ighazer-Ebene versiegen lassen. Siehe Alain Joseph, »Quand l'uranium menace le pastoralisme nomade«, *Aïr Info*, Nr. 72 (Agadez), März 2008.

**7** CRIIRAD hat mehrere kritische Studien in französischer Sprache über den Uranabbau in Niger auf seiner Webseite veröffentlicht: www.criirad.org.

**8** Areva gab 2004 ein Umweltgutachten beim Institut de radioprotection et de sûreté nucléaire (IRSN) in Auftrag. CRIIRAD kritisierte diese Studie als beschönigend. 2005 ließ Areva auch eine klinische Studie durchführen. Beide Studien gehen auf die langfristigen Gesundheitsschäden nicht ein.

**9** Nach Regierungsangaben starben dabei 70 Menschen, NGOs sprachen von etwa 600, die Tuareg von mehr als 1 000 Toten. Siehe Mano ag Dayak, Michael Stührenberg, Jérôme Strazzulla, *Touareg, la tragédie*, Paris (Lattès) 1992.

**10** Moussa Kakka, ein Korrespondent von Radio France International (RFI), wurde im September 2007 verhaftet, weil er angeblich mit den Rebellen unter einer Decke steckt. Ebenfalls verhaftet wurden Ibrahim Manzo Diallo, Herausgeber der Zeitschrift *Aïr Info*, sowie die französischen Journalisten Pierre Creisson und Thomas Dandois (Arte) und François Bergeron (Désert Rebel).

Erstmals erschienen in
*Le Monde diplomatique*
vom Juli 2008.

auch ein Entwicklungsprogramm für den Norden, die Dezentralisierung der Verwaltung und vor allem eine Beteiligung der lokalen Gemeinschaften an den Einnahmen aus dem Bergbaugeschäft. Doch die Vereinbarungen wurden nicht umgesetzt: Dreizehn Jahre danach ist die Dezentralisierung noch immer nicht verwirklicht, und auch die erst 2006 beschlossene Beteiligung von betroffenen Gemeinden im Norden (mit 15 Prozent der Einnahmen) blieb bislang ohne jede Wirkung. Und die Vergabe neuer Schürfrechte wurde beschlossen, ohne irgendwelche Entschädigungen für die Betroffenen vorzusehen. »Um uns Tuareg machen sich die Regierenden einfach keine Gedanken, die sind nur mit ihren wirtschaftlichen Sorgen beschäftigt«, meint Issouf ag Maha, der gewählte Bürgermeister von Tchirozérine, der gegenwärtig im französischen Exil lebt. »Dabei wollen wir doch nur, dass die Bergbaugesellschaften und die Machthaber in Niger die Tatsache anerkennen, dass wir in diesen Gegenden leben.«

Im August 2007 verhängte die Regierung die »erhöhte Alarmbereitschaft« (eine Spielart des Ausnahmezustands) über die Region Agadez. Menschenrechtsorganisationen haben seither über willkürliche Verhaftungen (mehr als 100) und außergerichtliche Hinrichtungen von Zivilisten (etwa 70) berichtet – Vergeltungsmaßnahmen der Armee für Angriffe des MNJ. Auch von Folter, Vergewaltigung, Plünderung und dem Abschlachten von Herden (zumeist die Existenzgrundlage der Tuareg) ist die Rede. Die Armee benutzt regelmäßig Zivilisten als »menschliche Schutzschilde« – vor allem, wenn sie irgendwo Minen vermutet.

Angesichts solcher Gewaltakte ergreifen viele Menschen die Flucht. »In Ifréouane gibt es jetzt nur noch Soldaten, alle Einwohner sind geflohen«, berichtet der Leiter einer kleinen Hilfsorganisation, die sich, wie viele andere, aus der Region zurückziehen musste. Die Versorgungslage verschlechtert sich, weil kaum jemand die verminten Straßen befahren oder sich Repressionen aussetzen will. Die Preise steigen, auch der Tourismus fällt in diesem Jahr als Einkommensquelle aus.

Libyen, Burkina Faso und die Afrikanische Union haben erfolglos Vermittlungsversuche unternommen. Für Präsident Mamadou Tandja sind die Aufständischen nichts weiter als »Banditen und Drogenschmuggler«, mit denen er nicht verhandeln möchte. Journalisten dürfen in die Kampfgebiete nicht mehr einreisen.[10] Die Machthaber in Niamey beharren auf der Position, das Land müsse frei über seine natürlichen Reichtümer verfügen können. Darüber hinaus wollen sie ihren Bürgern weismachen, die innenpolitische Krise sei nur Folge der gewachsenen strategischen Bedeutung Nigers. Mitte April 2008 forderte das Parlament die Regierung auf, »alles zu unternehmen, um eine friedliche und dauerhafte Regelung des Konflikts herbeizuführen« – denn der könne die Stabilität des Landes ernstlich gefährden. Bislang haben die Machthaber darauf nicht reagiert.

**Aus dem Französischen von Edgar Peinelt**

# Ein Platz an der Sonne

## Die deutschen Kolonien

Wer den Spuren der deutschen Kolonialgeschichte in Afrika nachgehen will, kann mit einem Rundgang im Berliner Stadtteil Wedding anfangen. Von der Lüderitzstraße zur Petersallee, von der Ghanastraße zur Schrebergartenkolonie Togo – hier ist es noch lebendig, das deutsche Kolonialreich mitsamt seinen Helden.

1683 gründete Kurfürst Friedrich Wilhelm von Brandenburg im heutigen Ghana zwecks Teilnahme am Sklavenhandel die erste deutsche Kolonie in Afrika: Groß Friedrichsburg. Da aber das Hauptinteresse von Preußenkönig Friedrich Wilhelm I. dem Aufbau der preußischen Militärmacht galt, verkaufte er die Kolonie 1720 an die Holländer. Ab 1856 gründeten dann deutsche Handelshäuser Niederlassungen in Togo und Kamerun. Der Kaufmann Adolf Lüderitz erwarb 1883 zudem ein großes Gebiet an der Küste Namibias.

1884 gab Bismarck der wachsenden Kolonialbegeisterung und dem Druck der Nationalliberalen Partei nach und ernannte den Militärarzt und Afrikaforscher Gustav Nachtigal zum Reichskommissar für Westafrika. Noch im selben Jahr errichtete dieser eine deutsche »Schutzherrschaft« über Togo und Kamerun – angeblich, um so den Sklavenhandel einzuschränken, der zu diesem Zeitpunkt aber kaum noch eine Rolle spielte.

Ebenfalls 1884 reiste Carl Peters nach Ostafrika, wo er ohne staatlichen Auftrag auf Deutsch abgefasste Verträge mit ahnungslosen Häuptlingen abschloss. Als Peters Bismarck drohte, das Gebiet gehe sonst an den belgischen König verloren, stellte der Reichskanzler der neu gegründeten Deutsch-Ostafrikanischen Gesellschaft einen Schutzbrief aus. Seine Idee, die Führung der Kolonien privaten Firmen zu überlassen, sollte sich bald als nicht realisierbar herausstellen. Ein Aufstand auf Sansibar führte zum Zusammenbruch der Deutsch-Ostafrikanischen Gesellschaft, die daraufhin ihre Besitzungen ans Deutsche Reich abtrat. Peters wurde 1891 Reichskommissar von Deutsch-Ostafrika, zu dem das Festland des heutigen Tansania, Burundi und Ruanda gehörten. Die ohnehin nicht zu haltenden Gebiete auf Sansibar überließ man den Briten im Tausch gegen Helgoland.

Deutsch-Südwestafrika, das heutige Namibia, hatte eigentlich deutschen Auswanderern eine neue Heimat bieten sollen. Das Interesse hielt sich jedoch in Grenzen, die Zeit der massenhaften Auswanderung war vorbei. Das hinderte die deutsche Kolonialverwaltung nicht daran, in den Jahren 1904 bis 1908 mit äußerster Brutalität gegen einen Aufstand vorzugehen, bei dem auch deutsche Farmen angegriffen wurden. Die Vernichtung der Hereros unter Generalleutnant Lothar von Trotha gilt als der erste Völkermord des 20. Jahrhunderts.[1]

In Ostafrika begann 1905 der Maji-Maji-Aufstand, der unter anderem gegen die Zwangsarbeit auf Baumwollplantagen gerichtet war. Die Deutschen reagierten mit einer Strategie der verbrannten Erde, die eine Hungersnot nach sich zog. 23 Weiße kamen ums Leben – und bis zu 300 000 Afrikaner. Selbst friedlicher Widerstand wurde nicht hingenommen. Die Duala in Kamerun trugen ihren Protest mehrfach direkt nach Deutschland und machten Eingaben an den Reichstag. Bei Ausbruch des Ersten Weltkriegs wurden ihre Anführer als angebliche Hochverräter hingerichtet.

Insgesamt haben sich die kolonialen Abenteuer für das Deutsche Reich nicht bezahlt gemacht, auch wenn ein paar private Handelsgesellschaften zweifellos profitiert haben. Die Kosten waren hoch, während der Anteil der Kolonien am deutschen Außenhandel laut Berechnungen der Bundeszentrale für politische Bildung 1913 gerade einmal 0,6 Prozent betrug. Wenn der Erste Weltkrieg irgendeine positive Folge für Deutschland gehabt hat, so war es der Verlust seiner Kolonien.

**LIEB**

1 Wenigstens eine Trothastraße fehlt im Wedding, und München hat 2006 seine Von-Trotha-Straße in Hererostraße umbenannt.

# 5.

**Kapitel**

# Konflikte

»The map of Africa by treaty • Anglo-German Boundary Yola to Lake Chad« (1895) • by Sir Edward Hertslet
BILD: LIBRARY OF CONGRESS GEOGRAPHY AND MAP DIVISION

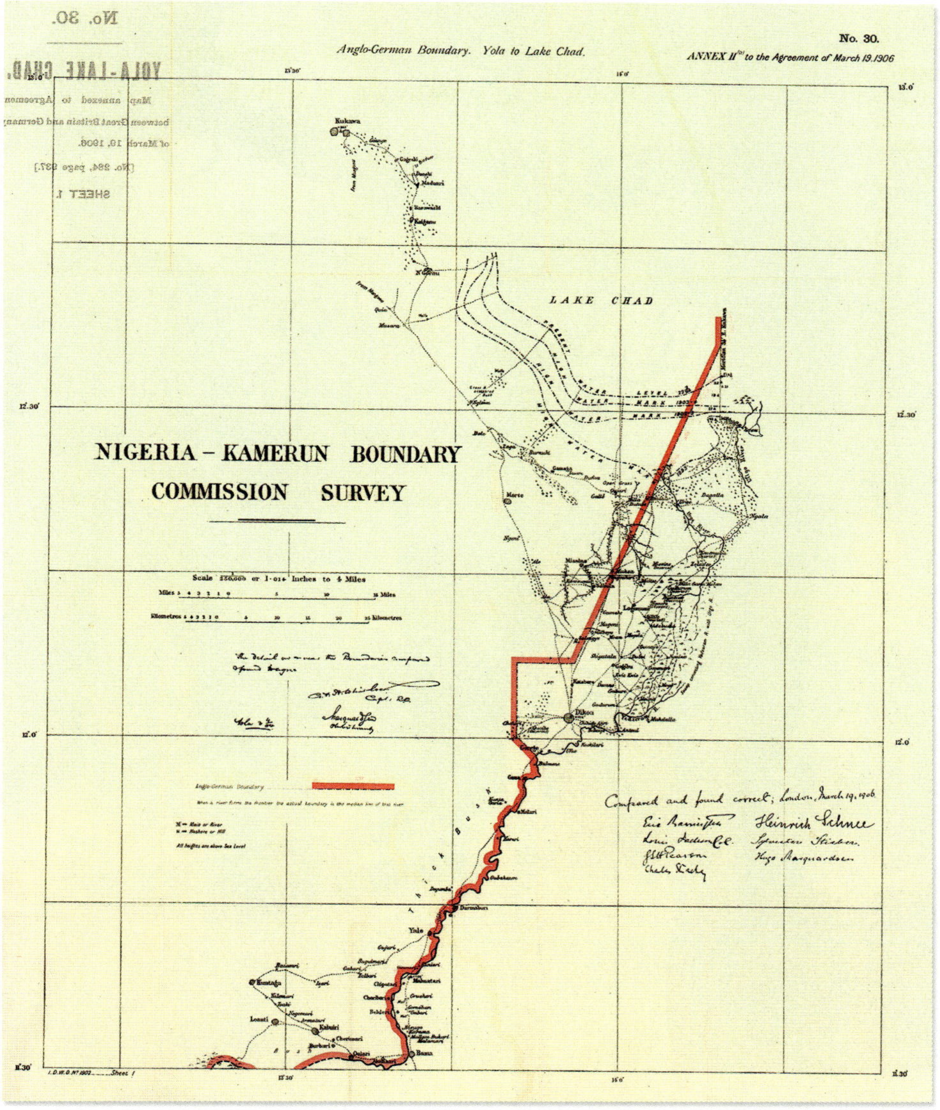

VIEW HOTEL
VIEW HOTEL
HOSTELS
STUDENTS
ROCKIES

# Kenianisches Fieber

Nicht die Ethnien, sondern die Eliten haben die schweren Konflikte nach den Wahlen verursacht

**von Jean-Christophe Servant** Journalist bei *Le Monde diplomatique*

Drei Tage nach den »historischen Wahlen« am 27. Dezember 2007, die »ungestört abliefen« (so der Befund des US-Botschafters in Nairobi Michael Ranneberger), stand Kenia in Flammen. Die Bekanntgabe der Ergebnisse, die offensichtlich zugunsten des bisherigen Präsidenten Mwai Kibaki gefälscht waren[1], löste blutige Zusammenstöße aus. Geschätzte 1500 Tote sind die Bilanz der Gewaltakte »manipulierter Jugendbanden, die die Bevölkerung terrorisierten«. So charakterisiert sie der Keniaexperte Hervé Maupeu, der die ethnische Dimension der Ereignisse stark relativiert.[2] Am Blutbad mitschuldig waren auch Polizeikräfte, die die Erlaubnis zum »gezielten Töten« bekommen hatten.

Für die breite Öffentlichkeit des Westens kam diese Entwicklung überraschend: Das Keniabild, das ihr bis zu diesem verhängnisvollen Wahlgang geboten wurde, war geprägt von weiten, traumhaften Landschaften, einer Mischung aus Fotografien von Peter Beard und dem *König der Löwen* aus dem Zeichentrickfilm. Und von Fernsehberichten über das Samburu-Dorf Umoja, in dem einige Dutzend Frauen in männerfreier Zone ihr Leben selbst in die Hand nehmen[3]: eine überaus erbauliche, feministisch korrekte Geschichte aus einem zeitlosen Afrika, deren Glanzpapierversion in den europäischen Printmedien dafür sorgen sollte, dass die Geldquellen des kenianischen Tourismus nicht versiegen.

Doch die Bungalows in den Nationalparks und die Strandhotels am Indischen Ozean, die jährlich über eine Million Touristen ins Land locken, sind eine Welt für sich, fern der Realität. Mit einem Wachstum von 6 Prozent im Jahr 2007 und einem Börsenindex, der innerhalb von sechs Jahren um mehr als 800 Prozent nach oben geschossen war, galt dieser »Garten« des afrikanischen Kontinents als »Modell des Wohlstands und der Stabilität«. Entsprechend war Kenia bis zu den Unruhen das Hätschelkind der internationalen Geldinstitute.

Tatsächlich jedoch war das Land von einem Fieber infiziert, für das man nur seine Nachbarn Äthiopien, Sudan, Somalia und Uganda anfällig glaubte.

Keine zwei Kilometer vom Geschäftsviertel Nairobis entfernt tickte eine soziale Zeitbombe: die 134 »informellen Siedlungen«, in denen 60 Prozent der Einwohner der Hauptstadt zusammengepfercht leben. Diese Elendsviertel stehen im Ruf, die größten und explosivsten Slums des subsaharischen Afrika zu sein.[4] Die Gewalt war schon immer latent in dieser Hauptstadt, in der 20 000 Menschen im Exil leben. Hier haben die Unterorganisationen der UNO und die wichtigsten Nichtregierungsorganisationen ihren regionalen Sitz. Hier haben rund 100 multinationale Konzerne ihre Operationsbasis für die Eroberung der aufkeimenden afrikanischen Märkte etabliert. Und in keiner anderen Hauptstadt residieren so viele Afrikakorrespondenten.

Aber, erläutert Jacqueline Klopp, Professorin an der Columbia University, »die Geschichte des Landes ist seit der Kolonialzeit von Gewalt und Unterdrückung gekennzeichnet. An den meisten Schauplätzen der Gewalt, in Eldoret, Molo oder Narok, hatte es schon anlässlich der Wahlen von 1992 und 1997 Zusammenstöße gegeben. Die viel zu vielen Flüchtlinge, die hier in Armut und Unsicherheit leben, sind auch nun wieder in der Rolle der Opfer.«[5]

Im Herbst 2007, als der Herausforderer des amtierenden Präsidenten Kibaki, Raila Odinga, bei den Umfragen weit vorn lag, hatte sich das Land gerade erst von einem blutigen Sommer erholt. In den No-go-Areas der Hauptstadt wirkten noch die mörderischen Fehden von 2006 nach, bei denen Luo-Milizen (die sich Taliban nennen) und Kikuyu-Milizen (als Mungiki bekannt) um die Kontrolle des Schwarzmarkts für Changaa, den traditionellen selbst gebrauten Schnaps, kämpften. Dabei kam es immer wieder zu außergerichtlichen Hinrichtungen der Kwe Kwe Squad. Diese Spezialeinheit schoss gezielt auf alle jungen Leute, die nach Mungiki aussahen. 500 Menschenleben hat dieses Todesschwadron der Regierung auf dem Gewissen. Aber auch die Mungiki verstärkten mit ihren – von der Menschenrechtskommission Kenias wiederholt verurteilten – Grausamkeiten in den Slums die Ressentiments gegen die Kikuyu, die Ethnie des Präsidenten.

Am Mount Elgon und Mount Kenya, im Rift Valley, wo fünfzehn Jahre zuvor Konflikte um die Landverteilung und danach gewaltsame Vertreibungen tiefe Gräben zwischen der Mehrheits-Ethnie der Kikuyu-Ackerbauern und der Minderheit der Kalenjin-Viehzüchter aufgerissen haben[6], wüteten zur selben Zeit »Milizen, die von mächtigen Politikern manipuliert werden, mit dem Ziel, eine allgemeine Verunsicherung durch Gewalt herbeizuführen und die politische Demografie und das Zusammenleben der Ethnien in den Bezirken zu stören«.[7]

Im Herbst 2007 kursierten erste Gerüchte über Manipulationen: Der 76-jährige amtierende Präsident beschloss eine »Verwaltungsreform«, die eine wunderbare Vermehrung der Wahlkreise, in denen er eine Mehrheit

**1** Im Gegensatz zur Präsidentschaftswahl wurde der Ablauf der am selben Tag durchgeführten Parlamentswahlen nicht bemängelt. Das vom Oppositionskandidaten Raila Odinga angeführte Orange Democratic Movement (ODM) errang 99 der 222 Sitze, Kibakis Partei der Nationalen Einheit nur 43. Der Staatschef wird also seine Gesetze in einem Parlament durchsetzen müssen, in dem fast die Hälfte der Abgeordneten seine Regierung für illegal hält.
**2** *Le Soir*, Brüssel, 2. Januar 2008.
**3** *Das Dorf der Emanzen*, gesendet u. a. vom NDR am 4. November 2007, 19.20 Uhr.
**4** Siehe Jean-Christophe Servant, »Christus, Dreadlocks und Mau-Mau. Kenias Jugend zwischen sozialem Protest und mafioser Gewalt«, *Le Monde diplomatique*, Januar 2005.
**5** »Impunity and Violence in Kenya« erscheint in einer der nächsten Nummern von *Review of african political economy* (London).
**6** »Kenya elections: a luo and kikuyu affair«, *The New Vision*, Kampala, 5. Dezember 2007. Nach 24 Jahren an der Macht war 2002 die Kenya African National Union (Kanu) des Autokraten Daniel Arap Moi von einer Regenbogenkoalition unter der Führung von Mwai Kibaki gestürzt worden. Die Wähler bestraften damit vor allem die umfassende Korruption und die blutige Repression der oppositionellen Luo und Kikuyu.
**7** »Deadly militiamen: the untold story«, *The Daily Nation*, Nairobi, 9. April 2007.

Im Mathare-Slum von Nairobi: Randalierer greifen im Februar 2008 einen Kikuyu an.
BILD: BERNAT ARMANGUE | AP

erwarten konnte, zum Ergebnis hatte. Zugleich wurde die Wahlkommission teilweise neu besetzt. Im Wahlkampf standen sich dann zwei Schwergewichte gegenüber. Kibaki und Odinga traten nach vierzig Jahren in der Arena kenianischer Politik zu ihrem letzten Duell an, das von Korruption und schmutzigem Geld geprägt war:

»Also meine Herren, der Fototermin ist vorbei, Sie können sich jetzt loslassen... Jetzt zur Sache...«
Kofi Annan, Mwai Kibaki und Raila Odinga in einer Karikatur der kenianischen Wochenzeitung *The Sunday Nation* am 27. Januar 2008.
BILD: WWW.NATIONMEDIA.COM

ein »undurchsichtiges Spiel von Bündnis und Verrat, zurechtgeschminkt als ethnischer Verrat, während es tatsächlich um ihre persönlichen Reichtümer ging«.[8]

Vor der Wahlkommission hatten alle Kandidaten einen Verhaltenskodex unterzeichnet, der einen feierlichen Gewaltverzicht enthielt. Doch die Tragödie war nicht mehr aufzuhalten. Sie nahm ihren Lauf in den Wahlbezirken, in denen »eine immer größer werdende Kluft zwischen Arm und Reich und eine zunehmende Verelendung« herrschen und die enttäuschten Hoffnungen in die Revolte umschlagen.[9] Auf beiden Seiten wurden die Befehlsempfänger früherer Gewaltexzesse mobilisiert, denen Straflosigkeit für ihre früheren Straftaten zugesichert wurde. Diese Elemente führten nun erneut einen Wahlkampf im Dunkel, indem sie – mit Geld und dem Gift des Ressentiments – Zwietracht in einer Bevölkerung stifteten, die zwischen euphorischer Hoffnung und hilfloser Wut hin und her gerissen war.

Die Verhältnisse, die den Konflikt in Kenia hervorgebracht haben, erinnern eher an die Zustände in der Elfenbeinküste am Ende der 1990er-Jahre als an die furchtbaren Ereignisse von 1994 in Ruanda. Nairobi hat im anglofonen Ostafrika eine ähnliche Drehscheibenfunktion wie Abidjan im frankofonen Westafrika. Und so, wie sich in Abidjan der Großteil der Ausländer in bestimmte Viertel zurückzog, so verschanzten sie sich in Nairobi hinter den hohen Sicherheitszäunen der feinen Viertel und zogen es vor, vor der kenianischen Realität die Augen zu verschließen und zu schweigen. Doch irgendwann zeigte die Krise ihr wahres Gesicht: Ihr Kern ist die Diskrepanz von unmäßigem Reichtum und blanker Not – »die politische Elite platzt geradezu vor Selbstgefälligkeit, und das Volk versinkt im Elend«.[10]

Der ärmste Teil der Kikuyu, seiner eigenen ethnischen Basis, stimmte gegen den Amtsinhaber Mwai Kibaki. Wie schon beim Verfassungsreferendum vom November 2005 liefen diese Leute ins Lager von Luo Odinga über.[11] Bei den Wählern, die von ihm eine Veränderung erhofft hatten, hat der Staatschef in den Jahren von 2003 bis 2005 allen Kredit verspielt. Er hatte Gerechtigkeit versprochen und angekündigt, die Korruption zu bekämpfen und die Menschenrechtsverstöße unter dem Regime Daniel Arap Mois (1978 bis 2002) aufklären zu lassen. Aber nichts dergleichen geschah. Statt Beschuldigte vor Gericht zu bringen, musste der oberste Korruptionsbekämpfer, John Githongo, im Februar 2005 nach London fliehen.

Damals verließ auch Odinga, dem Kibaki nach allgemeiner Ansicht seinen Sieg von 2002 zu verdanken hatte, die von der Kikuyu-Entourage des Präsidenten beherrschte Regierungskoalition. Heute ist Odinga mit 62 Jahren ein erfahrener und geschickter Geschäftemacher, »dessen Vergangenheit als politischer Demagoge alles andere als unschuldig ist«.[12] Das Umfeld seiner Berater ist inzwischen ebenso undurchsichtig und skandalumwittert wie das seines früheren Gönners Kibaki.

So war zum Beispiel Musalia Mudavati, dem Odinga im Falle seines Wahlsiegs das Vizepräsidentenamt versprochen hat, Finanzminister unter Arap. Als solcher war er in den Goldenberg-Skandal verwickelt, einen der schlimmsten Fälle von Veruntreuung von Staatsgeldern in Kenia.[13] Auch William Ruto, ein Kalenjin-Boss aus dem Rift Valley, der seit Anfang der 1990er-Jahre die Jugendorganisation der Moi-Partei Kenya African National Union (Kanu) anführt, hat sich persönlich an den Schillingmillionen bereichert, die von der kenianischen Staatsbank gedruckt wurden, um 1992 die Wiederwahl seines Mentors abzusichern. Nicht weniger pikant ist, dass zu den Odinga-Beratern der amerikanische PR-Experte Dick Morris zählt, der sich unter anderem als Medienberater bei der Orangenen Revolution vom November 2004 in der Ukraine betätigt hat. In Kenia wurde er allerdings, auf öffentlichen Druck hin, schon vor Ende der Wahlkampagne verabschiedet.

Während der Übergangsperioden zur Demokratie ist die Gefahr gewalttätiger Spannungen am höchsten – zumal im Kontext einer beschleunigter Globalisierung, die zu schneller Anpassung zwingt. Die fünf Jahre der Kibaki-Präsidentschaft haben die Bruchlinien einer Gesellschaft zwischen Arm und Reich sichtbar gemacht, in der die Hälfte der Bevölkerung mit weniger als zwei Dollar pro Tag auskommen muss.[14] In den Slums von Mombasa, Nairobi und Kisumu schlägt sich eine junge Bevölkerung durch, die Globalisierung am eigenen Leib erfährt, ohne von ihr zu profitieren.

Diese Menschen sind (manchmal) Teilnehmer oder (meistens) Zuschauer eines vom Prekariat bestimmten Markts, der das Leben in den Elendsvierteln reguliert: Wachdienste auf den Straßen, Eintreiben von Mieten und Schutzgeldern, auch bei öffentlichen Verkehrsmitteln, illegale Stromversorgung, Gewinne aus provisorischen Latrinen. Die Soziologin Awinda Atieno, die über die jungen Kukuyu in den Slums von Nairobi ge-

**8** Jean-Philippe Remy, »Les démons libérés du Kenya«, *Le Monde,* 4. Januar 2008.
**9** Siehe Paul Rogers, *Losing Control: Global security in the 21st century,* London (Pluto Press) 2002.
**10** Michela Wrong, »How Kenya Lost its way«, *The New Statesman,* London, 3. Januar 2008.
**11** Bei diesem Verfassungsreferendum stimmten auch viele Kikuyu mit Nein und trugen damit zu der von Raila Odinga betriebenen Ablehnung der Verfassung bei.
**12** Siehe Gerard Prunier, »Kenya: les vieux habits du président Kibaki«, *Libération,* Paris, 15. Januar 2008.
**13** Zwischen 1990 und 1993 verlor Kenia 600 Millionen Dollar an Subventionen für fingierte Gold- und Diamantenexportgeschäfte.
**14** *Etats et sociétés fragiles. Entre conflits, reconstruction et développement,* hg. von Jean Marc Châtaigner und Hervé Magro, Paris (Karthala) 2007.

forscht hat, meinte kurz vor den Wahlen besorgt: »Aus Liebe zu Kenia wollen wir hoffen, dass die Mungiki nur ein Symptom des vorübergehenden Wahlfiebers sind und kein brutales Vorzeichen für etwas noch sehr viel Brutaleres.«[15]

Die nach Kenia entsandte damalige US-Staatssekretärin für afrikanische Angelegenheiten, Jendayi Frazer, forderte Kibaki und Odinga nach den Unruhen auf, »dieses Problem gemeinschaftlich zu lösen, um die Institutionen Kenias zu stärken«. Kenia ist Washingtons »strategischer Partner« (was dem Land 2007 mehr als 500 Millionen Dollar an bilateraler Hilfe beschert hat) und Vorposten im Kampf der USA gegen den Terrorismus am Horn von Afrika. Es zählte sogar zu den Kandidatenländern für den Sitz des Africom, des Militärkommandos, das die USA für den afrikanischen Kontinent eingerichtet haben.[16]

Über Kenia laufen auch die Verbindungslinien zum Meer für die benachbarten Binnenstaaten Uganda, Ruanda, Burundi, aber auch für den Südsudan und für Ostkongo. All diese Regionen leiden bereits schwer unter den Preissteigerungen bei Treibstoffen und Lebensmitteln; und auch die Wirtschaft des ostafrikanischen Hinterlands wurde durch die Schockwellen der kenianischen Ereignisse hart getroffen.

Eine Zeitlang sah es so aus, als würde sich das Schicksal Kenias auf der Straße entscheiden. Das Land begann, in Anarchie zu versinken. Es war weniger die Einsicht der Konfliktparteien als vielmehr Druck aus dem Ausland und die geduldige Vermittlungsarbeit des ehemaligen UN-Generalsekretärs Kofi Annan, die dann im April 2008 zur Bildung einer Einheitsregierung führten. Eine Regierung mit zwei Machtzentren: Kibaki als Präsident und Odinga im neu geschaffenen Amt des Ministerpräsidenten. Eine Regierung mit 40 Ministern und 52 Vizeministern, damit jede Seite die Chance hatte, ihre Parteigänger zu versorgen. Es finden sich darin alte Bekannte: Der Minister für innere Sicherheit, Georges Saitoti, hatte 2006 als Erziehungsminister zurücktreten müssen, weil er in den Goldenberg-Skandal verwickelt war. Und Kiraitu Murungi sitzt wieder auf dem Stuhl des Energieministers, den er 2006 aufgeben musste, weil er die Ermittlungen bei einer anderer Korruptionsaffäre (dem Anglo-Leasing-Skandal) behindert hatte.[17] Mindestens ein Achtel der jährlichen Staatseinnahmen dürfte der Unterhalt des Kabinetts kosten.

Ein berühmtes Kikuyu-Sprichwort lautet: »Wenn zwei Elefanten kämpfen, leidet das Gras.«

**Aus dem Französischen von Josef Winiger**

**15** Awinda Atieno, »Mungiki, Neo Mau Mau and the prospects for democracy in Kenya«, *Review of African Political Economy* Nr. 113, London, Herbst 2007.
**16** Tatsächlich ist bis auf Weiteres der Hauptsitz in Stuttgart.
**17** Die Anglo Leasing Finance soll 2004 für nie erbrachte Leistungen (u. a. fälschungssichere Pässe) Dollarbeträge in dreistelliger Millionenhöhe von der kenianischen Regierung kassiert haben.

Erstmals erschienen in *Le Monde diplomatique* vom Februar 2008.

Key of G
d . t₁ : d . r | m : m | r : r | d :— |
Nko- si Si- ke- le- li- A- fri- ka
m . m : r . m | f | m . m : m | r : — | d . t₁ : d . r | m : m | r : f | m :— |
Ma- lu- pha-ka-nyi-swu- pho-ndolwa-yo Yi- zwa i- mi-tha- nda- zo ye- thu
r : — | d : — | t₁ . d : r | : — | r : — | d : — . d | t₁ . d : r | : — |
Nko- si si- ke- le- la thi- na lu sa- pho- lwa- yo

# Südafrika und sein verdrehter Nationalismus

Die fremdenfeindliche Gewalt hat das Bild von der »Regenbogennation« zerstört

**Von Johann Rossouw** Politologe und Leiter der inzwischen eingestellten Afrikaans-Ausgabe von *Le Monde diplomatique*.

Das Bild erinnerte an die Gewalt vergangener Zeiten: In einer staubigen Straße wird ein namenloser junger Schwarzer bei lebendigem Leibe angezündet.[1] Ähnliche Szenen hatte es in den letzten Jahren der Apartheid in Südafrikas schwarzen Townships[2] gegeben. Doch das Bild vom 18. Mai 2008, im Jahre 14 nach der Ablösung des Apartheidstaats durch ein demokratisches System, steht emblematisch für den jüngsten Ausbruch fremdenfeindlicher Gewalt von überwiegend schwarzen Südafrikanern gegen überwiegend schwarze Ausländer, von denen viele Flüchtlinge aus Simbabwe sind.

Südafrika hat der Welt mit diesen Szenen einen Schock versetzt, zumal kurz vorher ein anderer rassistischer Vorfall durch die internationale Presse gegangen war: Ein skandalöses Video zeigt vier burische Studenten der renommierten Afrikaans-Universität von Bloemfontein, die in ihrem Studentenwohnheim »handgreifliche Scherze« mit schwarzen Putzfrauen treiben, die meisten von ihnen ältere Frauen.

Wie um alles in der Welt kann es kommen, dass ein solcher Rassismus und solche Fremdenfeindlichkeit in Nelson Mandelas »Regenbogennation« ihr hässliches Haupt erheben – in dem Land, das nicht nur dem afrikanischen Kontinent, sondern der ganzen Welt als Beispiel für Versöhnung und Hoffnung vor Augen stand?

Um diese Frage zu beantworten, müssen wir uns zunächst von unseren Illusionen über den Post-Apartheid-Staat Südafrika verabschieden. In dieser romantischen Vorstellung bestand die historische Herausforderung des Landes darin, die Kluft zwischen schwarzen und weißen Südafrikanern zu überwinden. Die Aufgabe schien am 27. April 1994 mit der Wahl Nelson Mandelas zum ersten demokratisch gewählten Staatspräsidenten Südafrikas bewältigt zu sein. Damals dachten alle, das Land werde unter dem Schirm seiner vorbildlichen liberal-demokratischen Verfassung und dank eines kräftigen Wirtschaftswachstums die Vergangenheit hinter sich lassen und einer strahlenden Zukunft entgegengehen, in der die Hautfarbe keine Rolle mehr spielt.

Solche Vorstellungen über das »Modell Südafrika« besagen weniger über das Land selbst als über die beharrliche Vorherrschaft eines manichäistischen Weltbildes und den damit einhergehenden naiven Glauben, dass am Ende immer »das Gute« über »das Böse« siegt. Außerdem verraten sie einiges über die Sehnsucht unserer hoffnungslos globalisierten Gegenwart nach »Geschichten der Hoffnung«.

Um zu verstehen, was derzeit in Südafrika vorgeht, müssen wir weit hinter die Jahrzehnte der Apartheid zurückgehen, in die koloniale Epoche Südafrikas, die in Wahrheit alles andere als abgeschlossen ist. Denn die Hauptmerkmale der politischen Ökonomie des modernen Südafrika haben sich bereits seit 1806 im Zuge der britischen Kolonisierung der Kapprovinz herausgebildet.

Im 19. und in der ersten Hälfte des 20. Jahrhunderts exportierten die Westeuropäer ihr Konzept der Moderne nach Afrika und in andere Weltregionen. Dazu gehörte auch die Vorstellung eines homogenen Nationalstaats mit einer dominierenden Nationalsprache, einer auf Industrie und moderne Technologie gestützten Volkswirtschaft und einem einheitlichen Bildungssystem.

Dieses Konzept implantierten die Briten in Südafrika zwischen der Entdeckung der Gold- und Diamantenvorkommen in den 1860er- und 1870er-Jahren und der Gründung der Südafrikanischen Union im Jahre 1910. Der Gründungsakt vollendete nicht nur die Vereinigung des Territoriums der heutigen Republik Südafrika, sondern auch die politische Allianz zwischen den beiden mächtigsten Volksgruppen, also den Siedlern britischer Abstammung und den Afrikaanders. Letztere sind Nachkommen von Holländern, aber auch Franzosen und Deutschen, fühlen sich aber aufgrund ihrer 350 Jahre langen Präsenz aufs Engste mit dem Schicksal Südafrikas verbunden.[3]

Zum Zeitpunkt der Staatsgründung war die auf gigantischen Bodenschätzen beruhende Industrialisierung Südafrikas bereits in vollem Gange. Es entstand ein Eisenbahn- und später ein Straßennetz, das die wichtigsten Siedlungsgebiete der Weißen mit den Industriezentren verbinden sollte. Mitte des 20. Jahrhunderts gerieten die südafrikanischen Medien unter die Dominanz des Staates und einiger Großkonzerne, womit gewährleistet war, dass der Großteil der veröffentlichten Informationen den Status quo kaum gefährden konnte. Das Regierungssystem schließlich war darauf angelegt, die Macht einer Minderheit zu sichern, deren wesent-

**1** Dank intensiver Recherchen des Journalisten Beauregard Tromp von der Johannesburger Tageszeitung *The Star* konnte der Tote identifiziert werden: Es ist der 35-jährige Ernesto Alphabeto Nhamuave aus Mosambik. Zu den Details siehe: Arne Perras, »Ernestos tödlicher Irrtum«, *Süddeutsche Zeitung*, 3. Juni 2008.

**2** Als »Townships« bezeichnet man die Gebiete an den Rändern der traditionell weißen Großstädte, in denen die Schwarzen unter dem Apartheidregime (1948-1994) lebten. Dazu zählen auch die Obdachlosenviertel (»informelle Siedlungen«), in denen auch andere Schwarzafrikaner leben.

**3** Hermann Giliomee zeigt in seiner monumentalen Geschichte der Afrikaanders, dass es im Grunde erst seit den ersten Jahrzehnten des 20. Jahrhunderts üblich war, den Begriff auf die weißen Mitglieder der Gemeinschaft der Afrikaans-Sprechenden zu beschränken. Siehe: *The Afrikaners: Biography of a People, Cape Town, South Africa and Charlottesville,* Virginia (Tafelberg) 2003.

Die Nationalhymne Südafrikas ist in fünf Sprachen geschrieben: Xhosa, Zulu, Sesotho, Afrikaans und Englisch.
BILD: LE MONDE DIPLOMATIQUE, BERLIN

liche Aufgabe darin bestand, die Reichtümer Südafrikas dem kolonialen Mutterland Großbritannien zu erschließen, das in der Folge zum wichtigsten Handelspartner des Landes wurde.[4]

Die Etablierung dieser modernen, kolonialen Ökonomie ging vor allem zulasten der indigenen Gemeinschaften, deren kulturelle Entwürdigung und ökonomische Schwächung die vielleicht folgenreichsten Aspekte dieser Politik waren (was freilich nicht heißt, dass in der vorkolonialen Zeit Südafrika eine friedliche Idylle war). Die traditionellen Werte, die für die kulturelle und ökonomische Rangordnung bestimmend waren, nahmen dabei schweren Schaden: Am stärksten wirkt in Südafrika bis heute nach, dass die erniedrigte Bevölkerung die importierte, koloniale Moderne als ihr eigenes Wertgefüge akzeptiert hat.

Diese stillschweigende Übernahme zeigte sich auch in dem Verhalten, das die beiden erfolgreichsten politischen Widerstandsbewegungen indigener Gruppen an den Tag legten, nachdem sie die Macht im Staate erlangt hatten – die nationalen Bewegungen der (burischen) Afrikaanders und die der schwarzen Afrikaner.

Der Nationalismus der Buren wird heute im Licht seiner Endphase bewertet, also der rassistischen Gewaltpolitik der 1970er- und vor allem der 1980er-Jahre. Dabei wird häufig übersehen, dass sich dieser Nationalismus in vielen Hinsichten als klassische antikoloniale Bewegung indigener Afrikaander darstellte. Diese afrikanischen Bewegungen sahen und suchten ihr Heil zumeist darin, den bestehenden Staat von den Kolonisten zu übernehmen.

Dieses Ziel, das alle anderen überlagerte, wurde häufig erst nach langen bewaffneten Kämpfen erreicht, während administrative und wirtschaftliche Führungsqualitäten kaum entwickelt wurden. Die eigentliche historische Herausforderung trat erst viel später zutage. Sie bestand darin, die importierte koloniale Modernität mit den lokalen Erfordernissen zu versöhnen.

Statt diese Aufgabe zu bewältigen, benutzten die neuen Eliten den südafrikanischen Staat als Instrument der Patronage – häufig zugunsten ihrer ethnischen Gruppe –, indem sie, wie die früheren kolonialen Eliten, ausländischen Interessenten Zugang zu den einheimischen Reichtümern verschafften. Im Leben der meisten Bürger des Landes änderte sich damit sehr wenig.

Nachdem die National Party (NP), als Vehikel des (burischen) Afrikaander-Nationalismus, die Wahlen von 1948 gewonnen hatte, machte sie sich unverzüglich daran, ihre Klientel mit staatlichen Posten und Leistungen zu versorgen. Während Staat und öffentlicher Dienst nun vornehmlich für die Weißen da zu sein schienen, waren die Afrikaander, die den Staat in ihrer Muttersprache regierten, wie alle postkolonialen Eliten in der Dritten Welt entschieden nationalistisch eingestellt, zugleich aber auch bestrebt, sich die Anerkennung des Westens zu verdienen.[5] Letzteres wollte man vor allem durch Vorantreiben der technologischen, ökonomischen und bürokratischen Modernisierung erreichen. Doch dieses Konzept musste, trotz vieler eindrucksvoller Erfolge, in seinem entscheidenden Punkt versagen: bei der Aufgabe, die importierte koloniale Modernität mit den Bedürfnissen der indigenen Bevölkerung des Landes zu vereinbaren.

Als darüber hinaus im Lauf der 1950er-Jahre klar wurde, dass die NP an einem ernsthaften Dialog mit politischen Organisationen der Schwarzen nicht interessiert war, konnte der African National Congress (ANC) unter der klugen und mutigen Führung von Nelson Mandela und Walter Sisulu seine politische Dynamik entfalten und zum Medium des afrikanischen Nationalismus werden.

Der Gegner des ANC war nicht – und das ist für eine afrikanische Widerstandsbewegung entscheidend – eine ausländische koloniale, sondern eine einheimische Macht, die sich wie eine Kolonialmacht verhielt – eben die NP. Das erklärt auch, warum Nelson Mandela und seine Generation der ANC-Führer im Sinne ihres Ziels, dem Rassismus der NP entgegenzutreten, als zentrale Vorstellung einen »Nichtrassismus« propagierten – der allerdings im heutigen Südafrika noch immer nicht verwirklicht ist.

Statt aus dem Scheitern der NP zu lernen, zog der ANC aus seinem antikolonialen Kampf jedoch dieselben klassischen Fehlschlüsse: Auch die ANC-Führung ging davon aus, dass allein schon die Erlangung der staatlichen Macht für eine tatsächlich neue Verteilung sorgen würde. Hinzu kam, dass der ANC – unter maßgeblichem Einfluss der südafrikanischen Kommunistischen Partei – auf der Notwendigkeit einer staatlichen Kontrolle der Wirtschaft beharrte, und dass er bis zum Fall der Berliner Mauer in der Verstaatlichung der wichtigsten Wirtschaftsbereiche das Hauptinstrument einer solchen Politik sah.

Als der ANC 1994 an die Macht kam, gab es mindestens drei mächtige Fraktionen: Die »Robben Island«-Fraktion bestand aus den älteren Führungsfiguren um Nelson Mandela, von denen viele mit ihm im Gefängnis gesessen hatten. Die »Exil«-Fraktion um Thabo Mbeki vereinigte die jüngere Generation von politischen Führern, die zwischen den 1960er- und den frühen 1990er-Jahren im Exil waren. Die dritte, die Fraktion des inneren Exils (»Inzil«), bestand vorwiegend aus ehemaligen Aktivisten der Zivilgesellschaft, die im Lande geblieben waren.

4 Großbritannien und die anderen westeuropäischen Industriestaaten sind auch heute noch wichtige Handelspartner Südafrikas, doch seit einigen Jahrzehnten haben die rohstoffhungrigen Schwellenländer China und Indien stark an Bedeutung gewonnen.

5 Siehe dazu auch die Darstellung des postkolonialen Indien und von seiner Auseinandersetzung mit der westlichen, kolonialen Modernität: Pankaj Mishra, *Temptations of the West*, Picador (London) 2007.

Ihre prominentesten Mitglieder waren Leute wie der Rechtsanwalt Matthews Phosa oder der ehemalige Gewerkschafter Cyril Ramaphosa, der heute ein äußerst erfolgreicher Unternehmer ist.

Die »Robben Islander« unter Mandela stellten nach der Aufhebung des Parteiverbots, also seit 1990, die Führung des ANC und seit April 1994 auch die der Regierung. Ihre ideologische Leitidee war ein nichtrassischer Nationalismus bei starker Betonung des Versöhnungsgedankens. In dieser politischen Phase wirkten drei Faktoren zusammen: die außerordentliche einigende Kraft, die von Mandelas Person ausging; die relative Stärke des Staates und der staatlichen Infrastruktur; und ein Riesenpotenzial an Zuversicht und Zukunftshoffnungen bei einer Mehrheit der Bürger. Der ANC hatte damit die in der südafrikanischen Geschichte einmalige Chance, einen Ausgleich zwischen der importierten Modernität des Landes und den unerfüllten Bedürfnissen seiner Bürger herzustellen.

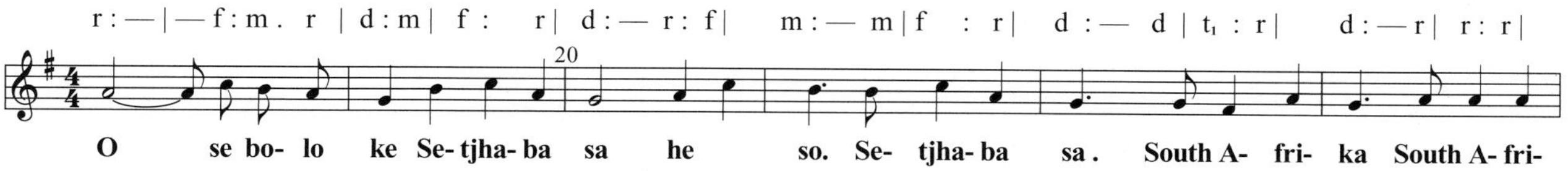


Leider hat die ANC-Führung diese Chance nicht genutzt. Dafür gibt es mehrere Gründe. Erstens vermochte sie nicht zu erkennen, dass selbst ein »nichtrassischer« Nationalismus ein Produkt der kolonialen politischen Ökonomie und nicht etwa seine Alternative ist. Zweitens wehrte sie sich nicht gegen die Zumutungen des »Washington Consensus«, der die Forderungen der reichen Welt an die Schwellenländer formuliert. Vielmehr akzeptierte man als erste afrikanische Regierung »freiwillig« die Vorgaben des Washington Consensus und praktizierte – ohne Konsultation des ANC oder gar der gesamten Gesellschaft – die neoliberale Wirtschaftspolitik des so genannten Gear-Programms.[6] Drittens führte man eine auf ethnischen Kriterien basierende Arbeitsmarktpolitik ein, die auf positive Diskriminierung (»affirmative action«) und ökonomische Stärkung der armen Schwarzen setzte, die unter dem Titel »Black Economic Empowerment« (BEE) läuft.

Vor allem die beiden letzten Faktoren ebneten den Weg für die Exilfraktion und ihren rassisch definierten Nationalismus unter Führung von Thabo Mbeki, der damals Vizepräsident war, jedoch praktisch die Rolle des amtierenden Regierungschefs ausfüllte. Die Stunde dieser Fraktion kam mit der 50. Nationalen Konferenz des ANC im Dezember 1997. Damals verkündete Nelson Mandela in einer Rede, die nach Ansicht vieler von Thabo Mbeki verfasst war, dass die Ära der Versöhnung zu Ende sei. Jetzt müsse die Ära der »gesellschaftlichen Transformation« beginnen, orientiert am Konzept der so genannten National-Demokratischen Revolution (NDR), dem Lieblingsprojekt der Mbeki-Fraktion.

Die Ziele dieses NDR-Projekts hat unter anderem der enge Mbeki-Berater Joel Netshitenzhe ganz ungeschützt benannt: Der ANC als »Avantgarde der Massen unseres Volkes« solle mithilfe seiner »loyalen Kader« die Kontrolle über alle Bereiche der Gesellschaft übernehmen, natürlich inklusive der Wirtschaft. Auf diesem Gebiet werde man hauptsächlich Instrumente wie Black Economic Empowerment, positive Diskriminierung und Übergabe von Land an die Schwarzen einsetzen, wobei sich der Erfolg mehr oder weniger an der Erfüllung rassischer Quoten bemessen werde.

Fatal war bei all dem die völlig irrige Annahme, das Unrecht der rassistischen Apartheidära ließe sich ausgerechnet dadurch korrigieren, dass man die »Rasse« zum Leitprinzip macht – statt etwa die Sprache oder das Einkommensniveau. Auch die beiden letztgenannten Kriterien erfassen die ethnisch motivierten Ungerechtigkeiten der Vergangenheit, ohne jedoch an der hässlichen Fiktion der Rasse festzuhalten.

Was hat die Strategie Mbekis gebracht? Ihre anfänglichen Erfolge konnten die Krise, die sie auf lange Sicht hervorbringt, zunächst noch verdecken. Im Rahmen des zentralistischen NDR-Projekts entstand mit Black Economic Empowerment und positiver Diskriminierung eine kleine schwarze Mittelklasse, als deren stolze Galionsfiguren sich schwarze Milliardäre wie Ramaphosa präsentieren dürfen. Für die armen bis sehr armen Südafrikaner, die in ihrer großen Mehrheit Schwarze sind und in Townships oder primitiven Wellblechsiedlungen leben, hat sich in dieser Zeit nur wenig geändert.

Im Rahmen dieser Politik wurden staatliche Unternehmen wie die nationale Rundfunk- und Fernsehanstalt, der Stromversorger (Eskom), das staatliche Telekom-Unternehmen (Telkom) und der öffentliche Dienst, der seit 1995 mehr als 100 000 ausgebildete Arbeitskräfte verloren hat (die meisten davon Weiße), zu Instrumenten eines ANC-Klientelsystems. Dies hatte zur Folge, dass Verbesserungen ausblieben und wichtige Bereiche wie Gesundheits- und Bildungswesen inzwischen ebenso erodiert sind wie das Transportsystem und andere Infrastrukturbereiche. Und am härtesten sind davon wiederum die 60 Prozent der in Armut lebenden Südafrikaner betroffen, von denen die allermeisten Schwarze sind.

Das gegenwärtige Flüchtlingsproblem ist das Ergebnis des Zusammentreffens gleich mehrerer akuter Krisen: Korruption und Misswirtschaft im Innenministerium; die Krise in Simbabwe, die fast 3 Millionen Flüchtlinge aus dem Nachbarland nach Südafrika trieb[7]; eine verfehlte Politik des Innenministeriums, die diese Menschen praktisch zu »illegalen Immigranten« gemacht

*Fortsetzung auf Seite 95*

**6** Der Washington Consensus fasst die seit den 1990er-Jahren verfolgte neoliberale Politik von Internationalem Währungsfonds und Weltbank zusammen, die den verschuldeten Entwicklungsländern als Auflagen aufgezwungen wurde. »Gear« (Growth, Employment and Redistribution) hieß das 1996 verabschiedete Strukturanpassungsprogramm der südafrikanischen Regierung, das die Privatisierung der Staatsbetriebe vorsieht und auf eine stark angebotsorientierte Wirtschaftsförderung setzt.

**7** An dieser Krise hat die Politik Mbekis einen erheblichen Anteil. Siehe R. W. Johnson, »Where do we go from here? Report from Zimbabwe«, *London Review of Books*, 8. Mai 2008.

# Darfur –

# Motive eines Völkermords

Der Konflikt im Sudan ist komplizierter, als die Welt wahrhaben will

**Von Gérard Prunier***

*Gerard Prunier ist Forscher am Centre national de la recherche scientifique (CNRS, Paris) und Direktor des Centre français d'études éthiopiennes in Addis Abeba. Von ihm erschien zuletzt: *Darfur: Der »uneindeutige« Genozid,* Hamburg (Hamburger Edition) 2006.

Nach einem Bericht der Vereinten Nationen wurden bei den Massakern in der westsudanesischen Region Darfur bis Mai 2008 schätzungsweise 400 000 Menschen getötet. 2,5 Millionen Zivilisten sind seit 2003 aus der Region geflohen, allein in den ersten drei Monaten des Jahres 2008 waren es 100 000; viele von ihnen wurden nicht zum ersten Mal zu Flüchtlingen.[1]

Im benachbarten Tschad hat die Ankunft von einer Viertelmillion Flüchtlingen zu Unruhen geführt. Die Regierung des Tschad und des Sudan werfen sich gegenseitig vor, Rebellen im jeweils anderen Land zu unterstützen. Immer wieder mussten internationale Hilfsorganisationen ihre Notaufnahmelager schließen und die humanitäre Arbeit unterbrechen, um nicht selbst zum Ziel der Gewaltaktionen zu werden. Einige ihrer Mitarbeiter wurden festgenommen oder kamen bei Massakern um. Das Regime in Khartum lässt regelmäßig Luftangriffe auf Darfur fliegen, die immer neue Flüchtlingswellen auslösen.

Auf diese Chronik einer angekündigten Katastrophe haben der Sicherheitsrat der Vereinten Nationen und die Afrikanische Union (AU) bisher mit eher symbolischen Maßnahmen reagiert. Im Rahmen der 2004 eingerichteten African Mission in Sudan (AMIS) wurden zunächst 7500 AU-Soldaten aus afrikanischen Ländern, vorwiegend Ruanda und Nigeria, in der Krisenregion stationiert. Allerdings konnten sie überhaupt nichts bewirken, was vor allem daran lag, dass sie viel zu wenige waren: Allein um die 500 000 Quadratkilometer große Provinz Darfur zu überwachen, bräuchte man mindestens 30 000 Soldaten. Überdies war die AMIS-Truppe schlecht ausgerüstet und ihr Mandat auf geradezu lächerliche Weise begrenzt: Sie durfte keine eigenen Patrouillen durchführen und musste sich auf die Schlichtung zwischen den Konfliktparteien beschränken. De facto durfte sie eigentlich nur eine Statistik über die Massaker erstellen. Soldaten der afrikanischen Eingreiftruppe kommentierten sarkastisch: »Wir sind hier überflüssig.«

Nach langem Ringen wurde die AMIS schließlich Ende 2007 durch eine gemeinsame Mission von UNO und AU ersetzt. Diese United Nations African Union Mission in Darfur (Unamid) wurde mit einer Sollstärke von 26 000 Soldaten und Polizisten beschlossen. Auf dem Papier. Von den 75 vorgesehenen deutschen Soldaten zum Beispiel wurden tatsächlich nur etwa 40 abgestellt. Als bis zum Herbst 2008 noch nicht einmal die Hälfte der avisierten Truppen stationiert waren, während das Morden ungehindert weiterging, appellierte UN-Generalsekretär Ban Ki Moon verzweifelt an die UN-Mitglieder, mehr Personal und Ausrüstung für die Friedenstruppe bereitzustellen. »Wir wurden mit auf dem Rücken gefesselten Händen in den Ring geschickt«, klagte General Martin Luther Agwai, der Kommandant des 9 000 Mann starken UN-Kontingents. »Wir brauchen sechs Kampfhubschrauber, aber niemand war bisher bereit, sie uns zu schicken.«

Lange hatte die sudanesische Regierung alles darangesetzt, den Einsatz ganz zu verhindern. Diplomaten hatten sich in Khartum die Klinke in die Hand gegeben, um Präsident Omar al-Baschir umzustimmen. Der brachte einen bizarren Einwand nach dem anderen vor: Einmal beschuldigte er die UN, sie wolle mit ihrer Truppe den »Zugriff des Westens auf die Ölvorkommen des Sudan« absichern[2], ja eine »erneute Kolonisierung« vorbereiten. Dann äußerte er die Befürchtung, die internationalen Truppen könnten »das Aids-Virus einschleppen«[3], und drohte den Blauhelmen mit »Selbstmordanschlägen wie im Irak«.

In Wirklichkeit ging es, wie Jan Pronk, bis Ende 2006 Sondergesandter des damaligen UN-Generalsekretärs Kofi Annan, auf seiner Website formuliert, um etwas anderes: »Führende sudanesische Regierungsvertreter haben mir mehrfach gesagt, sie hätten die Risiken durchaus abgewogen. (...) Aber eine Zustimmung hätte die innere Opposition gestärkt und den Verlust der Macht bedeuten können.« Im November 2006 wurde Pronk aus dem Sudan ausgewiesen, weil er sich in seinem Weblog auch über Niederlagen der Regierungstruppen in Darfur geäußert hatte.

Das Regime in Khartum hegte überdies den Verdacht, die Blauhelmsoldaten könnten sich als Arm des Gesetzes für den Internationalen Strafgerichtshof (IStGH) erweisen, wo seit zwei Jahren eine von den UN erstellte Liste der international gesuchten Kriegsverbrecher vorliegt. Im Februar 2007 erhob der Gerichtshof Anklage gegen Ahmed Haroun, den Minister für humanitäre Fragen, sowie gegen Ali Abd al-Rahman, einen Führer der Dschandschawid-Reitermilizen. Sudans Regierung wies die Anklagen zurück und schloss eine Auslieferung von vornherein aus.

Das ist verständlich. Den regierenden Islamisten dürfte in ihren Albträumen der serbische Expräsident Slobodan Milošević auf der Anklagebank in Den Haag erschienen sein. Ihre Ängste wurden bestätigt, als im Juli

**1** Siehe Jean-Louis Péninou, »Eskalation im Westsudan«, *Le Monde diplomatique,* Mai 2004, und »U.N.: 100.000 more dead in Darfur than reported«, CNN.com, 22. April 2008. Weitere Informationen unter: wikipedia.org/wiki/Darfur_conflict#Counting_deaths.

**2** In Darfur werden zwar größere Ölvorkommen vermutet, doch die Exploration in der Kriegsregion steht noch am Anfang.

**3** Khartum nutzte dabei die Vorwürfe der Pädophilie, die gegen Soldaten der UNO-Mission im Sudan zur Überwachung der Friedensvereinbarungen zwischen Norden und Süden (Unmis) erhoben (und erhärtet) wurden.

Auf einer Demo in Khartum berühren Anhänger das Bild des sudanesischen Präsidenten al-Baschir gegen den der Internationalen Strafgerichtshof in Den Haag einen Haftbefehl wegen Völkermords erlassen hatte.
BILD: ZOHRA BENSEMRA | REUTERS

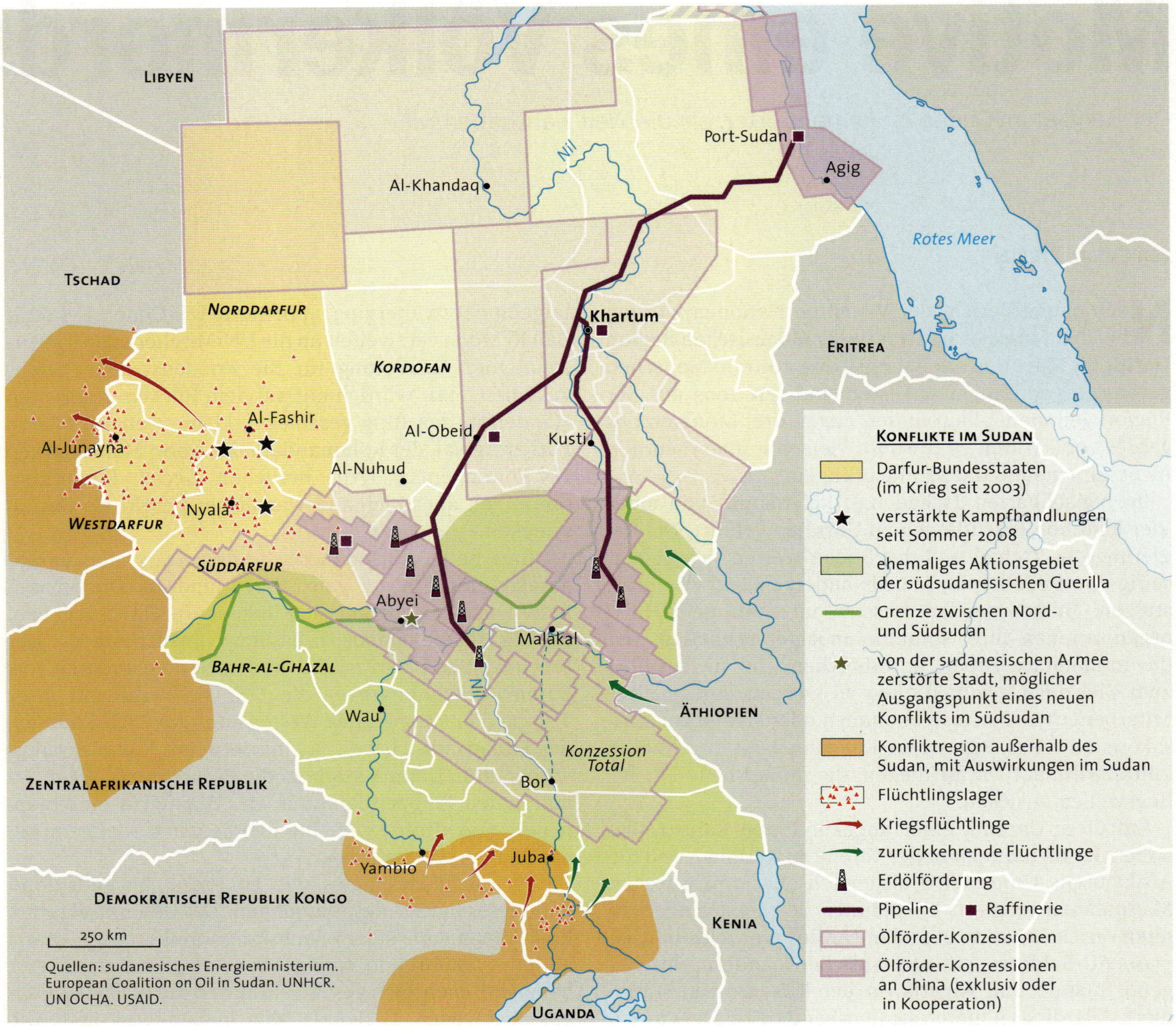


2008 der Chefankläger des Haager Tribunals einen Haftbefehl gegen Präsident al-Baschir wegen Völkermords erließ. Es war das erste Mal, dass ein solcher Schritt gegen einen amtierenden Staatschef erfolgte. Der IStGH habe keinerlei Autorität, wetterte ein Regierungssprecher in Khartum, den Chefankläger Luis Moreno-Ocampo nannte er einen »Terroristen«.

Dennoch kündigte al-Baschir vier Monate später überraschend einen Waffenstillstand und die Entwaffnung der Dschandschawid-Milizen an. Dem waren Meldungen vorausgegangen, es seien Verhandlungen über das Aussetzen eines möglichen Völkermordprozesses gegen den Präsidenten in Gang. Die AU hatte sich dafür eingesetzt, das Verfahren um ein Jahr zu verschieben, und im Gegenzug die Aufnahme von Friedensgesprächen gefordert. Zu befürchten ist aber, dass al-Baschir mit seinem Vorstoß lediglich Zeit gewinnen will. Nur wenige Tage nach Verkündung des Waffenstillstands wurden schon wieder Bombenangriffe der sudanesischen Armee in Darfur gemeldet.

Was sind die Gründe für die nachsichtige Haltung der internationalen Gemeinschaft im Darfur-Konflikt? Neben der Blockadehaltung Chinas im Sicherheitsrat spielen hier auch die USA eine nicht sehr rühmliche Rolle: Sie lavieren zwischen vermeintlich geschickter Diplomatie, falschen Versprechungen und einem entschlossenen Auftreten, das doch nur die Wirkungslosigkeit der Forderungen verdecken soll.

Aus Sicht Washingtons hat sich der Sudan, der lange Jahre dem Al-Qaida-Gründer Ussama bin Laden Unterschlupf gewährt hatte, nach dem 11. September 2001 im Kampf gegen den Terrorismus Verdienste erworben. Dem sudanesischen Geheimdienst gelang es tatsächlich, eine filmreife »good cop – bad cop«-Nummer zu inszenieren: Den Bösen gab der damalige Innenminister und Präsidentenberater Nafi Ali Nafi, den Guten spielte sein

Stellvertreter, Geheimdienstchef Salah Abdallah »Gosh«. Nafi galt als Extremist, während Gosh – immerhin einer der Erfinder der Unterdrückungsstrategie in Darfur – als Verbündeter im »Kampf gegen den Terror« im Juni 2005 nach Washington eingeladen wurde, wo er mit der CIA und Außenministerin Condoleezza Rice konferierte.

Dass die internationale Gemeinschaft in der Darfur-Frage so passiv bleibt, hat nicht zuletzt mit der geopolitischen Rolle Chinas zu tun. Der Sudan ist Pekings zweitgrößter Handelspartner in Afrika. 65 Prozent des sudanesischen Erdöls gehen nach China, das umgekehrt dem Regime al-Baschir lange den größten Teil seiner Waffen lieferte. Trotz des 2005 von der UNO verhängten Waffenembargos für Darfur konnte die BBC am 14. Juli 2008 Aufnahmen aus der Krisenregion präsentieren, auf denen neue Militärlastwagen aus chinesischer Produktion und mindestens eine chinesische Flugabwehrrakete zu erkennen waren. Der Menschenrechtsorganisation Human Rights First zufolge lieferte China zwischen 2004 und 2006 rund 90 Prozent der von Sudan importierten Kleinwaffen, die auch bei den Dschandschawid-Reitermilizen in Darfur landeten.

Bei seinem Staatsbesuch im Sudan Anfang 2007 beschränkte sich Präsident Hu Jintao auf Wirtschaftsgespräche und einen Besuch auf der Baustelle des Merowe-Staudamms. An den Kosten von rund 1,8 Milliarden US-Dollar ist Peking mit 300 Millionen beteiligt. Immerhin riet Hu Jintao seinem Amtskollegen al-Baschir, die Stationierung von Blauhelmen in Darfur zu akzeptieren. Doch der verstand dieses Lippenbekenntnis vermutlich richtig, als er anschließend erklärte, er habe »keineswegs das Gefühl gehabt, unter Druck gesetzt zu werden«. Im UN-Sicherheitsrat vertritt Peking die scheinheilige Position, die Resolution zur Stationierung von Friedenstruppen dürfe nicht zur »Missachtung der Souveränität des Sudan« führen. Folgerichtig wandte sich China vehement gegen die geplante Anklage gegen al-Baschir und drohte im August 2008 mit einem Antrag im UN-Sicherheitsrat, jegliche Strafverfolgung gegen al-Baschir durch den IStGH auszusetzen.

Die französische Regierung hält sich in der Darfur-Frage zurück. Sie versucht aber nach Kräften, den Partnern in der Region zu helfen, die unter der sudanesischen Politik zu leiden haben. Dass Paris den Sudan lange gegen die »angelsächsischen« Anfeindungen in Schutz genommen hat, wurde von den Islamisten in Khartum nicht honoriert. Der Rechtsstreit um die Förderrechte des französischen Erdölkonzerns Total im Südsudan zieht sich endlos hin, und treue Verbündete Frankreichs, wie die Präsidenten Idris Déby im Tschad und François Bozizé in der Zentralafrikanischen Republik, müssen hinnehmen, dass sudanesische Regierungsmilizen aus Darfur auf ihr Territorium vordringen und Unruhe stiften.

Allerdings unterstützt Idris Déby – entgegen allen Beteuerungen – in Darfur die Fraktionen der Guerilla, die sich mehrheitlich aus dem Volk der Zaghawa rekrutieren, dem er selbst angehört. Frankreich leistet der

## Hänschen klein in Darfur

Deutschland engagiert sich weiter für Frieden im Sudan. Im September 2008 verlängerte der Bundestag die Mandate für eine Beteiligung der Bundeswehr an den beiden UN-Missionen erneut um ein Jahr. Bis zu 325 deutsche Soldaten dürfen damit weiter in dem nordostafrikanischen Land stehen. In Wirklichkeit aber ist von den 250 erlaubten Soldaten in der Kriegsregion Darfur nur ein einziger dort stationiert als Transportplaner. Von den 75 genehmigten Beobachtern für die Autonomieregion Südsudan waren lediglich 34 vor Ort. Die Bundesregierung versprach damals, das Darfur-Kontingent solle auf acht anwachsen. »Damit wird Deutschland unter den europäischen Nationen zu den größten Truppenstellern zählen«, erklärte Bundesaußenminister Frank-Walter Steinmeier allen Ernstes. Doch was will man machen, die sudanesische Regierung blockiere nun mal die Entsendung der anderen sieben Mann, so das Verteidigungsministerium hilflos.

Man stelle sich vor, es stünden tatsächlich 250 Bundeswehrsoldaten in Darfur, täglich Angriffen ausgesetzt. Dann würde es womöglich eine ernsthafte Diskussion darüber geben, ob diese Mission ohne Hubschrauber und ausreichenden Schutz gegen Überfälle nicht vielleicht verbessert werden müsste. Aber solange dort nur Afrikaner und ein paar Asiaten Dienst schieben, bleibt die Darfur-Truppe wehr- und zahnlos. Und die im Südsudan stationierte Truppe ist ohnehin nur eine Beobachtermission, die sich bei Kämpfen zurückzieht.

Wenige Monate vor dem Bundestagsbeschluss hatte der Chefankläger des Internationalen Strafgerichtshofs einen Haftbefehl gegen Sudans Präsidenten Omar al-Baschir wegen Völkermordes beantragt; im März wurde er bewilligt. Völkermord? Heißt das nicht: Pflicht zum Eingreifen? Und wenn man nicht eingreift, heißt das, der Chefankläger fantasiert?

Das Bundeswehrmandat für Sudan entspricht in seiner Scheinheiligkeit der Unehrlichkeit der gesamten internationalen Politik gegenüber diesem Land. Sudan braucht eine Perspektive, die über den voraussichtlichen Sieg Präsident al-Baschirs bei den für 2009 geplanten Wahlen und die vertraglich vereinbarte Abspaltung Südsudans 2011 hinausgeht – zwei Ereignisse, die in ihrer Kombination neue Instabilität bedeuten dürften.

Wenn Deutschland weiter so über Sudan nachdenkt wie derzeit, nämlich gar nicht, steht der eine deutsche Soldat in drei Jahren immer noch allein in Darfur, während um ihn herum alles zusammenbricht.

**Dominic Johnson***

*Dominic Johnson ist Redakteur der *taz* (Berlin).

Erstmals erschienen in der *taz* vom 14. August 2008

Armee des Tschad im Kampf gegen die von Khartum finanzierten Milizen logistische Unterstützung. Im Dezember 2006 beteiligten sich französische Truppen im Norden der Zentralafrikanischen Republik an Luftangriffen und Bodenkämpfen, mit denen sudanesische Regierungsmilizen aus dem Land vertrieben werden sollten. Im März 2008 hat dann die EU begonnen, Truppenkontingente – die Hälfte davon aus Frankreich – im Tschad zu stationieren. Sie sollen vor allem die Flüchtlinge aus Darfur gegen die vom Sudan unterstützten Rebellen schützen. Doch es geht nicht nur um solche Grenzkämpfe, sondern wie so oft auch hier um Öl: Präsident Déby liegt im Konflikt mit den US-Ölgesellschaften, die Förderanlagen im Norden des Tschad betreiben, und hat bereits gedroht, sie aus dem Land zu weisen.[4]

Bei den Vereinten Nationen spricht man von »ethnischen Säuberungen« in Darfur. Eine 2004 eingesetzte Untersuchungskommission kam jedoch zu dem Ergebnis, dass es sich nicht um Völkermord handle. Die häufigste Begründung für diese terminologische Vorsicht, die auch andere Organisationen wie etwa die Afrikanische Union oder Ärzte ohne Grenzen walten lassen, ist die Behauptung, es handle sich um »Stammeskriege«: Aufgrund des Klimawandels fänden die arabischen Nomaden in der Sahelzone für ihre Herden nicht mehr genug Nahrung, deshalb machten sie der sesshaften schwarzen Bauernbevölkerung das Weideland streitig.

Wie viele Klischees ist auch dieses nicht völlig abwegig.[5] Doch einige Tatsachen sind auf diese Weise nicht zu erklären. Erstens kann man die Luftangriffe kaum den Nomadenstämmen zuschreiben; zweitens ist erwiesen, dass die Dschandschawid-Reitermilizen von der sudanesischen Armee bewaffnet und logistisch unterstützt werden und häufig gemeinsam mit Armeeeinheiten im Einsatz sind. [6] Drittens sind die Milizen, die die schwarzafrikanische Bevölkerung systematisch überfallen, natürlich nicht nur bewaffnete arabische Nomaden: In ihren Reihen finden sich zum Beispiel auch viele Straftäter unterschiedlicher ethnischer Herkunft, die unter der Bedingung freigelassen wurden, dass sie bei der Miliz anheuern; des Weiteren Deserteure aus den Verbänden der Regierungsarmee im Süden, die dort seit dem Abkommen von Nairobi (2005) nicht mehr gebraucht werden.[7] Einige ihrer Kämpfer rekrutieren die Milizen auch aus kleinen Stämmen von Kamelzüchtern in Norddarfur, wie den Um Dschallul – die als Einzige tatsächlich vom Klimawandel betroffen sind – und sogar aus einigen kleinen schwarzafrikanischen Ethnien wie den Gimr, die sich sozialen Aufstieg und wirtschaftliche Vorteile erhoffen, wenn sie sich dem Völkermord im Dienst der »arabischen« Sache anschließen.

Damit ist noch nicht erklärt, warum Khartum die schwarzafrikanische Bevölkerung in der sudanesischen Westprovinz mit aller Macht unterwerfen oder gar ausrotten will. Religiöse Gründe spielen keine Rolle – alle Bewohner Darfurs, die Mörder wie ihre Opfer, sind sunnitische Muslime. Es handelt sich vielmehr um eine Mischung aus ethnischen und kulturellen Motiven. Im Sudan bilden die Araber eine Bevölkerungsminderheit, allerdings mit einer langen regionalen Herrschaftstradition, die ihren aktuellen und schärfsten Ausdruck im Regime der Islamisten findet.

Auch die Spannungen zwischen dem Norden und dem Süden des Sudan spielen eine Rolle. In Khartum bereitet man sich bereits auf den Fall vor, dass der Südsudan 2011 für die Unabhängigkeit votiert. In dem Fall will die Regierung den Grenzverlauf zwischen Norden und Süden so ändern, dass der Süden die größten Ölvorkommen verliert. Darüber hinaus rüstet man sich aber auch für einen neuen Waffengang. In beiden Fällen will man sich auf mächtige internationale Bündnispartner stützen können, wobei man sich mit China völlig und mit dem Iran weitgehend einig ist.

In diesem Kontext hat das Projekt eines ethnischen Cordon sanitaire um die Ölfelder hohe Priorität. Zu diesem Sicherheitsgürtel soll neben den Nuba-Bergen in Kordofan auch Darfur gehören. Es geht darum, sich gegen die »Sklaven« abzusichern – der immer noch gängige Begriff für die schwarzafrikanische Bevölkerung des Sudan.[8] Die Stämme der Nuba wurden zwischen 1992 und 2002 in zahlreichen Militäroperationen niedergemacht. Darfur erweist sich jetzt jedoch als das weit größere Problem: Khartum fürchtet nichts mehr als ein Bündnis der Schwarzafrikaner im Westen des Landes mit einem unabhängigen schwarzen Süden, der auch noch über Öleinkünfte verfügt.

Deshalb will das Regime die Rebellion in Darfur mit allen Mitteln unterdrücken – eine strategisch überaus wichtige Aufgabe, die die Staatsführung lieber nicht den regulären Streitkräften überlassen möchte, schon weil deren Führung auch viele Offiziere aus den schwarzafrikanischen Ethnien dieser Region angehören. Deshalb kommen die »arabischen« Dschandschawid-Milizen, die sich aus kleinen ethnischen Gruppen und sozial Deklassierten rekrutieren, wie gerufen. Diese Milizen sollen, wenn es nach dem Willen der Machthaber geht, die »echten Araber« in Darfur, die Stämme der Baggara, die zwischen 22 und 30 Prozent der Bevölkerung ausmachen, davon abhalten, sich dem Aufstand anzuschließen. Aus Sicht der Baggara ist es allerdings ein fragwürdiges Angebot, die Mordpläne des Regimes in Khartum gutzuheißen, nur weil sie sich als Araber fühlen dürfen. Denn im Alltag leiden sie genauso unter der Diskriminierung wie ihre schwarzafrikanischen Mitbürger.

Die Öleinkünfte der sudanesischen Zentralregierung sind also letztlich nur durch ein Mordprogramm zu sichern. Den Preis bezahlt die Bevölkerung von Darfur. In Ruanda brauchte es nur rund hundert Tage, um 800 000 Menschen umzubringen. In Darfur dagegen dauert die ethnische Säuberung schon sechs Jahre. Da klingt die Parole »Nie wieder!« nur frivol oder verlogen. In Darfur zeigt sich erneut, dass die Frage, wie Todesopfer von der Welt bewertet werden, von deren Hautfarbe abhängt.

**Aus dem Französischen von Edgar Peinelt**

**4** Siehe Anne-Claire Poirson, »Öl im Tschad«, *Le Monde diplomatique*, September 2005. Über Ölvorkommen in der Zentralafrikanischen Republik ist nichts bekannt. Die geologischen Voraussetzungen sind allerdings ähnlich wie im Nachbarland, da das Land direkt an das Tschadbecken grenzt.

**5** Eine differenzierte Darstellung dieses Konflikts bietet: Alex de Waal, »Wie die Fur zu Afrikanern wurden – Die historischen Wurzeln des Darfur-Konflikts«, *Le Monde diplomatique*, September 2004.

**6** Allerdings verachten die im Niltal ansässigen Araber *(aulad al-bilad)* die arabischen Nomaden in Darfur, die sie für rückständig und unzivilisiert halten. Ende 2006 hat die größte arabische Volksgruppe Darfurs, die Baggara Risaiqat, eine eigene Guerilla gegründet, um gegen die Verelendung ihres Volks und die Vernachlässigung durch die »arabische« Führung in Khartum zu kämpfen.

**7** Das am 9. Januar 2005 in Nairobi geschlossene Friedensabkommen zwischen der Regierung und der Sudanesischen Volksbefreiungsarmee (SPLA) sieht die Teilung der Macht und der Einkünfte aus dem Erdölgeschäft vor. Siehe: Gérard Prunier, »Sudan. Aggressoren zahlen sich aus«, *Le Monde diplomatique*, Februar 2005.

**8** In Khartum denkt man sogar über den Abriss von Vorstädten nach, die von schwarzen Sudanesen bewohnt sind. Damit will man auch Platz machen für luxuriöse »arabische« Wohnviertel. Die Weltbank sieht darin ein »Entwicklungsvorhaben« im Rahmen einer erwünschten Urbanisierung.

Erstmals erschienen in *Le Monde diplomatique* vom März 2007.

*Fortsetzung von Seite 89*

hat; und die unzulängliche Kontrolle über die Grenzen des Landes – all das führte zu einer Krisensituation, die von der Regierung nach wie vor geleugnet wird. Nicht einmal die Flüchtlingslager, die für mehr als 40 000 vertriebene Afrikaner aus anderen Ländern entstanden, wurden offiziell als solche bezeichnet, sondern firmierten als »provisorische Unterkünfte«.

Im Grunde waren die fremdenfeindlichen Gewaltakte vom Mai 2008 vorhersehbar. Und tatsächlich haben einige bekannte Intellektuelle sie auch vorausgesagt: zum Beispiel Rhoda Khadalie, als er in der südafrikanischen Tageszeitung *Business Day* von Übergriffen auf somalische Bürger in der westlichen Kapprovinz berichtete. Diese Gewalttaten geschehen vor dem Hintergrund unzureichender öffentlicher Leistungen, einer maroden Infrastruktur und anhaltender Armut in vielen Townships und Obdachlosenlagern – und die meisten geschehen in den beiden reichsten Provinzen, nämlich Gauteng (um Johannesburg) und Western Cape, wo viele der afrikanischen Flüchtlinge ein elendes Leben fristen.

Daher gehen jetzt viele verzweifelte, von ihrer Regierung im Stich gelassene schwarze Südafrikaner, die sich noch bis vor wenigen Jahren kaum oder niemals fremdenfeindlich verhalten hatten, auf ausländische Bürger los, von denen sie behaupten, sie würden den Südafrikanern ihre Häuser und ihre Jobs wegnehmen. Das Zusammenwirken vieler Faktoren produziert nach dem klassischen Muster traumatisierte Opfer, die auf ihre Lage aufmerksam machen, indem sie Gewalt gegen noch Schwächere ausüben.

Äußerst beunruhigend für die Regierung ist, dass diese Situation das Versagen ihres wichtigsten Instruments der Armutsbekämpfung offenbart: Die unterschiedlichen Sozialleistungen – finanzierbar nur dank der hohen Weltmarktpreise für die südafrikanischen Waren und Bodenschätze –, die laut Finanzministerium für 12,4 Millionen Südafrikaner erbracht werden, konnten der Regierung nicht die erhoffte Stabilität erkaufen, die sie gebraucht hätte, um die verheerenden Auswirkungen der neoliberalen Wirtschaftspolitik und der staatlichen Misswirtschaft aufzufangen.

Im Rahmen der längeren, noch nicht abgeschlossenen kolonialen Periode der südafrikanischen Geschichte hat die Regierung unter Mbeki also durch Schaffung einer kleinen (aber zunehmend gefährdeten) schwarzen Mittelklasse das postkoloniale Muster fortgeschrieben: Ein kleiner Teil ihrer Wählerklientel darf an der importierten Modernität teilhaben, ohne dass diese durch eine gründliche Reform auf die lokalen Bedürfnisse abgestimmt wird. Noch wichtiger ist allerdings ein anderer Punkt: Indem die Regierung die Erosion des Staates und der Infrastruktur zugelassen hat – und außerstande ist, die Auswanderung von qualifizierten, zumeist weißen Arbeitskräften zu stoppen –, hat sie wichtige Bereiche der importierten Modernität selbst zugrunde gerichtet. Nicht zuletzt deshalb sind antimoderne pathologische Erscheinungen wie Rassismus, Ethnozentrismus, Fremdenhass und religiöser Fundamentalismus, die sich unter ähnlichen Bedingungen überall in der Welt artikulieren, nun auch in Südafrika auf dem Vormarsch.

Heißt all dies, dass es für Südafrika keine Hoffnung mehr gibt? Nicht unbedingt. Die Abwahl von Mbeki als Präsident des ANC im Dezember 2007 und seine Ablösung durch Jacob Zuma, der eine lebendige Brücke zwischen der »Exil-« und der »Inzile«-Fraktion darstellt, schafft Raum für eine ernsthafte landesweite Debatte.[8] So gesehen haben Mbekis Abwahl und sein im September 2008 unter Druck erfolgter Rücktritt als Staatspräsident der zunehmenden Unzufriedenheit und antimodernen Stimmung Raum gewährt und zugleich neue Ideen aus der Zivilgesellschaft in die öffentliche Sphäre strömen lassen.

Ob Südafrika noch tiefer im Sumpf antimoderner Reflexe versinkt oder ob es dem Land gelingt, sich gewissermaßen neu zu erfinden, hängt davon ab, wie rasch der ANC alternative Strategien übernimmt. Denn die gibt es bereits. Sie setzen auf eine an den Communitys orientierte Wirtschaft, auf die Förderung der indigenen Sprachen und dergleichen.

Diese Aufgabe könnte auch eine neue Partei anpacken, die Südafrika heute eindeutig braucht. Denn der ANC hat ein gravierendes Problem: Die strategischen Alternativen, über die ihre (immer stärker werdenden) Bündnispartner, der Gewerkschaftsverband Cosatu und die KP Südafrikas, am intensivsten diskutieren, liegen noch immer auf der Linie einer Kommandowirtschaft. Und die kann in Südafrika mangels eines effektiven Staats und aufgrund der großen kulturellen Vielfalt des Landes einfach nicht funktionieren.

Hinzu kommt, dass es im Lager des neuen ANC-Führers Jacob Zuma eine Gruppe zwielichtiger Figuren gibt (in das ANC-Exekutivkomitee wurden zum Beispiel etliche verurteilte Straftäter gewählt), die ein handfestes persönliches Interesse an der Pflege der Illusion eines starken und einigen ANC haben, der sie weiterhin mit staatlichen Aufträgen und anderen Patronageleistungen bedient.

Deshalb ruhen derzeit die größten politischen Hoffnungen auf der stark entwickelten Zivilgesellschaft und der enormen kulturellen Vielfalt des Landes. Beide zusammen können auf eine Fülle von bewährten und machbaren lokalen Alternativstrategien verweisen und auf Beispiele dafür, dass echte Teilhabe einen Wandel herbeiführen kann.

Die politischen Kräfte in diesen beiden Bereichen sind jedoch auf die Hilfe der Freunde Südafrikas in aller Welt angewiesen, damit jener überfällige politische Aufbruch gelingen kann, der sowohl die importierte Modernität als auch den alten Nationalismus zu überwinden vermag.

**Aus dem Englischen von Niels Kadritzke**

**8** Siehe Johann Rossouw, »Neue Ära für Südafrika«, *Le Monde diplomatique*, März 2008.



Erstmals erschienen in *Le Monde diplomatique* vom Juni 2008.

# »Scrambled eggs«

## Wege in die Unabhängigkeit

Im 20. Jahrhundert hatten sich in Südafrika, zum Teil auch in Namibia und später in Simbabwe (Rhodesien) europäische Siedlerkolonien festgesetzt. Zwar gab es auch in den portugiesischen Kolonien Mosambik und Angola einige Siedler, dort stand aber die rohe Ausbeutung durch einen seinerseits unterentwickelten Agrarstaat im Vordergrund. England, Frankreich und vor dem Ersten Weltkrieg auch Deutschland glaubten hingegen, am ehesten durch Investitionen – etwa in Eisenbahnen, Krankenhäuser und Schulen – Nutzen aus ihren Kolonien ziehen zu können. So unterschiedlich die Formen des Kolonialismus waren, so verschieden waren auch die Wege in die Unabhängigkeit.

Frankreich entschloss sich im Jahr 1945 zu einer symbolischen, aber folgenreichen Geste: Aus den afrikanischen Untertanen wurden französische Staatsbürger, die auch Vertreter in die Pariser Nationalversammlung entsandten. Die Briten hatten in ihren Kolonien schon vor dem Ersten Weltkrieg regionale Parlamente eingerichtet, in denen auch einzelne Schwarze Mitglied waren.

Für die Afrikaner in den englischen, französischen und belgischen Kolonien war der Zweite Weltkrieg ein Wendepunkt. Erstens zeigte er, dass ihre Unterdrücker nicht unverwundbar waren. Zweitens kamen die auf Seiten der Alliierten kämpfenden Afrikaner aus verschiedenen Kolonien in Kontakt miteinander, was der panafrikanischen Idee Auftrieb gab. Drittens gab es inzwischen eine afrikanische Bildungselite, die europäische Schulen besucht hatte und auf der politischen Klaviatur der Kolonialmächte zu spielen verstand – darunter Kwame Nkrumah in Ghana, Léopold Senghor im Senegal und Julius Nyerere in Tansania. Und viertens verloren die Europäer allmählich das Interesse an ihren Kolonien. Die Verwaltung war teuer, die staatlichen Investitionen wurden im Mutterland selbst gebraucht, viele Rohstoffe konnten inzwischen synthetisch hergestellt werden, und industriell gefertigte Waren ließen sich besser an freie Staaten verkaufen als an unterdrückte Kolonialvölker.

Schon in den 1950er-Jahren hatten einige nordafrikanische Staaten ihre Unabhängigkeit erhalten, 1956 auch der Sudan. Doch der Startschuss für die Entkolonialisierung des subsaharischen Afrika fiel in Ghana. 1951 gewann der damals in Haft sitzende Kwame Nkrumah die Wahlen in der Kolonie. Er wurde Regierungschef, und am 6. März 1957 entließen die Briten das Land in die Unabhängigkeit. Das Jahr der großen Befreiung war 1960, als 18 Kolonien ihre Unabhängigkeit erlangten. 1968 wurde mit Swasiland die letzte der Kolonien Englands, Frankreichs, Belgiens und Italiens (Somalia) unabhängig.

Während all dies mit weitgehend friedlichen Mitteln wie Parteienbildung, Streiks und Medienkampagnen ablief,[1] verteidigte das faschistische Portugal seine Besitztümer mit aller Gewalt. In Angola, Mosambik und Guinea-Bissau kam es zu einem mehr als zehn Jahre dauernden Befreiungskrieg, der erst 1974 mit dem Sturz der Diktatur in Portugal endete. In den weißen, formal von Europa unabhängigen Siedlerkolonien errangen die Schwarzen noch viel später die Macht – in Simbabwe 1980, in Namibia 1990 und in Südafrika 1994.

Doch damit ist die Kolonialgeschichte für Afrika nicht abgeschlossen. Als »Scramble for Africa« hatte 1884 die englische *Times* das Gerangel der europäischen Großmächte um Afrika bezeichnet. Der Politologe Franz Ansprenger erinnert daran, dass man scrambled eggs, also Rührei, »nach einem klugen englischen Sprichwort niemals wieder unscramble kann – und so ist es auch Afrika ergangen. Die Auswirkungen kolonialer Eroberung und Herrschaft ließen sich durch die Befreiungsbewegungen des 20. Jahrhunderts nicht rückgängig machen.«[2]

**LIEB**

1 Eine Ausnahme war Ruanda, wo zwar kein Unabhängigkeitskrieg gegen die Belgier stattfand, dafür aber ein Klassenkrieg der Hutu gegen die Tutsi, die die Belgier zuvor gegeneinander auszuspielen versucht hatten – der Grundstein eines Konflikts, der schließlich im Genozid von 1994 kulminierte.

2 Siehe Franz Ansprenger, *Geschichte Afrikas,* München (C. H. Beck Verlag) 2002.

# 6.

## Kapitel

# Afrikultur

»Africa–Terrain and Transportation« • Central Intelligence Agency (1957)
BILD: LIBRARY OF CONGRESS GEOGRAPHY AND MAP DIVISION

# Die neuen Stimmen Afrikas

Die junge Generation afrikanischer Autoren sieht sich lieber als Künstler denn als Botschafter der »Négritude«

**Von Tirthankar Chanda** Hochschullehrer, Literaturkritiker bei Radio France Internationale.

Mit dem Tod des großen ivorischen Schriftstellers Ahmadou Kourouma im Dezember 2003 endete die Gründungsphase der modernen afrikanischen Literatur, in der unter anderem die frankofone afrikanische Literatur entstand. Der Begriff ist komplex und paradox, denn diese Literatur verstand sich als Protest gegen die Kolonialherrschaft und als Beförderung der afrikanischen Eigenart *(Négritude)*, doch verfasst wurde sie in der Sprache der Kolonialherren. Sie war in ihrem Anliegen antikolonial, bediente sich aber in der Darstellung Afrikas der Erzählhaltungen (Realismus) und Konventionen (Exotik) der europäischen Literatur.

»Eine afrikanische Literatur gibt es nicht... Wir sind keine Angestellten des Tourismusministeriums,

Trotz dieser Widersprüche ist es den frankofonen Autoren gelungen, von Anfang an eine eigenständige, kraftvolle Literatur zu erschaffen, »schön wie sich bildender Sauerstoff«, um es mit André Breton zu sagen.[1] Die gesamte Dichtkunst der Négritude war in diesem Breton'schen Sinne neuartig und »lebensnotwendig«.

Nach und nach traten auch in anderen literarischen Genres Talente hervor: im Theater, in der Autobiografie und natürlich im Roman. Neben Kourouma waren es vor allem der kongolesische Autor Sony Labou Tansi, der Kameruner Mongo Beti und der Senegalese Ousmane Sembène, die den Roman in die Vorstellungswelt und die Ausdrucksformen Afrikas zu überführen vermochten.

Auf die sozial engagierte und von der Bejahung der Négritude geprägte Literatur folgte zu Beginn der Neunzigerjahre die »neue Stimme« einer jüngeren Schriftstellergeneration. Typisch für diese Autoren ist das vage Bestreben, sich von jeglicher Mission im Sinne eines Bekenntnisses oder Engagements für Afrika zu distanzieren. Ihre Stücke, Erzählungen und Geschichten spielen zwar in den Wirren ihrer Heimatländer, aber die Themen und Probleme, die sie behandeln, sind deutlich andere als die ihrer Vorgänger.

Die erste Generation suchte nach einer Literatur, die sich unmittelbar mit politischen und sozialen Fragen konfrontierte. Dies machte ihren Erfolg aus. Dabei bedienten sich die Autoren satirischer, sozialrealistischer, mythologischer, barock-schwülstiger, magischer ebenso wie lyrischer Mittel, um die Wirklichkeit in ihrer Größe wie in ihrer Unerträglichkeit darzustellen. Beide, die Dichter der Négritude – Léopold Sédar Senghor beispielsweise oder Aimé Césaire – wie die Romanciers der ersten Unabhängigkeitszeit hatten dasselbe Anliegen: einen Ausdruck zu finden für die Wirklichkeit der schwarzen Völker.

Kourouma gilt gemeinhin als erster Schriftsteller, der den Bruch mit der engagierten antikolonialistischen Literatur vollzogen hat, da er in seinem Werk mit der Romanform und mit der (französischen) Sprache experimentierte. Bereits in seinem ersten Roman, *Les soleils des indépendances* (Seuil, 1970, deutsche Neuauflage 2004 als *Der letzte Fürst*), führte er Wörter und Strukturen aus dem Malinké, seiner Muttersprache, ein. Doch Kourouma war auch ein genialer Erzähler. In seinen vier Romanen ist er den verschiedenen Phasen des modernen Afrika – Kolonisierung, Unabhängigkeit, Diktaturen und Kriege – nachgegangen, hat die postkolonialen Diktaturen scharf kritisiert und das von seinen Vorgängern verfochtene Projekt der engagierten Literatur nicht nur fortgesetzt, sondern auch auf die Zukunft Afrikas ausgedehnt.

Den theoretischen Rahmen dieses literarisch-künstlerischen Engagements lieferten die großen Veranstaltungen der 1950er-, 1960er- und 1970er-Jahre, allen voran die beiden ersten Kongresse der schwarzen Schriftsteller und Künstler, die auf Initiative von Alioune Diop vom Verlag Présence africaine 1956 in Paris und 1959 in Rom stattfanden. Ihre Schlussresolutionen über die Rolle der Literatur waren stark von Sartres Konzept »einer leidenschaftlich mit der Gegenwart befassten und auf Stellungnahme in der politischen Auseinandersetzung bedachten Literatur«[2] beeinflusst und haben über lange Zeit das literarische Schaffen in Afrika bestimmt. Der Schwarze Kontinent erhob sich damals aus der jahrhundertelangen Sklaverei und kolonialen Ausbeutung, die sowohl sein Selbstbild als auch das Afrikabild der anderen Völker bestimmt hatten. Die Schriftsteller und Künstler hatten die Aufgabe, ihren Völkern durch »die wahrheitsgemäße Darstellung der lange verdunkelten, verzerrten oder verleugneten Realität«[3] die Würde zurückzugeben.

Senghor, Césaire, Damas, die damals schon anerkannte Dichter waren, aber auch Romanciers – wie Mongo Beti, Bernard Dadié, Cheikh Hamidou Kane oder Sembène Ousmane, die gerade erst ins Rampenlicht rückten – sind dieser Erwartung nachgekommen. Das Aufbegehren gegen die von ihren Brüdern erduldete Unterdrückung und Entfremdung hat ihre Werke ge-

**1** Vorwort zu *Cahier d'un retour au pays natal*, von Aimé Césaire, Dakar/Paris (Présence africaine) 1947.
**2** Benoît Denis, *Littérature et engagement: de Pascal à Sartre*, Paris (Seuil, coll. Points) 2000, S. 268.
**3** *Présence africaine*, Nr. 24–25 u. 27–28 (neue Folge), 1959.

prägt, sie haben die afrikanische Literatur zu einer Literatur der Anklage und des Protests gemacht. »Ich werde in mein Land zurückkehren und ihm sagen: Mein Mund soll der Mund der Unglücklichen sein, die keinen Mund haben, meine Stimme die Freiheit derjenigen, die im Verlies der Verzweiflung versinken«, schrieb Césaire.

Kourouma war zweifellos einer der letzten Giganten dieser Bewegung. Die Schriftstellergeneration der 1990er-Jahre verabschiedete sich von den klaren politischen Aussagen; angesichts der Erfahrungen von Globalisierung und Emigration entstanden neue, von Introspektion geprägte literarische Formen. 2001 löste der 1962 in Togo geborene, in Frankreich lebende Romanautor und Stückeschreiber Kossi Efoui allgemeine Empörung aus, als er behauptete: »Eine afrikanische Literatur gibt es nicht.«[4] Als Erläuterung fügte er hinzu: »Wir sind keine Angestellten des Tourismusministeriums, wir haben nicht den Auftrag, die authentische afrikanische Seele zum Ausdruck zu bringen.« Auch die Senegalesin Fatou Diome, deren erster Roman, *Le Ventre de l'Atlantique* 2003 in Frankreich ein Erfolg war (dt. *Der Bauch des Ozeans,* Zürich, Diogenes 2004), sagte kürzlich: »Ich bin nicht die Sprecherin Afrikas.«[5]

Der 1965 in Dschibuti geborene Abdourahman A. Waberi erklärt in seinem Artikel »Die Kinder der Postkolonialzeit« die Abkehr von der Afrikanität mit der Erfahrung von Migration und Exil. Von den zeitgenössischen afrikanischen Schriftstellern leben einige seit ihrer Geburt in Frankreich. Sie lehnen es ab, sich ausschließlich als Afrikaner zu verstehen. »Zugespitzt könnte man sagen«, so Waberi, »früher wollten wir in erster Linie Neger sein, heute dagegen zuallererst Schriftsteller und nur nebenbei noch Neger.« Waberi findet es bezeichnend, dass »das Thema der Rückkehr in die Heimat aus dem Themenspektrum des afrikanischen Romans praktisch verschwunden ist. Konjunktur hat unter den jungen Schriftstellern hingegen die Ankunft des Afrikaners in Frankreich.«[6]

Nach Meinung der Autorin und Wissenschaftlerin Odile Cazenave richtet sich der Blick der jüngeren frankofonen Schriftsteller Afrikas zunehmend »auf das eigene Selbst [...]: Schreiben ist ein Ausdruck ihrer selbst als Afrikaner oder ›eine afrikanische Form des Schreibens von sich selbst‹, um die Formulierung und das Konzept des Sozialanthropologen Achille Mbembe aufzugreifen – Schreiben als Möglichkeit des Selbstentwurfs und der Selbstdarstellung außerhalb der Vorgaben des Westens beziehungsweise der ehemaligen Kolonialmacht.«[7]

Sylvie Chalaye, eine Spezialistin für das afrikanische Theater, die an der Universität Rennes Geschichte und Ästhetik lehrt, beobachtet diese Tendenz auch in neueren Theaterstücken: »Sie verlassen das verminte Gelände der Afrikanität, um sich in einem viel weiteren Sinn in die Welt einzuschreiben. Durch diese neue Positionierung, für die es wichtiger ist, Teil der großen menschlichen Gesellschaft zu sein, als starren Vorstellungen über die eigene Identität anzuhängen, entsteht ein neues Verständnis für Afrika und die schwarzen Völker.«[8]

Trotzdem verlieren die jungen Schriftsteller nicht jegliches Interesse an den Krisen, die ihren geplagten Kontinent erschüttern. Vielleicht mit Ausnahme von Kossi Efoui, der den in der Négritude mitschwingenden Essenzialismus und Kulturalismus in Frage stellt, schöpfen die Romanciers der neuen Generation ihren literarischen Rohstoff hauptsächlich aus den Hoffnungen und Enttäuschungen ihrer Herkunftsländer. Dabei suchen sie zugleich nach ästhetischen und formalen Mitteln, die das Thema Herkunft aus seinen exotischen Zusammenhängen herauslösen und verallgemeinern können. »Tatsächlich spreche ich immer noch vom Problem der Schwarzen, aber ich versuche, es so zu tun, dass mein Theater über die Besonderheit der gelebten Erfahrung des Schwarzen alle Menschen einbezieht«[9], erklärt der in Paris lebende Autor, Schauspieler und Regisseur Koffi Kwahulé, dessen Stücke in Europa und Afrika gespielt werden.

wir haben nicht den Auftrag, die authentische afrikanische Seele zum Ausdruck zu bringen«

Der Autor und Regisseur Koulsy Lamko aus dem Tschad und der madagassische Schriftsteller Jean-Luc Raharimanana stellen häufig Situationen aus der Geschichte Afrikas in den Mittelpunkt ihrer Stücke und Geschichten und betonen durch Anspielungen und Elemente aus Mythos und Magie deren »zeitlose Werte«.[10] Weitgehend allein steht der senegalesische Schriftsteller Boubacar Boris Diop da, der 2004 seinen ersten Roman in Wolof, der Landessprache des Senegal, veröffentlicht hat.[11] Er beklagt die Entpolitisierung der künstlerischen Eliten Afrikas und sucht nach neuen Formen des literarischen Engagements; dabei konzentriert er sich auf eine Kritik der Globalisierung und der Frankofonie.

Diops Entscheidung, in Zukunft nur noch in seiner Muttersprache zu schreiben (er ist bislang der Einzige), ist politisches Engagement und Bemühen um ästhetische Konsequenz zugleich: ihm kommt es darauf an, sich als afrikanischer Autor dem eigenen Imaginären näher zu verbinden. Mit einer politisch direkteren Stoßrichtung traten da die jungen Schriftsteller auf, die vor kurzem eine Sammlung von Erzählungen über die Untaten von »Françafrique« publiziert haben.[12] Wie lebhaft die Debatte »vom unnützen Nutzen der afrikanischen Literatur«, wie Boniface Mongo-Mboussa es formuliert, geführt wird, kann man wohl am besten in der Monatszeitschrift *Africultures* nachlesen.[13]

Auch auf dem Kongress der Schriftsteller aus Afrika und der Diaspora, der 2003 unter dem Thema »Krieg und Frieden – Welche Bedeutung hat das Engagement heute?« in N'Djamena (Tschad) stattfand, ging es um den

*Fortsetzung auf Seite 103*

**4** Vgl. Jean-Luc Douin, »Ecrivains d'Afrique en liberté«, *Le Monde,* 22. März 2002.
**5** Vgl. Moussa Sawadogo, »Littérature francophone subsaharienne: un manque de popularité«, *Le Courier ACP-UE,* Brüssel, Mai-Juni 2002, S. 69-70.
**6** Vgl. »Nouveaux paysages littéraires«, *Notre Librairie,* Nr. 135 u. 136, Paris, Sept.-Dez. 1998, S. 8-15.
**7** Odile Cazenave, *Afrique sur Seine: une nouvelle génération de romanciers africains à Paris,* Paris (L'Harmattan) 1996, S. 8.
**8** Sylvie Chalaye, »Des dramaturges qui se pensent au monde«, *Africultures,* Nr. 54, Paris, Januar-März 2003.
**9** Ebd.
**10** Vgl. Jean-Luc Raharimanana, *Nour 1947,* Paris (Le Serpent à plumes) 2003.
**11** *Doomi golo,* Dakar (Editions Papyrus d'Afrique) 2004.
**12** *Dernières nouvelles de la Françafrique,* La Roque-d'Anthéron (Vents d'ailleurs) 2004.
**13** *Africultures,* Nr. 59, April-Juni 2004.

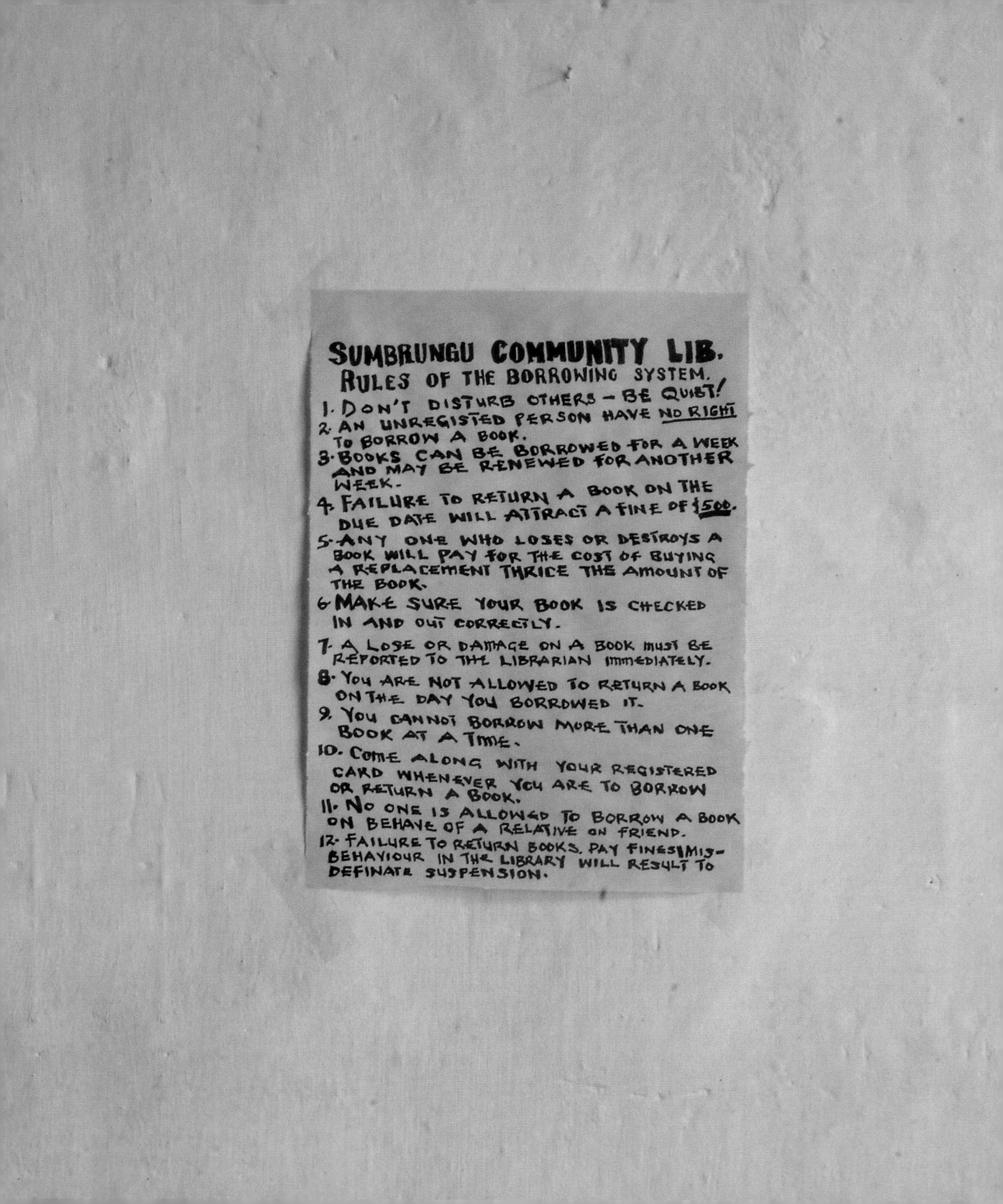
SUMBRUNGU COMMUNITY LIB.
RULES OF THE BORROWING SYSTEM.
1. DON'T DISTURB OTHERS – BE QUIET!
2. AN UNREGISTED PERSON HAVE NO RIGHT TO BORROW A BOOK.
3. BOOKS CAN BE BORROWED FOR A WEEK AND MAY BE RENEWED FOR ANOTHER WEEK.
4. FAILURE TO RETURN A BOOK ON THE DUE DATE WILL ATTRACT A FINE OF ¢500.
5. ANY ONE WHO LOSES OR DESTROYS A BOOK WILL PAY FOR THE COST OF BUYING A REPLACEMENT THRICE THE AMOUNT OF THE BOOK.
6 MAKE SURE YOUR BOOK IS CHECKED IN AND OUT CORRECTLY.
7. A LOSE OR DAMAGE ON A BOOK MUST BE REPORTED TO THE LIBRARIAN IMMEDIATELY.
8. YOU ARE NOT ALLOWED TO RETURN A BOOK ON THE DAY YOU BORROWED IT.
9. YOU CANNOT BORROW MORE THAN ONE BOOK AT A TIME.
10. COME ALONG WITH YOUR REGISTERED CARD WHENEVER YOU ARE TO BORROW OR RETURN A BOOK.
11. NO ONE IS ALLOWED TO BORROW A BOOK ON BEHAVE OF A RELATIVE ON FRIEND.
12. FAILURE TO RETURN BOOKS, PAY FINES & MIS-BEHAVIOUR IN THE LIBRARY WILL RESULT TO DEFINATE SUSPENSION.

# Möge das Buch Wurzeln schlagen

Zu Besuch auf dem Literaturfestival im malischen Bamako

**Von Thérèse-Marie Deffontaines** Journalistin

Bücher sind in Afrika ein seltenes Gut. Es gibt nur sehr wenige Verlage, und importierte Titel sind für sie unerschwinglich. So verliert der Schwarze Kontinent einen großen Teil seiner Literatur – vor allem hat er nichts von den Büchern afrikanischer Autoren, die im Ausland verlegt werden. Man kennt zwar die Namen der Schriftsteller, aber ihre Werke liest kaum jemand. Bücher sind hier teuer, sehr teuer.

Der Kongolese Alain Mabanckou hat sechs Romane geschrieben, die alle in Frankreich erschienen sind. An der Universität von Los Angeles unterrichtet er frankofone Literatur. Sein Schelmenroman *Mémoires de porc-épic* (»Erinnerungen des Stachelschweins«) wurde 2006 mit dem begehrten Literaturpreis Prix Renaudot ausgezeichnet.

Leser aus Afrika könnten ihre besondere Freude an diesem Roman haben, basiert er doch auf einer alten afrikanischen Legende, der zufolge jeder Mensch ein Tier als Doppelgänger hat. In Mabanckous Geschichte ist es ein 42-jähriges Stachelschwein, dessen Doppelgänger der Zauberer Kibandi ist, mit dem es durch ganz Afrika reist. Aber in Malis Hauptstadt Bamako etwa findet man das Buch nur in zwei Hotel-Buchhandlungen. Die eine verlangt 13 500 CFA-Francs (20,58 Euro), die andere 16 500 CFA-Francs (25,15 Euro), ein dritter Buchhändler hat den Roman für 12 000 CFA-Francs (18,29 Euro) verkauft, plant jedoch keine Nachbestellung. In Frankreich kostet der Roman 16,50 Euro. Vergleicht man diese Preise mit dem monatlichen Mindestlohn in Mali, der im Januar 2007 bei 28.460 CFA-Francs (43,38 Euro) lag, begreift man, wie kostbar eine ganze Bibliothek ist.[1]

Vor acht Jahren begegnete Moussa Konaté, ein malischer Schriftsteller und Verleger und vielleicht der einzige Autor aus Mali, der vom Schreiben leben kann, Michel Le Bris, dem Direktor des Literaturfestivals von Saint Malo. Die beiden beschlossen, eine afrikanische Version des bretonischen Festivals ins Leben zu rufen. Das Projekt sollte in Mali verwirklicht werden. Während Michel Le Bris seine Netzwerke nutzte, um Partner und Geldgeber zu finden, trommelte Moussa Konaté die Autoren zusammen. Entschlossen setzte er sich dafür ein, dass selbst in einem armen Land wie Mali mit überwiegend mündlicher Erzähltradition ein Treffen zwischen Schriftstellern als ebenso wichtig anerkannt wird wie eine Konferenz von Geschäftsleuten, Politikern oder Kreditgebern.

Im Februar 2001, zehn Jahre nach dem Sturz der Militärdiktatur, fand das Literaturfestival »Etonnants Voyageurs Bamako« zum ersten Mal statt. Die beiden Initiatoren sind zugleich die Direktoren des neuen Festivals, das Moussa Konaté unter folgendes Motto gestellt hat: »Möge das Buch in unserer Kultur Wurzeln schlagen.«

Die Begegnung mit den Schriftstellern und die Möglichkeit, mit ihnen direkt über ihre Werke sprechen zu können, steht im Mittelpunkt des Programms, das drei Schwerpunkte hat: Literatur entdecken; Lese- und Buchförderung sowie Diskussionen. Bereits beim ersten Mal wurde das Festival dezentral ausgetragen. Die Podiumsgespräche und das Literarische Café, die im Centre Culturel Français angesiedelt waren, richteten sich vor allem an ein Publikum, das bereits viel liest. Doch mit den zahlreichen Veranstaltungen an Schulen, Bibliotheken und Kulturzentren in der Stadt und deren Umgebung sollten die eingeladenen Schriftsteller neue Leser gewinnen.

Trotz der Beteiligung vieler afrikanischer Autoren fühlten sich die Malier anfangs kaum angesprochen von dem, was in ihren Augen eine »Angelegenheit der Weißen« ist – »tubabu ka fen«, wie es auf Bambara heißt, eine der sieben Sprachen, die in dem Vielvölkerland Mali gesprochen werden. Doch als lokale Partner in das Projekt einstiegen, verlor das Festival allmählich den Ruf, nur eine importierte und vom Ausland finanzierte Veranstaltung zu sein.

2002 begann die malische Regierung das Festival mit einem Zuschuss zu fördern. Und das französisch-malische Projekt zur Verbreitung von Büchern in Mali (Aflam) sorgte dafür, dass sich auch der Bibliotheksverbund beteiligte.[2] Im selben Jahr weitete sich das Festival auf drei Städte im Landesinneren aus, und beim dritten Mal nahmen bereits alle Hauptstädte der acht Regionen teil. 2003 gründete sich der Verein »Etonnants Voyageurs Bamako«. Das Festival hatte nun ein ständiges Büro und fand fortan in den Gärten des Kulturpalastes am rechten Nigerufer statt. Der Wechsel vom französischen Centre Culturel Français an einen öffentlichen Ort, nahe den

**1** Es gibt vierzehn Buchhandlungen in Bamako und eigentlich keine im Rest des Landes. Mehr als die Hälfte von ihnen verkauft nur Schulbücher und Schreibwaren.

**2** Als französisch-malisches Projekt, das bis September 2007 lief, war die Aflam die Fortsetzung der Opération Lecture publique (Operation öffentliches Lesen), ein Gemeinschaftsprojekt mit dem Ziel, Mali mit einem Netz von öffentlichen und Schulbibliotheken auszustatten, das alle Regionen umfasst. Die 1977 begonnene OLP hatte ihr Ziel 2001 erreicht.

Hausordnung der Stadtbücherei in Sumbrungu, Ghana.
BILD: MICHAEL KEVANE | WWW.FAVL.ORG

großen Verkehrsachsen und umgeben von Schulen und Hörsälen, hatte nicht nur eine symbolische Bedeutung, sondern wirkte sich auch auf die Besucherzahlen positiv aus. Außerdem konzentrierten sich die Organisatoren darauf, das jugendliche Publikum für das Festival zu gewinnen. Jedes Jahr gab es mehr Treffen an Schulen und Universitäten: Zwei Stunden steht ein Schriftsteller in der Regel hundert Schülern oder Studenten Rede und Antwort.

Für die Jugendlichen – »Leser, aber auch Schriftsteller von morgen« (Moussa Konaté) – sind die Begegnung und das direkte Gespräch mit dem Autor eine echte Offenbarung. Sie stellen fest, dass ein Schriftsteller nicht nur ein Victor Hugo oder ein Amadou Hampâté Bâ[3] ist, sondern sogar ein recht junger Zeitgenosse sein kann. Und sie hören immer wieder, dass diese Schriftsteller bereits als Schüler mit dem Schreiben begonnen haben. Diese Entdeckung hat etwas unglaublich Befreiendes. Die Jugendlichen beginnen zu reden. Sie suchen nach den passenden Worten, sind neugierig und wissbegierig. So lernen die Autoren auch ihre Leser kennen.[4]

Die Schüler scheinen förmlich in die Bücher einzudringen, und weil sie sich so intensiv mit der Lektüre beschäftigt haben, sind sie sehr aufmerksam. Sie befragen die Autoren ebenso nach dem Inhalt wie nach der Form der Texte. Und sie wollen wissen, wie die Autoren arbeiten. Sie fragen nach der Absicht oder dem Sinn, der hinter den Geschichten steckt, und erkundigen sich nach dem Leben des Autors. Oft entfernen sie sich dann von dem Text, greifen nur dessen Leitgedanken auf und knüpfen daran ihre eigenen Überlegungen über die Welt im Allgemeinen.

Das Autorengespräch beginnt immer mit einem bestimmten Buch. Dann werden über das darin behandelte Thema hinaus andere Weltgegenden erkundet, ehe das Gespräch wieder auf Afrika und die unmittelbare Gegenwart zurückkommt. So geht es darum, was es heute heißt, ein junger Malier zu sein, und wie man seinen Platz in der Gesellschaft finden kann. Die Autoren, die wir beim sechsten Festival trafen, schwärmten von der Fähigkeit ihrer jungen Leser, in den Büchern das zu erfassen, was ihnen hilft, über ein Problem nachzudenken, das sie direkt betrifft, oder über eine Beschreibung, die sie persönlich anspricht.

In dem Roman *Bridge Road* von Mamadou Mahmoud N'Dongo stellt ein Journalist Nachforschungen an über einen rassistisch motivierten Mord, der in den 1920er-Jahren im Süden der USA begangen wurde. N'Dongos Leser erkundigten sich zuerst nach dem Rassismus in den USA, dann über das Leben des Autors in Frankreich, und schließlich wollten sie über die Unruhen in den Pariser Vororten vom November 2005 sprechen. In ihren Augen ist es für ein Kind, das wie der Autor von *Bridge Road* in Dakar geboren wurde, ein Glück, nach Frankreich zu seinem Vater fahren zu können, der als Immigrant dort arbeitet und in einer Schlafstadt wie Seine-Saint-Denis lebt. Warum also gab es dann dort einen Aufstand?

An diesem Vormittag sprachen die Oberschüler mit Mamadou Mahmoud N'Dongo über Identität, darüber, was es heißt, in den USA oder in Frankreich schwarz zu sein. Am Ende der Diskussion stand die Frage im Raum: Welche Zukunft haben die jungen Afrikaner in ihrem eigenen Land?

Als der französische Afrikanist Roland Colin anlässlich der Neuauflage der *Contes noirs de L'Ouest africain* von 1957 mit Abiturienten sprach, sah er in deren Diskussionsbeiträgen »alle politischen, gesellschaftlichen und kulturellen Fragen, die sich in ihrem Land stellen«, widergespiegelt. Während sie sich darüber einig waren, dass die traditionelle Literatur nur noch eine rein folkloristische Funktion erfüllt, fragten sich die Schüler, wo ihr Platz in dieser Welt sei, und ob man Status und Kompetenz immer in der Fremde suchen müsse. Der französische Romancier algerischer Abstammung Jean-Noël Pancrazi stellte sich dem Informationsbedürfnis der Leser seines bei Gallimard erschienen Buchs *Dollars des sables,* in dem es um illegale Einwanderung geht und um den oft tödlich endenden Versuch, auf einem Rettungsboot von der Dominikanischen Republik nach Puerto Rico zu gelangen.

Bibliothek einer Grundschule in Gbarnga, Liberia.
BILD: BETTERWORLDBOOKS.COM

Das Land, das der afroamerikanische, in Frankreich lebende Autor Eddy Harris in *Jupiter et moi* beschreibt, ist hingegen nicht das Nordamerika, das die malischen Studenten zu kennen glauben. Sie sind überrascht von dieser Innenansicht. »In den USA kann man nicht einfach nur ein Mensch sein«, so Harris, »man ist immer ein schwarzer Mensch. Ehe man ein Schriftsteller ist, ist man ein schwarzer Schriftsteller, von dem bestimmte Themen erwartet werden. Auch wenn man über ein Thema schreibt, das gar nichts mit Rassismus zu tun hat, bleibt man ein schwarzer Schriftsteller.«

Am Sonntagmorgen, dem letzten Tag des Festivals, beweist ein unvorhergesehenes Ereignis, wie hartnäckig sich der Mythos vom »American dream« hält. In der Nationalbibliothek, wo die öffentlichen Debatten stattfinden, begegnen sich unter dem Thema »Zwischen Afrika und Amerika« die Autoren Eddy Harris und Mamadou Mahmoud N'Dongo. Harris spricht über sein nächstes Buchprojekt, das die Geschichte Liberias und des Bürgerkriegs nachzeichnen wird, zu der auch die Geschichte

**3** Amadou Hampâté Bâ (1900 oder 1901 bis 1991) war Schriftsteller und Ethnologe und arbeitete für die Unesco. Nach der Unabhängigkeit Malis 1960 gründete er das Institut des Sciences Humaines in Bamako. Auf Deutsch erschien seine Autobiografie in zwei Bänden, *Jäger des Wortes,* 1993, und *Oui, mon commandant! In kolonialen Diensten,* 1997, beide Wuppertal (Peter Hammer Verlag).

**4** Wenn ein Schriftsteller in einer Schule oder Universität zu Besuch war, bekam die Bibliothek dieser Einrichtung von der Aflam fünf Exemplare seines letzten Buchs. 2007 kamen die Bücher zum ersten Mal acht oder zehn Tage vor dem Festival, und viele Jugendliche konnten sie lesen, bevor sie den Autoren begegneten.

der Afroamerikaner und ihrer Rückkehr nach Afrika 1822 gehört. Ein Junge steht auf und ergreift das Wort. Er könne die Sehnsucht nach Afrika, die die Schwarzen in den USA hätten, nicht nachvollziehen: »Wir hier bedauern, dass unsere Großeltern nicht deportiert wurden.« Er spricht das Wort »Sklaven« nicht aus, aber genau das meint er. Für ihn ist es ganz selbstverständlich, und man spürt, dass er es einfach aussprechen muss: Heute ist das Los der Afroamerikaner unendlich beneidenswerter als das der Afrikaner.

Eddy Harris findet das Gefühl dieses Jungen »richtig«, auch wenn es »unkorrekt« sei, es auszusprechen. »Überall auf der Welt werden euch junge Schwarze sagen, wenn sie die Wahl gehabt hätten, wären sie lieber in Amerika geboren. Auch ich hätte diese Sehnsucht nach Amerika, wenn ich heute ein junger Afrikaner wäre.«

»Der Traum ist noch mächtig«, bestätigt der Romanautor (unter anderem von *Babyface*) Koffi Kwahulé aus Elfenbeinküste, als hier wieder einmal das Trugbild von einem Amerika auftaucht, das als Alternative betrachtet wird zu dem hoffnungslosen Image Afrikas, das seinen Kindern keine Chancen anzubieten hat. »Die Afroamerikaner leben im Westen. Auch die Malier, die in Frankreich leben, werden beneidet, ganz egal, unter welchen Bedingungen sie dort ihr Dasein fristen. Das ist dieselbe Verzweiflung, das erklärt die Boote, die gen Westen fahren. Die Unabhängigkeit hat keine Utopie geschaffen, der Traum ist immer noch woanders als in Afrika.«

Wo gibt es einen Platz für uns? Diese Frage stellen die jungen Leute am Ende immer und überall, unabhängig davon, was das Thema der Diskussion ist oder worum es in dem vorgestellten Buch geht. Und sie fragen Alain Mabanckou, Koffi Kwahulé oder Mamadou Mahmoud N'Dongo: »Hätten Sie das schreiben können, was Sie schreiben, wenn Sie in Afrika leben würden?« – »Was ist das Besondere des afrikanischen Romans (oder Theaters)? Was unterscheidet ihn vom nichtafrikanischen Roman?«

Auch in der Literaturszene sind die Chancen nicht gleich. Der immer deutlichere Unterschied – in Inhalt und Stil, nicht nur im Preis – und die tatsächliche Hierarchie zwischen Büchern, die in Afrika geschrieben und veröffentlicht wurden, und denen, die im Ausland entstanden, bleibt den jungen Maliern nicht verborgen. Eine Oberschülerin spricht in diesem Zusammenhang von der Unterscheidung zwischen »dem Schönen und dem Nützlichen«. Das Schöne sei das im Ausland verlegte Buch, das womöglich einen Literaturpreis bekommen wird, das Nützliche sei ein Buch, das hier entstanden ist, weil sein Autor einer Notwendigkeit folge und sich der Wirklichkeit nicht entziehen könne.

Aus diesem Grund ist für Malier die Frage nach der Rolle der Frankofonie in der Literatur und der Kampf um mehr Anerkennung ihrer Literatur in französischer Sprache nicht so wichtig. Das Engagement von Michel Le Bris, Alain Mabanckou, Abdourahman A. Waberi[5] aus Dschibuti und dem französischen Autor Jean Rouaud, die sich im CCF »für eine Weltliteratur auf Französisch« starkmachen, ruft zwar höfliches Interesse hervor. Aber manche befürchten auch, dass diese Initiative die traditionelle Literatur als Erbin der mündlichen Überlieferung und die Publikation von Büchern in den Nationalsprachen noch mehr zurückdrängen werden.

Im Festivaljahr 2006 gab es zwei neue Initiativen: ein Fortbildungsseminar, das einheimische Autoren und Verleger für die Produktion einer Taschenbuchreihe zusammenbringt, damit es auch erschwingliche Bücher gibt.[6] Und es gab die Veranstaltungsreihe »Ethnologues voyageurs« mit Vorträgen und Diskussionen über die Volksgruppe der Dogon, die im Süden Malis leben und deren Kunstwerke am Felsen von Bandiagara 1989 zum Weltkulturerbe ernannt wurden: Muss das Paradies der Ethnologen und Touristen sterben, damit sein erstarrtes Gesellschaftsbild für die Ewigkeit erhalten bleibt?

**Aus dem Französischen von Claudia Steinitz**

**5** *Aux États-Unis d'Afrique*, Paris (J. C. Lattès), 2006. Von Waberi erschien bisher auf Deutsch nur ein Buch: *Die Legende von der Nomadensonne*, München (Marino Verlag) 1998, sowie eine Reihe von Texten in der deutschen Ausgabe von *Lettre international*.
**6** Siehe: www.alliance-editeurs.org.

Erstmals erschienen in *Le Monde diplomatique* vom Mai 2007.

*Fortsetzung von Seite 99*

Zwiespalt zwischen Afrikanität und Universalität, zwischen Engagement und künstlerischer Freiheit. Eine der Organisatoren, Nocky Djedanoum aus dem Tschad, hatte 1998 in Kigali ein Schriftstellerhaus eingerichtet, das dazu beitragen soll, dass der Völkermord in Ruanda Eingang in die afrikanische Literatur findet. Aus diesem Projekt – »Ruanda: Schreiben aus Pflicht zur Erinnerung« – ist ein Dutzend Bücher hervorgegangen, die mit fiktionalen Mitteln den Wahn und den Hass der Völkermörder und das Leiden der Opfer und Überlebenden schildern.

Diese Auseinandersetzung mit dem Unsagbaren und dem Schweigen war ein wichtiges Moment, vielleicht sogar eine Wende in der Geschichte der afrikanischen Literatur, denn sie hat deutlich gemacht, wie notwendig ein Engagement wäre und wie unmöglich es zugleich doch ist. Dies ist eine entscheidende Einsicht für die afrikanischen Schriftsteller, für die, nachdem sie ein halbes Jahrhundert lang mit messianischen Reden über die Literatur gefüttert wurden, nun die Übereinstimmung von Wirklichkeit und Fiktion fraglich geworden ist. »In jeder Krise erkennt man, dass die Worte nur armselige und unsichere Krücken sind, die einem jeden Moment entgleiten können«[14], schrieb Waberi bei seiner Rückkehr aus Ruanda.

Und doch schreiben die afrikanischen Schriftsteller weiter, geben der Welt Ausdruck und richten ihre Fragen an sie. Sie tun es mit Verzweiflung – und dennoch, eine Gewissheit teilen die jungen Schriftsteller: Solange sie schreiben, wird die afrikanische Literatur, wird Afrika leben.

**Aus dem Französischen von Sigrid Vagt**

**14** Abdourahman A. Waberi, *Moisson de crânes: textes pour le Ruanda*, Paris (Le Serpent à plumes) 2000, S. 14.

Erstmals erschienen in *Le Monde diplomatique* vom Dezember 2004.

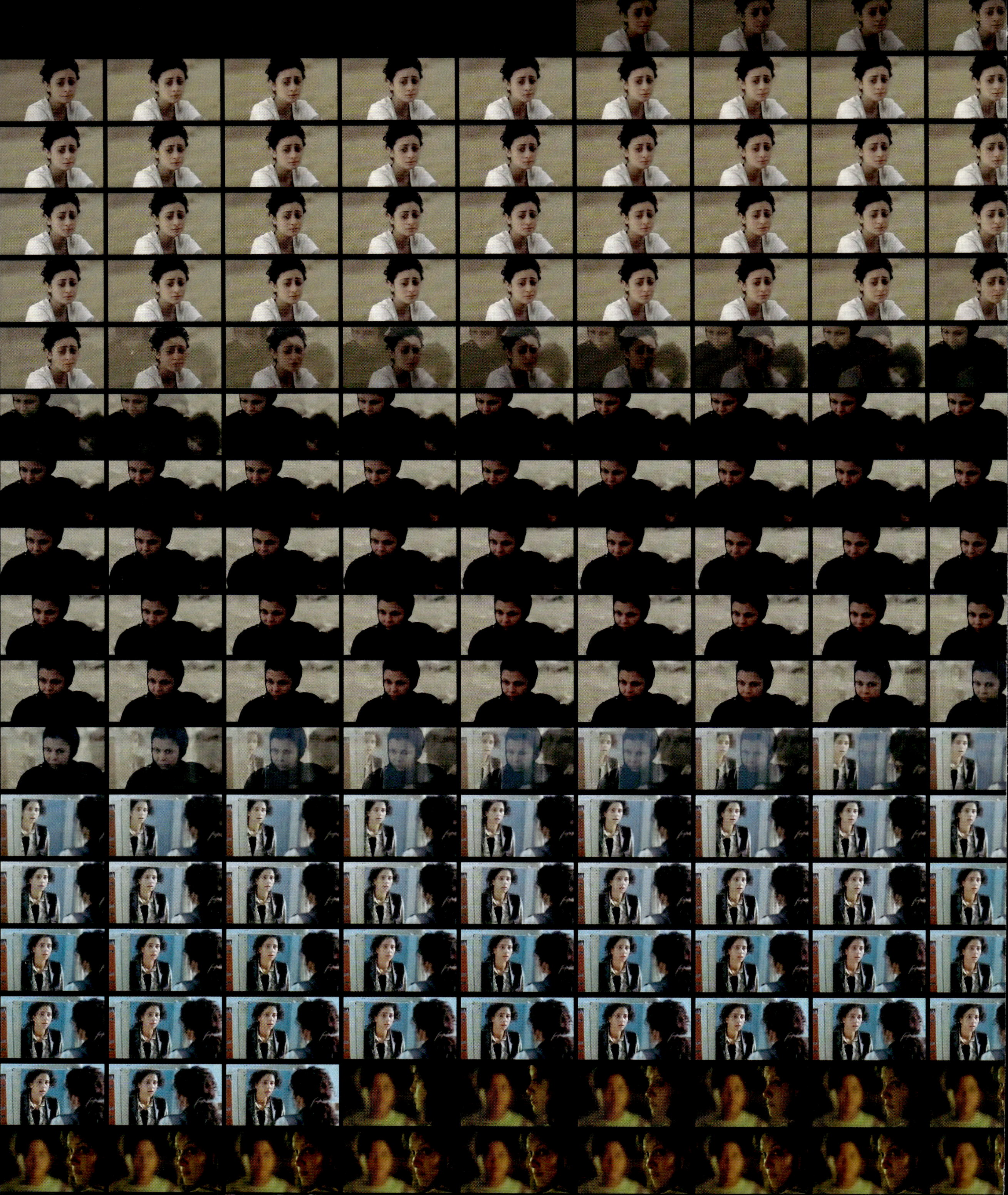

# Der Goldene Hengst von Ouagadougou

Das Filmfestival Fespaco in Burkina Faso zeugt von der Vielfalt des afrikanischen Kinos – aber auch von einer fatalen Geldnot

**Von Frank Wittmann** Leiter der Stabsstelle Internationales der Zürcher Hochschule für Angewandte Wissenschaften (ZHAW)

Alle zwei Jahre wird das sonst so beschauliche Ouagadougou zum Mekka des afrikanischen Films. Dann pilgern Cineasten, Produzenten, Filmverleiher, Journalisten und Afrikawissenschaftler nach Burkina Faso, um das Festival Panafricain du Cinéma et de la Télévision de Ouagadougou (Fespaco) zu feiern. Anfang März liefen dort in den Wettbewerbskategorien Spielfilm, Kurzfilm, Video, TV-Serie, Dokumentarfilm und Filme hunderte von Beiträgen von oft im Ausland lebenden Afrikanern; Besucherzahlen und Filmvorführungen verzeichneten Rekorde. Doch das Interesse der globalen Filmindustrie hält sich in Grenzen – als würde die Bedeutungslosigkeit des gesamten Kontinents auch auf den afrikanischen Film abfärben und ihn zu einem kulturellen Nischenprodukt machen.

Genau genommen ist das Fespaco zugleich Treffpunkt für afrikanische Filmschaffende, Börse für westliche Filmverleiher und Messe für die Programmverantwortlichen europäischer und US-amerikanischer Festivals.[1] Denn so schwierig es für afrikanische Filme ist, in die großen Kinosäle in Übersee zu gelangen, so beliebt sind sie auf den internationalen Festivals von Edinburgh, Fribourg, Mailand und Rotterdam. Darüber hinaus ist das Fespaco der einzige Ort, an dem das Publikum Schwarzafrikas das neuere Filmschaffen seines Kontinents zu sehen bekommt. Schließlich werden die meisten afrikanischen Filme in den Heimatländern ihrer Regisseure gar nicht gezeigt, weil auch die Kinos der afrikanischen Großstädte mehrheitlich Komödien aus Hollywood, melodramatische Musicals aus Bollywood und Actionfilme aus Hongkong zeigen.

Das diesjährige Festival-Motto »Afrikanisches Kino, Tourismus und kulturelles Erbe«[2] ließ es an Deutlichkeit nicht fehlen: Die Cineasten sollten für die Aufwertung des kulturellen und touristischen Reichtums Afrikas eingespannt werden. Doch die setzten sich gegen die programmatische Direktive zur Wehr und wussten ihre Kunst vor (entwicklungs-)politischen Vereinnahmungen zu schützen. Eine Garantie für ästhetische Qualität war die Verweigerung gegenüber der Instrumentalisierung freilich trotzdem nicht.

Die Spielfilme aus den nordafrikanischen Ländern – sie waren schon immer im Wettbewerb stark vertreten – stachen in diesem Jahr durch ihre gesellschaftskritische Haltung besonders hervor. In seiner Radikalität kaum zu überbieten war *Al Ghaba – die Dämonen von Kairo,* ein Film des Ägypters Ahmed Atef. Er erzählt von zwei verfeindeten Straßengangstern und bricht dabei ein gesellschaftliches Tabu nach dem anderen: Kriminalität, Gewalt, Alkohol, Drogen, Sexualität, Prostitution, Pädophilie, Obdachlosigkeit von Jugendlichen und Organhandel rücken die Schattenseiten Kairos in den Fokus. »Ägypten ist sehr schön von hier oben«, sagt eine Frau, als sie von einem Hügel aus auf die hell erleuchtete Hauptstadt hinunterblickt. Es sind ihre letzten Worte.

Der 1973 in Algier geborene Lyes Salem arbeitet dagegen lieber mit den Mitteln der Komödie. In *Mascarades* stellt er die Scheinheiligkeit in einem südalgerischen Dorf bloß. Jemand streut das Gerücht, dass ein reicher australischer Geschäftsmann ein Auge auf eine der Dorfschönheiten geworfen habe und sie heiraten wolle. Schon das Gerücht reicht aus, damit das ganze Dorf Kopf steht und sämtliche Gewohnheiten über den Haufen wirft. Salem erhielt für dieses charmant und humorvoll erzählte Gesellschaftsdrama den bronzenen Hengst von Yennenga.

In den Tagen des Festivals scheint die mitten in der Sahelzone gelegene Stadt aufzuwachen. Nicht dass das von der Hitze ausgedörrte Ouagadougou zu einer pulsierenden Metropole wie Abidjan oder Lagos würde, aber die Stadt war von früh bis spät auf den Beinen: Politiker traten auf offiziellen Empfängen auf; die Festivalbesucher und Touristen wurden von Hoteliers und Reiseveranstaltern genauso umgarnt wie von Straßenverkäufern und Taxifahrern; die Bistros waren rund um die Uhr geöffnet.

Zwar lässt sich der niedrige Lebensstandard hier nicht verleugnen, doch das Land der Aufrichtigen, wie der Name Burkina Faso übersetzt heißt, ist stolz auf sein Festival und empfängt die Besucher mit beispielloser Gastfreundschaft. Seine Popularität verdankt das Fespaco nicht zuletzt der Tatsache, dass es nie vor der einheimischen Bevölkerung abgeschottet wurde. So war es nicht verwunderlich, dass insbesondere bei den burkinischen Filmen die Säle aus allen Nähten platzten. Die Sitzplätze waren schon eine Stunde vor Beginn der Vorführung

**1** Vgl. Marie-Hélène Gutberlet, *Auf Reisen. Afrikanisches Kino,* Frankfurt am Main (Stroemfeld/Nexus) 2004.

**2** Michel Ouédraogo, *Cinéma africain, Tourisme et Patrimoines culturels,* Offizieller Festivalkatalog, Ouagadougou (Fespaco) 2009.

Fünf Sekunden aus dem Film *Al Ghaba – die Dämonen von Kairo* des ägyptischen Regisseurs Ahmed Atef.
BILD (SEITEN 104, 107): AHMED ATEF

allesamt besetzt. Während die Abgewiesenen enttäuscht vor verschlossenen Türen standen und kleinere Tumulte ausbrachen, begann im Saal die Vorführung: laute Gespräche, Freudenschreie, Applaus, schreiende Babys, klingelnde Handys und verschnupfte Europäer, denen die Luft aus der Klimaanlage mit der Zeit zunehmend zu schaffen machte.

Die Filme liefen aber nicht nur in den Kinos der Innenstadt, sondern auch in den Wohnbezirken der Hauptstadt. Für die Bevölkerung von Ouagadougou ist das Fespaco vor allem ein gigantisches Stadtfest, mit Festwiesen beim Maison du Peuple, die ans Münchener Oktoberfest erinnern, und Hunderten von Menschen, die sich nach einem Tag mit über 40 Grad im Schatten ein kühles Bier und pikante Fleischspieße genehmigen.

Auch die subsaharischen Wettbewerbsfilme setzten sich in diesem Jahr, wenngleich weniger radikal, mit gesellschaftlich und politisch brisanten Themen auseinander. Den Fluchtpunkt der in Genre und Stil sehr unterschiedlichen Filme bildete immer wieder die Frage nach einer Lebensform, die eine gute Balance zwischen Tradition und Modernität findet. So ging es beispielsweise in *Le Fauteuil* (Burkina Faso) um die Säkularisierung der Geschlechterrollen, in *Ma Sâsâ* (Kamerun) um die Kollision von Selbstbestimmungsrecht und arrangierter Ehe, in *Les Feux de Mansaré* (Senegal) um die Macht des Geldes und in *Fantan Fanga* (Mali) um die Fortschritte bei der Demokratisierung.

Bei alldem blieb jedoch unübersehbar, dass der afrikanische Film in einer Krise steckt. Ästhetisch innovative oder inhaltlich inspirierende Beiträge waren diesmal die Ausnahme. Die dargestellten Intrigen verfingen sich in den immergleichen Mustern und waren schauspielerisch zum Teil eher dürftig. Für bessere Filme fehlt den Produzenten und Regisseuren nicht zuletzt einfach das Geld: Die internationalen Sponsoren und Fernsehsender sparen auch an der Förderung für den afrikanischen Film.

Unter diesen Umständen ist es geradezu ein Skandal, dass die Europäische Union ihren Preis ausgerechnet an Boubacar Diallos *Cœur de Lion* verliehen hat. Dieser schlichte, parabelhafte Film fiel bei den Zuschauern vollkommen zu Recht durch: misslungenes Drehbuch, dilettantische Kameraführung, laienhafte schauspielerische Darstellung. Aber für die EU-Bürokraten genügte es offenbar, dass der Film den Kolonialismus kritisiert und zur friedlichen Koexistenz der unterschiedlichen Bevölkerungsgruppen aufruft.

Eingeladen waren auch afrikanische Filmschaffende, die nicht oder nicht mehr in Afrika leben. Das Fespaco folgte somit einem weit gefassten panafrikanischen Konzept und kam – wie das nur die Kultur vermag – ohne irgendwelche nationalistischen Töne aus. Die politisch-panafrikanischen Visionen eines Gaddafi, der unlängst zum Präsidenten der Afrikanischen Union gewählt wurde, spielten hier keine Rolle.

Das war nicht immer so. Noch etliche Jahre nach der Gründung 1969 war das Fespaco seinem Selbstverständnis nach eine Art Gegenveranstaltung zu den westlichen Filmfestivals. Kurz nach der Phase, in der viele afrikanische Länder ihre Unabhängigkeit erlangt hatten, wollten diese ein Instrument zur Filmförderung und ein Diskussionsforum schaffen, die sich von den Repräsentationsmustern der ehemaligen Kolonialmächte absetzen und die eigenen kulturellen Werte berücksichtigen sollten.

In Zeiten der Globalisierung hat sich freilich auch das Fespaco längst geöffnet. So rief der Innenminister Burkina Fasos anlässlich der diesjährigen Eröffnungsfeier der Menschenmenge zu: »Afrika ist stolz auf euch, weil ihr den Weg nach Burkina Faso gefunden habt und an uns glaubt. Und ihr seid stolz auf Afrika.«

Tatsächlich gibt es nicht viele Orte auf dem afrikanischen Kontinent, die ähnlich gut geeignet wären für die Austragung dieses globalen Kulturevents. Zwar ist Burkina Faso ein für das moderne Afrika geradezu prototypischer halbautoritärer Staat, hinter dessen demokratischer Fassade sich die triste politische Realität kaum verbergen kann. Aber obwohl Präsident Blaise Compaoré auf so manchem westafrikanischen (Bürgerkriegs-)Schauplatz seine Finger im Spiel hat, zeichnet sich das ethnisch, religiös und sozial überaus vielfältige Burkina Faso durch eine relative Stabilität aus.

Das Gefühl von Sicherheit, die Gastfreundschaft der Bevölkerung und der einzigartige Charme, den die Organisatoren dem Festival immer wieder einzuhauchen verstehen, sind keineswegs selbstverständlich. Allerdings stößt der Panafrikanismus hier schnell an seine Grenzen: Die Leute aus den französisch-, englisch- und portugiesischsprachigen Ländern bleiben zumeist unter sich, tauschen sich kaum aus, auch weil sie in ihre je eigenen Filmtraditionen und Netzwerke eingebunden sind.

Das Kino Südafrikas ist ein gutes Beispiel für die positive Seite dieses regionalen Eigenlebens. Im Zuge der neueren Kulturpolitik erlebt der südafrikanische Film gegenwärtig eine Blütezeit. Anzahl und Qualität der Filme haben zugenommen und eine für Afrika neue Vielfalt erreicht. Ästhetisch und technisch lehnen sich die Regisseure stark an das amerikanische Kino an, ihre Themen suchen sie sich aber vor allem in der Geschichte und Gegenwart ihres Heimatlandes – wobei internationaler Erfolg nicht ausgeschlossen ist, ganz im Gegenteil.

Die diesjährigen Beiträge aus dem südlichen Afrika zeugten davon, dass die Zeiten der Heroisierung des Freiheitskampfes vorbei sind. Dem Film kommt nun die Aufgabe zu, den Blick auf die Nischen einer pluralistischen Gesellschaft zu richten. Das tut auf wunderbare Weise zum Beispiel John Kani, der für *Nothing but the truth* (»Nichts als die Wahrheit«) den silbernen Hengst von Yennenga gewann.

Der Film erzählt die Geschichte von Sipho, der sein Leben im Schatten seines Bruders, des berühmten Freiheitskämpfers Themba verbracht hat. Obwohl er jahrzehntelang in einer Bibliothek gearbeitet und loyal zum ANC gestanden hat, wird er nach dem Ende der Apartheid nicht befördert. Sipho steht damit für die vielen Südafrikaner, deren Hoffnungen auf die Anerkennung ihres Leids und auf ein besseres Leben durch den jungen südafrikanischen Staat bitter enttäuscht wurden. An den Machthebeln dieses Staates aber sitzen heute die ehemaligen Freiheitskämpfer des ANC. Einer von ihnen war der gerade erst verstorbene Themba. Während der Begräbniszeremonien unternimmt Sipho den schmerzlichen Versuch, mit seinem verstorbenen Bruder ins Reine zu kommen. Dazu gehört auch, dass er seiner Wut Ausdruck verleiht: Wut auf den Bruder, der auf seine Kosten studiert hat, der politische Reden schwang, statt dazu beizutragen, die Familie durchzubringen. Wut auf den Bruder, der sein rhetorisches Talent nicht nur für die politische Agitation, sondern auch für seinen höchst privaten Lustgewinn einsetzte und seine Schwägerin verführte. Wut auf den Bruder, der es auch nach dem Ende der Apartheid vorzog, im gemütlichen England zu bleiben, statt beim Wiederaufbau seines Heimatlands mitzuhelfen. John Kani hinterfragt mit *Nothing but the truth* nicht nur den selbstherrlichen Mythos der Freiheitskämpfer. Er macht auch den Weg für einen Humanismus frei, den andere südafrikanische Fespaco-Beiträge vermissen ließen.

Das diesjährige Fespaco würdigte darüber hinaus in einer Hommage Sembène Ousmane, den am 9. Juni 2007 verstorbenen senegalesischen Gründungsvater des afrikanischen Films. Der ehemalige Hafenarbeiter, Gewerkschafter und Schriftsteller hatte es sich als Regisseur zur Lebensaufgabe gemacht, das Bild Afrikas von den Prägungen durch die Kolonisatoren zu befreien.[3] In Retrospektiven, Vorträgen und Podiumsgesprächen war Sembène Ousmane, der mit seinen filmästhetischen und sozialpolitischen Impulsen das Fespaco wie kein anderer geprägt hat, in diesem Jahr omnipräsent – wodurch nur umso deutlicher spürbar wurde, dass in Ouagadougou noch kein würdiger Nachfolger in Sicht ist.

Obwohl Sembène Ousmane zeitlebens den Kontakt zu den jungen afrikanischen Regisseuren gesucht hat, hätte ihn *L'Absence* (»Die Abwesenheit«) des 1956 geborenen Filmemachers Mama Keïta vermutlich nicht in Begeisterung versetzt. Denn dieser überaus radikale Spielfilm stellt auf paradigmatische Weise die Emanzipation vom Kino der Gründergeneration dar. Er will raus aus dem Ghetto des afrikanischen Films, pfeift auf den Schutzraum, in dem das Minderheiten-Kino gefeiert wird, und präsentiert sich lieber als Vertreter eines kosmopolitischen Autorenfilms. Sein biographischer Hintergrund ist in diesem Zusammenhang nicht ganz unwichtig: Keïta ist Sohn einer vietnamesischen Mutter und eines guineischen Vaters, in Senegal geboren und in Paris aufgewachsen. Er gehört damit zu einer Generation von Künstlern, deren Identität stark durch ihre multikulturellen Wurzeln geprägt ist.

Ausgangspunkt von *L'Absence* ist die Beobachtung, dass afrikanische Familien in der Regel den ältesten Sohn zur Ausbildung und Berufstätigkeit ins Ausland schicken. Weil diesem aber traditionell die zentrale Rolle in der Familie zukommt, fehlt den Familien das Rückgrat, während der als Migrant im Ausland lebende Sohn seinerseits unter dem Verlust der Heimat leidet, sich für die dortigen Ereignisse mitverantwortlich fühlt – und doch nicht zurückkann.

*L'Absence* ist einer der wenigen subsaharischen Beiträge des diesjährigen Fespaco, der in einer urbanen Umgebung spielt und das moderne Leben einer westafrikanischen Großstadt einfängt. Erzählt wird die Geschichte von Adama Diop, der mit 14 Jahren in eine Eliteschule nach Frankreich geschickt wird. Der Film spielt in den zwei Tagen seines kurzen Besuchs in der Heimatstadt Dakar, in die er 17 Jahre später – er ist inzwischen ein erfolgreicher Ingenieur – zurückkommt. Die Jahre in Frankreich haben Adama verändert und ihn der senegalesischen Gesellschaft entfremdet. Diese Entfremdung ist jedoch schon in seiner Kindheit angelegt.

Adamas Mutter, deren Ehemann während ihrer Schwangerschaft mit dem zweiten Kind bei einem Unfall ums Leben kam, stirbt bei der Geburt ihrer Tochter Aïsha. Adama und seine Schwester wachsen danach bei der Großmutter auf. Da sich Adama aus seiner glücklichen Einzelkindwelt verstoßen fühlte, hat er einen Hass auf seine Mutter entwickelt, den er auf die jüngere, stumm geborene Schwester projiziert, während diese

zeitlebens unter Schuldgefühlen wegen des Tods der Mutter litt. Ohne es ihm selbst sagen zu können, erhofft sich Aïsha vom Besuch des Bruders, dass er sie von ihrer Schuld befreit. Während der Tage in Dakar entdeckt Adama, dass seine Schwester, der die Liebe und Anerkennung des Bruders fehlte, als Prostituierte arbeitet und die Geliebte von Mitgliedern eines kriminellen Netzwerks ist. Adama rast vor Wut und wirft ihr vor, die Familienehre beschmutzt zu haben. Erst am Ende eines Vexierspiels von Flucht und Verfolgung scheint Adama ohnmächtig zu erkennen, dass er zu lange fort war, dass sein Ehrbegriff ausgehöhlt und er selbst mit schuld an den tragischen Ereignissen ist.

Die wenigsten afrikanischen Filmemacher schaffen den Spagat zwischen den Ansprüchen eines Publikums, das an die technische Perfektion des globalisierten Kinos gewöhnt ist, und den notorisch knappen Budgets. Das Problem kennen natürlich alle Regisseure, aber die Geldnot – auch das zeigte das diesjährige Fespaco – ist für den afrikanischen Film besonders fatal. Nicht unschuldig daran sind die goldenen Fesseln der europäischen Filmförderung. Der bürokratische Aufwand für die Anträge steigt ständig und geht auf Kosten der Kreativität. Darüber hinaus müssen die Antragsteller immer mehr Zugeständnisse machen und sich inhaltlich, formal und oft sogar personell auf die Wünsche der Förderinstitutionen

*Fortsetzung auf Seite 111*

**3** Thierno I. Dia, Olivier Barlet (Hrsg.), »Sembène Ousmane (1923–2007)«, In: *Africultures 76,* Paris (L'Harmattan) 2009.

**Pikine–Rao 2:3**

# Brasilien, Dakar

## Globale und lokale Fußballwelten in Afrika

**Von Susann Baller***

*Susann Baller ist Assistentin am Historischen Seminar der Universität Basel und beteiligt an einem Projekt zu Fußball in Afrika, das von den Basler Afrika Bibliographien in Zusammenarbeit mit dem District Six Museum (Kapstadt) geleitet wird.

2010 ist es so weit: Die Fußball-Weltmeisterschaft wird in Südafrika ausgetragen – und damit zum ersten Mal überhaupt in Afrika. Bereits 2006 vermerkte der Weltfußballverband Fifa ein größeres Interesse sowohl von Medien als auch von Investoren für die Weltmeisterschaften in Südafrika als für jene in Deutschland. Die große Mehrheit der südafrikanischen Bevölkerung blickt optimistisch auf das herannahende Mega-Sportevent und erwartet positive Auswirkungen auf die Tourismusindustrie, die Infrastruktur und den Zusammenhalt des Landes. Doch in die Vorfreude mischen sich auch kritische Stimmen: Zwar meldete unlängst ein Fifa-Berater dem Sportausschuss des Deutschen Bundestages, dass Südafrika im Allgemeinen gut mit dem Bau der Stadien und Infrastruktur vorankomme. Doch sind die Kosten weit höher als einst geplant, lokale Bedürfnisse wurden bei der Platzierung von Stadien teilweise vernachlässigt, und nicht zuletzt stellen sich brisante Fragen rund um Kriminalität und Sicherheit.

Die Regierung in Südafrika sieht in der Ausrichtung der Fußball-Weltmeisterschaft indessen vor allem eine Chance. Jahrzehntelang war in Südafrika die Arena des Fußballs zugleich auch eine Arena der Ausgrenzung und des Protestes gewesen. Das Apartheid-Regime machte nichtweißen Spielern den Zugang zu Vereinen und Sportinfrastruktur schwer bis unmöglich. Diese bauten jedoch eigene Teams und Verbände auf, die zu Sprachrohren der Anti-Apartheid-Bewegung avancierten. Die Fifa gehörte unter dem Einfluss afrikanischer und asiatischer Mitgliedsverbände zu den ersten Sportorganisationen, die Sanktionen gegen das Apartheid-Regime verhängten. Von 1961 bis 1992 (mit Ausnahme des Jahres 1963) blieb Südafrika von internationalen Spielen der Fifa ausgeschlossen. Als nach dem Ende der Apartheid die neu formierte Fußball-Nationalmannschaft Südafrikas mit dem Spitznamen *Bafana Bafana* (Zulu für »die Jungs«) den Afrika-Cup 1996 im eigenen Land gewann, bot das Ereignis einen Anlass, das nunmehr demokratische Land als »Regenbogennation« zu feiern.

Angesichts dieser Geschichte ist es kein Wunder, dass 2004 der Zuschlag für die Ausrichtung der Fifa-Weltmeisterschaft in ganz Südafrika spontanen Jubel auslöste. Die Regierenden hoffen auf eine Gelegenheit, ihr Land und den gesamten Kontinent in einem positiven Licht zu präsentieren. Als 2007 die Ergebnisse der südafrikanischen Nationalmannschaft zu wünschen übrig ließen, sinnierte der damalige Staatspräsident Thabo Mbeki sogar darüber, dass der Name der Mannschaft geändert werden müsse: *Bafana Bafana* – die Jungs – sei nicht die »richtige Botschaft« für eine Mannschaft, die den »gesamten Stolz«, die »Hoffnung« und den »Fortschritt der Nation« repräsentiere. Mbekis Nachfolger Kgalema Motlanthe mahnte unlängst in einer Regierungserklärung, dass das »eigentliche Vermächtnis« der Weltmeisterschaft 2010 weniger im rein sportlichen Wettkampf liege als darin, weltweit die Gastfreundschaft des Landes zu zeigen und eine neue Wahrnehmung von Südafrika und dem afrikanischen Kontinent herbeizuführen.

Die Medienaufmerksamkeit konzentriert sich allerdings häufig allein auf den Bau der Stadien, den Ticketverkauf, die Qualifikationsspiele und die Sicherheitsfragen. Schon der Afrika-Cup im Januar 2010 in Angola wird nicht annähernd das Interesse wecken, das den Vorbereitungen auf die Weltmeisterschaft in Südafrika gilt – ganz zu schweigen von der nahezu nicht vorhandenen Berichterstattung über den letzten afrikanischen Frauenfußball-Cup in Äquatorialguinea im November 2008 oder über die afrikanischen Beach-Soccer-Meisterschaften in der südafrikanischen Stadt Durban im März desselben Jahres. Und auch die Kenntnisse über afrikanische Fußballnationalmannschaften beschränken sich bestenfalls auf wenige Namen, wie den *Lions Indomptables* aus Kamerun, den *Super Eagles* aus Nigeria, den *Black Stars* aus Ghana oder den *Éléphants* aus der Elfenbeinküste. Aber wer kennt schon die »Eichhörnchen« aus Benin, die »Kraniche« aus Uganda, die »Wespen« aus Ruanda, die »Skorpione« aus Gambia oder die »Wüstenfalken« aus dem Sudan?

Fußball ist in Afrika extrem populär und kann auf eine lange Geschichte zurückblicken. Die ersten Anfänge von Fußball in Afrika lassen sich nicht mit Gewissheit bestimmen. Der Kunsthistoriker Horst Bredekamp erwähnt, dass sich bereits der Florentiner Dichter Girolamo Bartolomei-Smeducci Ende des 17. Jahrhunderts ausgemalt habe, wie eine Mannschaft des Entdeckungsreisenden und Kartographen Amerigo Vespucci eine bewegte Partie Calcio vor dem König des Kongo spiele.[1] Der Fußball in seiner heute bekannten Form entstand jedoch erst im Laufe der ersten Hälfte des 19. Jahrhunderts in England, sein Regelwerk wurde 1863 in London besiegelt – auch wenn es schon früher ähnliche Ballspiele in verschiedenen Teilen der Welt gegeben hatte. Die Verbreitung von Fußball in Afrika begann

**1** Horst Bredekamp, *Florentiner Fußball: Die Renaissance der Spiele*. Berlin (Klaus Wagenbach) 2006.

Das Team vom Stadtviertel Pikine in Saint Louis, Senegal, spielte am 19. Juli 2008 gegen die Dorfmannschaft aus Rao und verlor zwei zu drei.
BILD (SEITEN 108, 110): JOHN SNOW

etwa in dieser Zeit. Das erste schriftlich erfasste Spiel im südlichen Afrika kann auf 1862 datiert werden. Die ersten Fußballteams auf der ostafrikanischen Insel Sansibar bildeten sich in den 1870er-Jahren. Bis zum Ersten Weltkrieg beschränkte sich die Verbreitung von Fußball meist auf Länder unter britischer Kolonialherrschaft. Doch bereits in den 1920er- und 1930er-Jahren entwickelte sich Fußball in nahezu allen urbanen Gebieten Afrikas zu einer der am meisten praktizierten Freizeitaktivitäten der afrikanischen Bevölkerung.[2]

Die Verbreitung des Fußballs wurde durch Kolonialverwaltung und Missionare gezielt gefördert. Sie hofften, auf diese Weise die Freizeit der Kolonisierten zu kontrollieren. Das regelmäßige Fußballspiel sollte dazu dienen, europäische Vorstellungen von Fairplay und Teamgeist sowie von Disziplin, Pünktlichkeit und Hierarchie zu vermitteln. »Playing the game« hieß zugleich

auch, vorgeschriebene Regeln und die Entscheidungen des Schiedsrichters zu befolgen. Afrikanische Männer und Frauen waren jedoch mitnichten nur ein Subjekt kolonialer Politik und Diskurse. Von Anfang an bot ihnen Fußball ein Feld für soziale, kulturelle und politische Aushandlungsprozesse: Afrikaner nutzten Fußballvereine als Orte sozialen Aufstiegs und der Elitenbildung. Den erzieherischen Zielsetzungen von Missionen und Kolonialadministration begegneten sie mit Strategien der Ablehnung, Umdeutung und Neuerfindung, den vorgegebenen Regeln je nach Bedarf mit Vereinnahmung oder Missachtung.

Gleich nach der Unabhängigkeit förderten viele der neuen Regierungen in Afrika die Bildung von Nationalmannschaften. Große Fußballstadien wurden als Prestigebauten errichtet. Bereits 1957 fand der erste Afrika-Cup in der sudanesischen Hauptstadt Khartum statt, wenn auch mit nur drei Teilnehmern – Sudan, Ägypten und Äthiopien. Südafrika war wegen der Apartheid von der Teilnahme ausgeschlossen worden. In Ghana, 1963 zum ersten Mal Afrika-Meister, setzte sich Staatspräsident Kwame Nkrumah höchstpersönlich für das Vorankommen der *Black Stars* ein. Bei der Eröffnung eines Stadions in der ghanaischen Stadt Kumasi 1960 bezeichnete er dieses als das weithin sichtbare Zeichen des Wunsches und der Entschlossenheit der ghanaischen Bevölkerung, zu den Besten in der Welt des Sports zu gehören. Sport könne zur »Entwicklung der Nation« beitragen, zum gegenseitigen Verständnis verschiedener Regionen untereinander und zur Verwirklichung einer »afrikanischen Einheit« – denn Sport kenne keine Grenzen.[3] Doch war die politische Nutzung und Ausnutzung von Fußball vielfach auch heikel. Zum einen diente Fußball in Afrika bei weitem nicht nur Idealen wie Zusammenhalt und Versöhnung, sondern konnte auch ethnische Konflikte forcieren. Zum anderen sind Spielergebnisse unvorhersehbar. Öffentliche Stimmungen können vor diesem Hintergrund ungeplante Richtungen einschlagen. So konnte die Regierung in Kamerun letztlich mehr Profit aus der eher glücklosen Teilnahme an der Weltmeisterschaft 1998 in Frankreich schlagen als aus dem Erfolg 1990 in Italien, wo Kamerun als erstes afrikanisches Team das Viertelfinale erreichte.[4]

Fußball in Afrika beschränkt sich aber keineswegs auf die großen Nationalmannschaften. Mindestens so wichtig sind die vielen lokalen Initiativen, die regionalen Mannschaften und Stadtviertelteams, die in zahlreichen Ländern Afrikas den Fußballalltag dominieren. So war zwar im Senegal 2002 der Jubel gewaltig, als die Nationalmannschaft bei den Weltmeisterschaften in Japan und Korea im Eröffnungsspiel die ehemalige Kolonialmacht Frankreich besiegte und in der Folge als zweites afrikanisches Team nach Kamerun ins Viertelfinale der Weltmeisterschaft gelangte. Doch abgesehen von diesem zwischenzeitlichen Erfolg haben die Nationalmannschaft und die offiziellen Clubs der Liga im Senegal oftmals Mühe, die Fans für ihre Spiele zu begeistern. Im Gegensatz dazu sind die Stadien bei den Spielen der seit Jahrzehnten etablierten Stadtviertelmannschaften überfüllt.

Seit den 1950er-Jahren formierten sich solche Stadtviertelteams, die untereinander Turniere ausrichteten. Sie hatten so klangvolle und ruhmreiche Namen wie *Juventus, AC Milan, Real, Santos Football Club, Benfica* und *Bayern*. Über ein Spiel 1970 hieß es in den damaligen Zeitungsberichten, dass Brasilien im Jahr der Weltmeisterschaft in Mexiko unbesiegt geblieben sei: Nicht nur die Nationalmannschaft von Brasilien war Weltmeister geworden. Auch das Team namens »Brasilien« eines eher unscheinbaren Stadtviertels der senegalesischen Hauptstadt Dakar hatte sich in einem umkämpften Finale erfolgreich durchsetzen können.

Die Regierung im Senegal hat mehrfach mit wenig Erfolg versucht, diese Stadtviertelmannschaften zu kontrollieren und zu organisieren. Stattdessen hat sich eine eigene Organisation institutionalisiert, die von den Vereinen selbst geführt wird und die jährliche Meisterschaften veranstaltet. Es gibt inzwischen mehr als zweitausend Vereine dieser Art im Senegal. Manche Spiele werden im größten Stadion des Landes ausgetragen und vom Fernsehen direkt übertragen. Die Teams haben sich im Laufe der 1970er-Jahre neue – und deutlich lokale – Namen gegeben, wie *Walli Daan* (in der senegalesischen Verkehrssprache *Wolof:* »Mitmachen und gewinnen«), *Magg Daan* (»Wenn wir groß sind, werden wir gewinnen«) und *Jaloore* (»Heldentat«).

Darüber hinaus engagieren sich viele Vereine in sozialen Projekten und arbeiten mit Nichtregierungsorganisationen zusammen. Für Jugendliche in den Teams, die in ihrem Alltag mit Arbeitslosigkeit und ökonomischer

**2** Vgl. zur Geschichte von Sport und Fußball in Afrika während der Kolonialzeit unter anderem: Peter Alegi, *Laduma! Soccer, Politics and Society in South Africa.* Scottsville (University of KwaZulu-Natal Press) 2004; Andreas Eckert, »Sport und Kolonialismus in Afrika«. *Geschichte in Wissenschaft und Unterricht,* Bd. 56, Nr. 10 (2005), S. 565–79; Laura Fair, *Pastimes and Politics: Culture, Community, and Identity in Post-Abolition Urban Zanzibar 1890–1945.* Oxford (James Currey) 2001; Phyllis Martin, *Leisure and society in colonial Brazzaville.* Cambridge University Press 1995.

**3** Kwame Nkrumah, »Sports and African Unity.« In: ders. *Selected Speeches,* Bd. 1, hrsg. von Samuel Obeng. Accra (Afram Publications) 1997 [1979], S. 26–27.

**4** Bea Vidacs, »Through the Prism of Sports: Why Should Africanists Study Sports.« *Afrika Spectrum,* Bd. 41, Nr. 3 (2006), S. 331–349.

Krise zu kämpfen haben, bieten diese Vereine Orte des Aufstiegs und Erfolgs. Zahlreiche Spieler, denen eine nationale oder internationale Fußballkarriere nicht gelingt, können es zu lokalem Ruhm bringen. Die Bewohner der Stadtviertel sowie Vereinsmitglieder, die in der Diaspora leben, sind meist zu großzügigen Spenden bereit, und Teams bemühen sich um eine erstklassige Ausstattung ihrer Spieler. Den Mitgliedern dienen diese Stadtviertelvereine – fernab von globalen Mega-Sportevents – als Arenen sowohl einer lokalen Verankerung als auch einer Teilhabe am internationalen Fußballgeschehen. Uns als Beobachter können sie daran erinnern, im Rahmen des zunehmenden Interesses an der kommenden Fifa-Weltmeisterschaft in Südafrika auch unseren Blick für die Vielfalt von Fußball in Afrika zu schärfen und den vielen Teams und Mannschaften im Abseits der Weltmeisterschaft mehr Aufmerksamkeit zu schenken.



*Fortsetzung von Seite 107*

einstellen. Berücksichtigt man ferner, dass die Kameraleute und Cutter, deren Einfluss auf die Filmästhetik erheblich ist, zumeist aus Europa stammen, dann versteht man, warum so viele afrikanische Filme an ihrem eigentlichen Publikum vorbeiproduziert werden.

Ein Ausweg aus dieser Sackgasse könnte darin bestehen, Filme ganz ohne ausländische Förderung zu produzieren und diese an der Ästhetik von Fernsehserien zu orientieren. In Nigeria ist seit Anfang der 1990er-Jahre mit Nollywood die inzwischen drittgrößte Filmindustrie der Welt entstanden. Die Filme werden wie am Fließband gleich als DVD produziert, für 1,50 Euro verhökert und flimmern bei den Leuten zu Hause über die Bildschirme im Wohnzimmer. Dank ihres kommerziellen Erfolgs werden mittlerweile auch in Burkina Faso, der Elfenbeinküste, Ghana, Guinea und Kenia solche Homevideos produziert.

Mit *Le Fauteuil* (»Der Sessel«) hatte Burkina Faso selbst einen Beitrag aus dieser Kategorie im Wettbewerb. Dass Missa Hebiés ästhetisch anspruchsloses und dialogschwaches Drama überhaupt ins Programm aufgenommen wurde, ist zwar einigermaßen erstaunlich. Aber vielleicht war ja ausschlaggebend, dass dieses Genre nicht als Gegenentwurf zu westlichen Produktionen antritt, sondern einen eigenen Wertekosmos mitsamt eigener Produktionsweise vorstellt. Als die Wiege eines ästhetisch anspruchsvolleren »neoafrikanischen« Kinos wird sich das populäre Home-Cinema vermutlich trotzdem nicht entpuppen.

Klarer Sieger des goldenen Hengstes von Yennenga war der äthiopische Beitrag *Teza* (»Der Tau«). Dieses inhaltlich wie stilistisch herausragende Epos von Regisseur Haile Gerima baut vor allem durch seine Rückblenden eine große Spannung auf. Der Protagonist Anberber kehrt nach mehr als zwanzig Jahren Aufenthalt im Ausland und in der Hauptstadt Addis Abeba in sein Heimatdorf im äthiopischen Hochland zurück. Mit großer Geduld erzählt der Film das Leben eines Mannes, in dem sich die Geschichte einer schwer traumatisierten Gesellschaft spiegelt. Nur ganz langsam gelingt es Anberber, die Bruchstücke seines zerstörten Lebens zusammenzufügen und wieder festen Boden unter die Füße zu bekommen.

*Teza* spielt in den 1990er-Jahren während des marxistischen Regimes von Mengistu Haile Mariam. Nicht einmal die Dorfbevölkerung ist sicher vor der Militärjunta, die mit großer Rücksichtslosigkeit und Härte Straßen und Häuser durchkämmt, um junge Männer als Soldaten zu rekrutieren. Die Idylle zwischen Hügeln und See bildet einen starken Kontrast zu den individuellen und sozialen Tragödien, die die Familien- und Dorfstrukturen sprengen.

Der Protagonist Anberber gehört in den 1970er-Jahren zu einer Gruppe von äthiopischen Medizinstudenten, die in Westdeutschland ausgebildet werden. Er lebt in einer multikulturellen Wohngemeinschaft, ist befreundet mit sozialistischen Aktivisten und fortschrittsbegeisterten Linken. In den 1980er-Jahren kehrt er in die Hauptstadt Addis Abeba zurück und forscht am dortigen Krankenhaus. Doch weil politische und soziale Unruhen sein Land erschüttern, muss er schon bald die Hoffnung begraben, sein Leben dem wissenschaftlichen Kampf gegen bakterielle Erkankungen zu widmen – aus dem Strudel, in dem Äthiopien untergeht, kann auch er sich nicht heraushalten. Seine Arbeit als Mediziner wird instrumentalisiert und er selbst politisch verfolgt. Später schickt ihn das Regime nach Ostdeutschland, wo er in Leipzig Opfer eines rassistischen Überfalls wird. Selbst Anberbers Todeskampf schildert Regisseur Haile Gerima ohne jede Melodramatik. Genauso stilsicher setzt er seinem Epos ein überzeugendes humanistisches Ende.

Das Fespaco 2009 zeugte von der erstaunlichen Vielfalt des afrikanischen Kinos, das einen kritischen Blick auf die Gesellschaften etlicher Länder wirft und die Veränderung des Alltagslebens dokumentiert. Als Stimme Afrikas geben sich viele Filmemacher große Mühe, die Erwartungen der globalen Filmindustrie zu erfüllen und den Ansprüchen ihrer Gründergeneration zu genügen. Was dabei oft genug auf der Strecke bleibt, ist ihre eigene Kreativität. Dass die europäische Kulturpolitik eher das künstlerische Scheitern als die Kunst fördert, hat man in Abidjan, Ouagadougou und Yaoundé längst bemerkt. Nur Brüssel, Berlin und Bern verschließen sich dieser Erkenntnis immer noch. Es ist höchste Zeit, dass sich Europa wieder mit mehr Sachverstand auf die Wirklichkeit und die Bedürfnisse Afrikas einlässt.



Erstmals erschienen in *Le Monde diplomatique* vom April 2009.

# Impressum

**EDITION • LE MONDE** *diplomatique*
N°5 • 2009

Redaktionsadresse Deutschland
Rudi-Dutschke-Straße 23, D-10969 Berlin
Telefon +49 (0)30 259 02-276
Fax +49 (0)30 259 02-676

Redaktion: Nicola Liebert (v. i. S. d. P.), Barbara Bauer
Bildredaktion und Gestaltung: Adolf Buitenhuis

Verlagsadresse Deutschland
taz Verlags- und Vertriebs GmbH
Rudi-Dutschke-Straße 23, D-10969 Berlin
Telefon +49 (0)30 259 02-0

Anzeigen: Zoé Sona
Telefon +49 (0)30 259 02-318,
zoe@monde-diplomatique.de

Internet: www.monde-diplomatique.de

Druck: Henke Rollenoffset, Brühl
Printed in Germany

Verlag und Redaktion Frankreich
Le Monde diplomatique
1–3, rue Stephen-Pichon, F-75013 Paris
Telefon +33 (0)1 53 94 96 01
Fax +33 (0)1 53 94 96 26

Gründer: Hubert Beuve-Méry
Direktor: Serge Halimi
Chefredakteur: Maurice Lemoine
Stellvertreter: Martine Bulard, Philippe Rivière,
Anne-Cécile Robert
Redaktion: Alain Gresh, Pierre Rimbert, Dominique Vidal
Kartographie: Philippe Rekacewicz
Dokumentation: Olivier Pironet
Sekretariat: Sophie Durand, Monique Salomé





ISSN 1864-3876 • ISBN 978-3-937683-22-5